Martina Kliem

Rom für Fortgeschrittene

edition winterwork

Bibliografische Informationen der Deutschen Nationalbibliothek:
Die Deutsche Nationalbibliothek verzeichnet diese Publikation in der Deutschen Nationalbibliografie. Detaillierte bibliografische Daten im Internet über http://www.d-nb.de abrufbar.

Impressum

Martina Kliem, »Rom für Fortgeschrittene«
2. Auflage 2019
www.edition-winterwork.de

Satz: Martina Kliem
Umschlag: Martina Kliem
Druck und Bindung: winterwork Borsdorf

ISBN 978-3-96014-109-9

Rom für Fortgeschrittene

oder solche, die es einmal werden wollen...

Martina Kliem

edition winterwork

Inhaltsverzeichnis

DAS EWIGE ROM

Zentrum

Westen und Umgebung

Das südliche Rom

Der Osten

Der Norden

DAS MODERNE ROM

DAS GRÜNE ROM

La conoscenza?
Consiste nel filtraggio delle informazioni.

Umberto Eco

Rom für Fortgeschrittene

Die Schlangen am Kolosseum haben Sie erfolgreich durchgestanden? Sind bei 38 Grad unermüdlich durch das Forum Romanum geschlendert? Willkommen bei den Rom-Tauglichen. Das Pflichtprogramm mit seinen zahlreichen Hauptattraktionen haben Sie erledigt, aber oft sind es Orte, die nicht im Reiseführer zu finden sind, welche eine Reise unvergesslich zu machen.

Wohl keine Stadt auf diesem Planeten hat mehr Sehenswürdigkeiten zu bieten. Die Superlative jahrhundertealter Baukunst ist neben der umfassenden Geschichte und landschaftlichen Vielfalt für viele zu einer Art Lebensphilosophie geworden.

Wiederkehrende suchen das weniger touristische Leben, denn Roma hat ein eigenes Lebensgefühl. Pausieren, dort wo es besonders schön ist, erkunden, was andere achtlos übergehen.

Möglicherweise zählen Sie sogar schon zu den Experten:

Wann wurde Rom gegründet? Welcher der Obelisken ist niemals eingestürzt? Mit welchen Worten wünscht man sich viel Glück und wie sollte man unbedingt darauf antworten? Wohin gelangen die zahllosen Geldmünzen, die im Trevibrunnen landen? Wie lautet die italienische Übersetzung für SPQR? An welchem Meeresabschnitt hat man *noch* keine Parkplatzprobleme?

Rom, Römer, am Römsten – Ihren Romquotienten beurteilen Sie selbst, denn am Ende dürfen Sie entscheiden, ob Sie nur Liebhaber, Kenner oder gar Experte sind! Sicher ist: Der Römer selbst wird seine Stadt kaum so gut kennen, wie die Autorin, die hier spricht. Das sprachliche Herumspringen vom Deutschen ins Italienische ist gewollt. Es wird Zeit, Italienisch zu lernen.

DAS EWIGE ROM

Sieben Fünf Drei – Rom schlüpft aus dem Ei! 753 v. Chr. ist das angenommene Gründungsjahr. Nichts beeindruckt so sehr wie eine seit 3000 Jahren bewohnte Stadt. Roma – Nabel der Welt, wie die Alten sagten, und Wiege der europäischen Kultur, zieht die ganze Welt in ihren Bann.

Wenn Sie im Zentrum zwischen großer Kunst und quirligem Alltagsleben irgendwann vor lauter Bäumen den Wald nicht mehr sehen, verlangt dies nach einem cleveren Zeitplan. Selbst dann gerät man in Versuchung, sich anderen Sehenswürdigkeiten hinzugeben. Da ist gerade der Panoramablick so überwältigend, das Ambiente so hinreißend oder der Duft aus der Pizzeria lockt an.

»When in Rome, do as the Romans do« – machen Sie es wie die Römer! Schlendern Sie zwischen Lärm und stillen Gassen herum, über das Kopfsteinpflaster, das einst von den Sklaven eines lange vergangenen Reiches gelegt worden war. Genießen Sie die Aus- und Anblicke, denn die können genauso prächtig sein wie teure Museen oder Kunstwerke.

Unzählige Gebäude, Innenhöfe, Brunnen, Säulen und Statuen erwarten Sie. Wer Latein in der Schule hatte, wird bei den beschrifteten Marmortafeln auf interessante Fakten stoßen. Touristenpfade sollten dieses Mal vermieden werden.

Der Mund des … Wartens

Wer kennt sie nicht: die Bocca della Verità ist eines der begehrtesten Besucherziele. Tausende stürmen täglich die Vorhalle der Kirche Santa Maria in Cosmedin. Hier schmückt die steinerne Maske eines Flussgottes einen antiken Gullideckel. Eine Legende aus dem Mittelalter besagt, dass ein Lügner seine Hand verliert, wenn er sie in den offenen Mund steckt – daher auch der Name »Mund der Wahrheit«. Die mannshohe Marmorfratze war bekanntlich ein beliebter Lügendetektor.

Man munkelte, dass nachgeholfen wurde, und ein Henker hinter der Marmorscheibe mit einem Schwert in der Hand stand. Das Foto vor dem bärtigen Gesicht gehört zum Pflichtprogramm. Antike will berührt werden. Alle lieben den Spaß, sich dabei ablichten zu lassen, während sie ihre Hand in die große Öffnung halten. In den 50er Jahren taten es Hollywoodstar Audrey Hepburn und Gregory Peck in *Ein Herz und eine Krone* und 1994 Robert Downey junior und Marisa Tomei in *Only You*.

Nichts Neues unter der Sonne. Die lange Reihe wartender Schaulustiger ist mittlerweile selbst zu einer Attraktion geworden. Wenn um 18 Uhr die Beamten das Gitter des Vorhofes der Kirche schließen, beginnt ein weiteres Schauspiel. Soeben getraute Hochzeitspaare kommen im letzten Moment aus der benachbarten Kirche angerannt und versuchen mit allen Mitteln noch eingelassen zu werden. Ungeduldige mogeln sich in der Reihe vor und andere versuchen, den Türschließer zu bestechen. Manch einer wirft noch einen flüchtigen Blick auf den hohen romanischen Glockenturm der Stadt.

Nur Einzelne interessieren sich für die Kirche, welche die Reliquien des San Valentino und die Reste der Ara Maxima, den antiken Altar zur Verehrung von Herkules, beherbergt. Keine Seele ahnt jedoch, dass hier ein weiteres Kleinod unter der Erde liegt. 1931 suchte die Oper für ihre heute etwa 60.000 Kostüme ein neues Lager. Man brauchte trockene Räume für die Aufbewahrung der empfindlichen und kostspieligen Kleider, und hier bot sich eine ehemalige Teigwarenfabrik auf der anderen Seite des Gebäudes direkt am Circo Massimo an. Die Bühnenbildner zogen auch gleich mit, denn hier standen drei Stockwerke zur Verfügung. Als das Lager renoviert wurde, traten die ersten Probleme auf, denn beim Umbau stieß man auf antike Strukturen. Eine behutsame Freilegung des Verschütteten begann und … hier versteckte sich eines der größten Mithräen!

Der Mithrastempel liegt acht Meter unter der Erdoberfläche. Links von der Kirche befindet sich ganz unspektakulär ein Gitter, das uns von der Höhle und ihren gut erhaltenen antiken Kammern trennt. Dort unten huldigten Gläubige ihrem Gott Mithras. Man nahm an Ritualen mit Brot und Wein teil und opferte Stiere zu seinen Ehren. Davon zeugen fünf Räume. Säulenbasen und Nischen reihen sich aneinander, und Terrakotta-Amphoren zieren den Tempel.

Der Andachtsraum ist durch einen Ziegelbogen abgetrennt. Seitlich sieht man Bänke aus Mauerwerk, auf denen die Mithras-Anhänger Platz nahmen. Der Boden, an einigen Stellen noch erkennbar, ist mit Marmor überzogen. Als Höhepunkt thront in der Mitte des Raums ein Marmoraltar mit einem Relief, das Mithras zeigt, wie er einen Stier tötet. Besichtigungstermine sind als Gruppe bei der Stadtverwaltung oder über www.deutsche-in-rom.com möglich.

Piazza della Bocca della Verità 16
Stadtverwaltung Tel. +39 060608

Die faszinierende Welt der Mithräen

Das Mithräum unter dem Circus Maximus ist nur eines von etwa 1.000 Kultstätten, deren Fundamente auf dem einstigen Gebiet des Römischen Reiches entdeckt wurden. Zahlreiche davon liegen unter den Kirchen. Christen wandelten die heidnischen Tempel um und errichteten ihre Gotteshäuser darauf.

Um das Jahr 1 n. Chr. verbreitete sich der Mithraskult, die mythologische Verehrung der Sonne, im Abendland. Mithras war ein Gott iranischen Ursprungs. In der Archäologie bleibt jedoch die Diskussion offen, ob tatsächlich der »iranische Mithras« im römischen Reich verehrt wurde, oder ob es sich um eine neue Religion handelt, die sich nur der iranischen Bildsprache bediente.

Der Kult, zu deren Anhängern Kaiser Aurelian zählte, war im Römischen Reich weit verbreitet. Bisweilen unterirdisch gelegene Räume wurden so umgestaltet, dass sie einer Grotte nachempfunden wurden, wobei die Decke das Firmament darstellte. Seine Blütezeit erlebte er im 2. und 3. Jahrhundert v. Chr., dann wurde der Kult vom Christentum verdrängt.

Die Mithräen stellen heute die einzigen Zeugnisse über seine Existenz dar, denn es gibt keine schriftlichen Überlieferungen: In ihren Grotten trifft man immer wieder auf die Figur des Mithras, der einen Stier tötet. Dem Glauben nach erneuerte das Blut des Tieres die Erde und das Leben.

Von der Bocca della verità führt die Via Petroselli zum Kapitolshügel. Linkerhand stellt der verkehrsträchtige Lungotevere seinen Fluss Tiber zur Seite. Gleich an der Ecke erkennt man ein mittelalterliches Haus. Üppige Bruchstücke antiker römischer Bauten schmücken die Fassade der mittelalterlichen Casa dei Crescenzi. Heute residiert in dem ehemaligen Palast der damaligen römischen Adelsfamilie Crescenzi das Centro di Studi per la Storia dell'Architettura. Für die Öffentlichkeit werden Lesungen oder Symposien veranstaltet.

Via Luigi Petroselli 54 * www.cssar-casadeicrescenzi.it

Il lupo – Der Wolf

Mit dem Wolf, so will es die Legende, soll alles begonnen haben. »*In bocca al lupo*« steht in Italien übrigens für »Hals- und Beinbruch« und niemand weiß eigentlich genau, woher diese Redensart kommt. Weshalb Sie dann unbedingt mit *»crepi il lupo«* (möge der Wolf krepieren) antworten müssen, hat den Grund, dass man zum Umbringen eines Wolfes, so die Übersetzung, ja eine Menge Mut und Glück brauche.

Dass Rom von Romolus und Remus gegründet wurde, ist vielen bekannt – mit Ausnahme des ehemaligen Ministerpräsidenten Berlusconi, der sich auf einer Pressekonferenz beim Aussprechen der beiden Wolfssöhne verhaspelte und aus ihnen Romolo und Remolo machte. Sei ihm verziehen, denn er hat schließlich seine berühmte Villa Arcore im Norden Italiens. Und da der Wolf auch das Wappenzeichen des Fußballklubs AS Roma ist, erleichtert dem *cavaliere* – Ritter wird Berlusconi von seinen Anhängern genannt – die Situation nicht: Er war bekannterweise nicht nur Ministerpräsident Italiens und Inhaber eines gigantischen Medienkonzerns, sondern nennt ebenso den gegnerischen Fußballverein A.C. Mailand sein Eigen.

Rund um Roms Wahrzeichen lassen sich jedoch noch weitere spannende Reportagen aus der Vergangenheit schildern. 2007 soll der *lupercale* entdeckt worden sein: die Höhle, in der Romulus und Remus von einer Wölfin gesäugt wurden. Ob dies wahrlich der Fall ist, darüber waren sich der Archäologe, der diesen großartigen Fund machte, und der ehemalige Chef der römischen Altertumsbehörde noch nicht einig. Für Letzteren handelte es sich wohl eher um ein Nymphäum des Kaisers Nero. Warten wir einfach ab. Von der *lupercale*, der Höhle also, zum ***lupercus**,* dem Wolfsabwehrer. So wurde der Herdengott Faunus genannt, der in besagter heiliger Grotte am Palatin lebte. Er galt als Beschützer der Ziegen und Schafe.

In der Antike wurde ihm zu Ehren jedes Jahr am 15. Februar ein ganz besonderes Fest veranstaltet, die *lupercali*. Dieser Brauch – angeblich von Romulus gegründet – deutet auf die Sühnung und Befruchtung des Landes und seiner Einwohner hin. Eine Legende besagt, dass zu dieser Zeit viele Frauen steril waren. Weitere Überlieferung erinnern mit diesen Feierlichkeiten schlicht und einfach an die wundersame Geburt von Romulus und Remus, die von der Wolfsmutter gestillt wurden.

Und nun stelle man sich die folgende Situation bildlich vor: Zelebriert wurden die *lupercali* von den *luperci*, einer jungen Priestergemeinschaft. An diesem Tage liefen sie – wie von Mutter Natur geschaffen – nackt herum. Ihre Gliedmaßen wurden eingefettet und das Gesicht mit einer Schlamm-Maske bedeckt. Man erwählte zwei junge Männer zu neuen Mitgliedern des Kultes. Die Gemeinschaft opferte einen Bock und zwei Jünglinge wurden herbeigeführt. Mit dem blutigen Messer, mit dem das Tier getötet wurde, berührte man die beiden schöpferischen Mannsbilder an der Stirn. Es trafen andere *luperci* ein und wischten ihnen das Blut mit in Milch getränkter Wolle wieder ab.

Ein prächtiges Mahl wurde geboten. Danach ging es aber richtig zur Sache. Die nackten Priester banden sich die Felle der geopferten Ziegen um die Hüften und zerschnitten einen Teil des Felles in Riemen. Mit den selbstgemachten Peitschen liefen sie dann vermutlich um den Palatin herum und schlugen damit die verheirateten Frauen, die sich davon den Ehesegen erhofften. *Madonna!*

Verlassen wir die geschichtsträchtige und spannende Antike. Wenn Sie Michelangelos anmutige Treppen zum Kapitols-Hügel erklimmen, dann könnte einer der Gründe des Besuches nicht nur die Wolfsmutter-Skulptur sein. Rechter Hand versteckt sich die Caffetteria der Terrazza Caffarelli – ehemaliger Schauplatz deutscher Geschichte! Im 19. Jahrhundert hielt beispielsweise das Deutsche Archäologische Institut in dem damaligen Palazzo

Caffarelli Hof. Ein Drink hier oben und die traumhafte Sicht auf Roms Dächer – wünscht man sich mehr?

Und wenn Sie dann ganz begeistert wieder hinuntergestiegen sind, dann spazieren Sie unten links am Hügel entlang in Richtung Teatro Marcello. Nach einigen Metern bemerkt man beim näheren Hinsehen, dass sich hinter den Sträuchern einige alte Käfige verbergen. Hier wurde ab 1872, zwei Jahre nachdem Rom Hauptstadt wurde, tatsächlich ein lebendiger Wolf in einem Käfig zur Schau gestellt!

Die arme Bestie ersetzte man in den Jahrzehnten immer wieder, denn sie sollte somit das Symbol Roms bekräftigen. Die Tradition, Tiere dort zu halten, war schon in früheren Zeiten bekannt. Einst lebten dort ein Adler und auch ein Löwe eingeengt, bis Letzter irgendwann einmal bei einem zu neugierigen Touristen zubiss und dann nicht mehr ersetzt wurde. Dem Ganzen wurde Mitte 1900 ein Ende gesetzt. Ein Engländer und Tierschutzverbände protestierten, und die *tortura* wurde eingestellt. Via del Teatro di Marcello 16–22

Sparen Sie sich das Eintrittsgeld für das Museum an der »Schreibmaschine«. So wird das Monumento Nazionale a Vittorio Emanuele II. aufgrund seiner Form genannt. Hingegen lohnen sich die 10 Euro für den Aufzug nach oben aufs Dach zu den Quadrigafiguren. Der malerische Blick in Richtung Monte Albani ersetzt bei Zeitmangel den Rundgang im Forum Romanum.

Piazza Mattei

ISOLA DI PIAZZA MATTEI – die Schildkröteninsel

Die Piazza Mattei liegt in dem *rione* Sant‘ Angelo. *Rione* bedeutet Stadtteil, und dieser hier ist der kleinste in Rom. Den Namen trägt das Viertel von der Kirche Sant'Angelo in Pescheria, der sehenswerten, römisch-katholischen Klosterkirche. Sie liegt auf den Überresten der Portikus der Octavia, der im Mittelalter als Fischmarkt diente. Um ihn herum entstand ab dem 10. Jahrhundert das jüdische Viertel. Gleich um die Ecke liegt der Schildkrötenbrunnen an der Piazza Mattei. Dieser dient uns als Aufgangspunkt für einen Spaziergang auf den Spuren der römischen Familie Mattei:

Der mächtige Clan ließ sich hier ab 1473 nieder und besaß im 16. Jahrhundert eigentlich alles, was man nur besitzen kann. Allein in dieser Gegend waren es gar vier *palazzi*. Doch damit nicht genug, hinzukamen der Parco della Villa Celimontana, Schlösser oder Weingüter und eigene Kapellen in den Kirchen. Das Sahnehäubchen bildeten Kunstschätze aller Art, wie man an ihren überwältigenden Palästen ersehen kann. Zur Aufgabe der Mattei gehörte es seit 1271, den *transito* aller Brücken zu kontrollieren. Eine Art Grenze, an der man *pedaggio,* eine Straßengebühr, zahlen musste, um ins Zentrum zu gelangen. Damals hatte die Familie ihren Wohnsitz an der Piazza Piscinula in Trastevere, wo heute noch der alte mittelalterliche Bau zu sehen ist.

Im 14. und 15. Jahrhundert führten die *affari,* die Handelsgeschäfte, Giacomo di Matteo und seinen Sohn Ludovico zur heutigen Schildkröteninsel. Die Gegend rund um die Piazza Mattei wurde zu einer Hochburg dieser wohlsituierten Familie. Die erste und noch »bescheidenere« Behausung der stinkreichen Sippschaft, Palazzo Mattei, befand sich direkt an der Hausnummer 19.

Den Niedergang erlebten die Mattei, als die nachfolgenden Generationen das Spielen anfingen. Die damalige Leidenschaft des Herzogs hat im Volksmund das Sprichwort »*Un quattro un cinque un sei perdé il palazzo il duca Mattei*» entstehen lassen: »Eine Vier, eine Fünf, eine Sechs, es verliert den Palast der Duca Mattei.« Vor dem Gebäude erkennt man ein zugemauertes Fenster.

Der Legende nach soll der Grund für den verschlossenen Ausblick folgender sein: Der Duca Mattei begann, sein Hab und Gut zu verspielen und wurde von seinem zukünftigen Schwiegervater gerügt. Letzterer war derart erbost, dass der ihm die Hand seiner Tochter verweigerte. Um ihn jedoch umzustimmen, ließ der Herzog in nur einer Nacht den Schildkröten-Brunnen erbauen. Damit wollte er beweisen, wie groß sein Einflussreichtum noch war. Am nächsten Morgen ließ er den Vater seiner Braut zu sich kommen. Von diesem Fenster konnte dieser den traumhaften Brunnen bewundern.

Daraufhin erhielt der Duca dessen Tochter zum Weibe und soll danach das Fenster einfach zugemauert haben, um niemandem mehr diesen Ausblick zu bieten. Die Arbeiten für den Brunnen begannen dank Taddeo Landini. 1585 setzte er vier bronzene Epheben auf Delfine auf. Die Schildkröten sollen aber erst 1658 von Gian Lorenzo Bernini angebracht worden sein!

Die Delfine als Symbol der Schnelligkeit und die Schildkröten als Verkörperung der Langsamkeit – orientieren sich möglicherweise an der lateinischen Redensart *»festina lente«* (eile langsam). Die Originale der gepanzerten Tierchen befinden sich heute in den Kapitolen Museen, denn sie wurden immer mal wieder entwendet!

Palazzo Costaguti

Nicht nur die Mattei siedelten sich an der Schildkröteninsel an, sondern auch die Costaguti, eine Bankier-Familie aus Ligurien. 1624 bezogen sie den Palast. Für den berühmten Kunsthistoriker Giorgio Vasari galt das Haus, das bereits um die 1550 von Carlo Lambardi erbaut wurde, als eines der fünf prachtvollsten in Rom. Sollte es Ihnen gelingen, unbemerkt an dem *portiere* vorbei zu huschen, dann erblicken Sie erst einmal die *graffiti* im Innenhof aus dem 16. Jahrhundert. Oder das königliche Treppenhaus. Der *piano nobile* mit Fresken von Lanfranco, den Zuccari Brüdern, Cavalier d'Arpino, Guercino und Domenichino bleibt vorerst einmal nur den Angehörigen vorbehalten.

Die Costaguti haben noch heute ihre Residenz dort. Man versuche, sich gar folgenden Namen zu merken: Marchese Achille Ascanio Vincenzo Belloso Afan de Rivera Costaguti!

Während des zweiten Weltkrieges leistete er den Juden Beistand und versteckte sie in dem Vicolo Costaguti vor den Nazis (um die Ecke des Gebäudes.) Costagutis Großneffe, der einen kürzeren Namen trägt, Diego Afan De Rivera Costaguti, wird in der Gegend heute noch *Don Diego* genannt.

Vicolo Costaguti

Gleich neben dem Vicolo Costaguti befindet sich der kleine verlassene Tempietto del Carmelo: ein Vorhof von nur einigen Quadratmetern, der eingezäunt wurde. 1759 wurde das Tempelchen von Kolonialwarenhändlern erbaut und der Madonna del Carmine gewidmet.

Als der Ort zur Kirche umgebaut wurde, mussten jeden Samstag hier die Juden an der Messe den *prediche coatte* teilnehmen, um sich zum Christentum zu konvertieren. Man erzählt, dass sich viele von ihnen Ohrstöpsel mitbrachten und, wurden Sie erwischt, Ohrfeigen flogen. Dann wurde der Tempel ein Sitz für ein Schustergeschäft, um die letzten Jahrzehnte dann gänzlich vernachlässigt zu werden.

2005 wurden für stolze 97.000 Euro die dorischen Säulen wieder aufgeputzt und das Gitter poliert. An den Decken konnte man endlich wieder den Stuck und die Wolken um die Friedenstaube erkennen, und der Boden war wieder begehbar. Am 12. Dezember des gleichen Jahres fand eine feierliche Einweihungsveranstaltung statt und alle kamen: die Architekten, der Vizebürgermeister, Kardinäle und nicht zu vergessen ... die Rabbiner.

Dieser Ort sollte von nun an als ein Symbol des interreligiösen Dialogs und Friedens gelten und eine Begegnungsstätte für beide Religionen werden. Seit 10 Jahren steht das Örtchen wieder leer! Aufgrund mangelnden Geldes für die Konservierung wird dieser so schöne und denkwürdige Ort bald wieder wie ein Kartenhaus zusammenfallen. Außer Spesen nichts gewesen.

Via del Teatro di Marcello 16–22

Tempietto del Carmelo

Palazzo Mattei di Giove

Setzen wir unseren Spaziergang fort. Zurück zum Schildkrötenbrunnen, biegen wir die Via dei Funari rechts ab und gelangen nach einigen Metern linker Hand zum wohl bedeutendsten Palazzo Mattei di Giove. Wie man augenblicklich im Innenhof wahrnimmt, stammt der Palast aus den Glanzzeiten der Familien. Möglicherweise werden Sie sich fragen: Wie kann ein Mensch so reich gewesen sein? Und wie kam jemand an solche Schätze des Altertums?

Das Gesims ist mit den Familienwappen verziert, den Adlern der Familie Gonzaga und dem Schachbrettmuster mit Querstreifen der Mattei. Es gibt eigentlich alles zu bestaunen, was die Kunst des antiken Roms zu bieten hat: Reliefs, Fragmente, Inschriften und Sarkophage. Mattei ließ sich Statuen und Marmordekorationen aus archäologischen Ausgrabungen und andere antike Fundstücke herbeischaffen, die in den beiden Innenhöfen und im Treppenhaus strotzen.

Im Jahre 1597 erwarben Asdrube Mattei und sein Bruder Ciriaco, damals noch zivile Bürger, für 65.000 Scudi das Grundstück, um ihren Palast darauf errichten zu lassen. Der damalige Besitzer, ein Herzog, verkaufte ihnen mit der Erde auch gleich noch seinen noblen Titel »di Giove« mit. Und da der Adel bekanntlich unter sich bleibt, heiratete Asdrube später in die italienische Fürstenfamilie Gonzaga ein. Die Gonzaga sind wiederum mit den Habsburgern verwandt. Asdrube Mattei ließ den dreistöckigen Prachtbau 1598 und 1611 von Carlo Maderno errichten. 1626 war Pietro da Cortona dran und für die Decken und Bogengänge verantwortlich.

Der Duca liebte nicht nur die antike Kunst. Im Jahre 1601 soll für kurze Zeit der umstrittene Maler Caravaggio im Palazzo Unterkunft gefunden haben. 1822, fast 200 Jahre später,

Palazzo Mattei di Giove

residierte hier wieder ein illustrer Gast: der mit der Familie verwandte Giacomo Leopardi, einer der bedeutendsten italienischen Dichter der Romantik. Trotz des prachtvollen Rahmens war der Aufenthalt für ihn eine Qual, denn er wurde von einer gesundheitlichen Krise und von Depressionen heimgesucht. Hier lebte er in seiner pessimistischen, schwarz malenden und düsteren Welt und gebot nur wenigen Menschen Einlass. Einer davon war der deutsche Historiker Barthold Georg Niebuhr.

Im Palazzo Mattei befindet sich heute die *Discoteca dello Stato*. Diese ist kein Tanzlokal für Politiker, sondern das Istituto centrale per i beni sonori ed audiovisivi, Zentrales Institut für Ton und Audiogüter, mit einem interessanten Museum.

Im ersten Stock befindet sich das Centro Studi Americani. In dessen *piano nobile,* von Carlo Maderno geschaffen, sind die Säle mit Freskenmalereien von Pietro da Cortona bestückt und geben Zutritt auf das damalige noble Zimmerchen von Giacomo Leopardi. Letzteres darf die Öffentlichkeit am Freitagmorgen unter vorheriger Anmeldung betreten. Die amerikanische Bibliothek hingegen ist täglich geöffnet.
info@centrostudiamericani.org

Via Michelangelo Caetani 32/Via Funari

Discoteca dello Stato: www.icbsa.it

Anmeldung für das Audio-Museum rechts im Erdgeschoss oder über die Webseite.

Palazzo Mattei di Giove

Palazzo Mattei di Paganica

1540 wurde der Palazzo Mattei di Paganica von Nanni di Baccio Bigio auf den Ruinen des Teatro di Lucio Cornelio Balbo erbaut. Heute arbeiten in dem noblen Gebäude die Mitarbeiter des Istituto Treccani, des Herausgebers der italienischen Enzyklopädie. In die sehenswerte Bibliothek dürfte man problemlos hinein; am Empfang wird man nach Vorzeigen des Ausweises hineingelassen. In den Gängen lassen sich noch Reste der Mauern des antiken Teatro aus dem Jahre 13 v. Chr. Erkennen. Bitten Sie um die Besichtigung der *sala rossa* und der *sala Igea,* prächtige Freskenmalereien schmücken die Decken!

Piazza della Enciclopedia Italiana 4

Palazzo Mattei di Paganica

Letztes Puzzleteil der Mattei-Dynastie, der Palazzo Caetani in der Via delle Botteghe Oscure 32, ist für Rombesucher öffentlich nicht zugänglich. Mit der Dekoration des Palazzo beauftragte man die Zuccari Brüder, berühmte Malereien stammen von Anton Raphael Mengs und Angelika Kaufmann. Vielleicht treffen Sie auch hier auf einen freundlichen *portiere*, der Ihnen zumindest das Gebäude zeigt. Lächeln Sie nett, denn mit einem Pförtner in Italien sollte man sich im Allgemeinen immer guthalten. Er kennt viele Leute und weiß viele interessante Ereignisse zu berichten.

Gleich vor dem Eingang des Palazzo Mattei di Giove wird an den Mord des ehemaligen Ministerpräsidenten Aldo Moro erinnert. Er wurde 1978 von den Brigate Rosse, den Roten Brigaden, entführt und tot im Kofferraum aufgefunden. Fast zur selben Zeit erlag der Arbeitgeberpräsident Hans Martin Schleyer in Deutschland dem gleichen Schicksal.

Nur einen Katzensprung entfernt erwartet uns die Crypta Balbi. Vor 2000 Jahren entstand hier die Bebauung des städtischen Areals. Die gelungene Verschmelzung von Antike, Mittelalter und Moderne ähnelt seiner heutigen Stadt: Gestern, Heute und Morgen in einem Orte vereint. Der Innenhof ist mit dem antiken Teatro Balbo verbunden. Neuerdings ist wieder die sehenswerte Krypta geöffnet.

Museo Nazionale Romano - Crypta Balbi * Via delle Botteghe Oscure 31

Die Eintrittskarte ist drei Tage für drei weitere und ebenso sehenswerte Mussen gültig: den Palazzo Massimo, Palazzo Altemps und die Terme di Diocleziano.

Palazzo della Cancelleria

Wer seine Ehe annullieren lassen möchte, ist hier an der richtigen Stelle. Die Sacra Rota Romana stellt den höchsten Zivil- und Strafgerichtshof der Kirche dar. Das Gebäude selbst war der erste Renaissancepalast in Rom. Es gehört heute zum UNESCO-Welterbe und zählt zu den Schönsten in der Stadt. Die elegante Außenfassade schmücken die päpstlichen Wappen an den Ecken, und in den Komplex ist die schöne frühchristliche Kirche San Lorenzo Damaso integriert. Von 1485 bis 1513 erbaute Kardinal Raffaele Riario hier seine zukünftige Residenz. Nur das Feinste sollte gut genug sein. Ab der zweiten Hälfte des 15. Jahrhunderts bildeten die reichen Kardinäle die neue aufsteigende Klasse und übertrumpften sich beim Bau ihrer luxuriösen Paläste. Die finanzielle Grundlage für die Realisierung des prachtvollen Palazzo soll Riario beim Würfelspiel gewonnen haben: 60.000 Scudi – circa sechs Millionen Euro.

Aber auch die Päpste Sixtus IV. und Neffe Julius II. wurden immer wieder zur Kasse gebeten, als die Mittel fehlten. Der Klerus strebte durch den Bau eine dominante Stellung Roms und den Wiederanfang der kulturellen Vormachtstellung an. Wo Dreck und Müll herumlagen, sollte nun die aufsteigende Klasse ein- und ausgehen. Die Inschrift an der Ecke des Campo de‘ Fiori besagt:

> *Marsfeld, wie schmutzig warst du, ungepflegt und voll stinkendem Abfall.*
> *Jetzt, unter der Herrschaft des Sixtus wirst du von diesem unwürdigen Anblick befreit und der ganze Platz ist bewundernswert. Rom schuldet Dank dem heilbringenden Fürsten. Via Florea*
> *Im Jahr des Heils 1483*

Schließlich betrugen die Baukosten circa 180.000 Scudi. 1517 kam der Kardinal wegen Verschwörung anderer Kardinäle in die Engelsburg hinter Gitter. Aber wozu hat man denn Freunde, wenn man so reich ist? Ob schuldig oder nicht – zur Hilfe kam ihm der Bankier Agostino Chigi, der ein Drittel für seine Freilassung bezahlte. Für den Rest wurde sein Palast veräußert.

In den Gemäuern des Palazzo della Cancelleria spielten sich durch die Jahrhunderte hindurch wichtige Ereignisse ab. Wie etwa 1527, als Kardinal Colonna den *Sacco di Roma,* die Plünderung erlebte. Aufgrund dessen ist auch der Architekt unbekannt, ddenn dabei brannten der Palast und folglich das Archiv ab. 1585 fand eine Restaurierung von Domenico Fontana statt. Im Jahre 1870 hingegen zogen die Truppen Garibaldis ein und beendeten den Kirchenstaat. Der Palast blieb weiterhin der Sitz des Kardinal-Vizekanzlers der Heiligen Römischen Kirche blieb.

1929 unterzeichneten hier Benito Mussolini und Kardinal Pietro Gasparri die Lateranverträge. 1967 wurde der Palazzo della Cancelleria zum Sitz wichtiger Institutionen der Römischen Kurie mit dem Privileg der Exterritorialität. Des Weiteren sind dort die Päpstliche Akademie für Archäologie und die Päpstliche Akademie der schönen Künste und Literatur untergebracht.

Das Innere der Struktur ist genauso beachtlich wie die Fassade. Die Räume wurden mit prachtvollen Gemälden und Fresken ausgestattet. In der Sala Riaria hängen die Malereien der *Verherrlichung des Pontifikats Clemens X.* Der *Salone dei Cento Giorni* soll 1546 in nur hundert Tagen von Giorgio Vasari vollendet worden sein. Das Auge weiß gar nicht, wo es zuerst hinschauen soll. Die Cappella del Pallio besticht mit unglaublichen Fresken von Francesco Salviati. *Stupendo!*

Mit welchem Werk legte Michelangelo den Klerus aufs Kreuz?

Schon in der Vergangenheit gab es Fälschungen. Und kein anderer als Michelangelo fertigte die Statue eines schlafenden Cupido an, die er dem Kardinal Riario als antikes Kunstwerk andrehte. Den Betrogenen beeindruckte jedoch die Figur des Amor-Gottes derart, dass er den Florentiner 1496 nach Rom einlud, damit der Künstler für ihn arbeitete. Michelangelos Karriere in Rom begann.

Ohne Vorbestellung bekommen Sie nur die aktuelle Ausstellung zu sehen – und zahlen auch noch mehr. Den eleganten Innenhof mit seinen herrlichen Arkaden und 44 Granitsäulen kann man auch ohne einen Museumsbesuch betreten. Für eine Besichtigung des Palasts muss man aktuell mindestens einen Monat vorher bestellen.

In der Tiefe ruht ein weiteres Kuriosum: Das unterirdische Sepolcro di Aulo Irzio wurde erst 1938 entdeckt. Dieses Grab trägt den Namen von Aulus Hirtius, Statthalter von Cäsar, der mit Gaius Vibius Pansa Caetronianus in der Schlacht von Mutina (heute Modena) gegen Marcus Antonius kämpfte. Nach deren Tod beschloss der römische Senat, die heldenhaften Kämpfer auf Staatskosten beerdigen zu lassen.

Die Grabstätte des Vibius Pansa müsste sich also in der Nähe befinden, wurde jedoch noch nicht gefunden. Sollten Sie einen Termin zur Besichtigung erhalten, halten Sie also Ausschau.

Darüber hinaus wurden hier unten bedeutende Funde aus der Antike gemacht. Die Ara dei Vicomagistri, ein Altar aus der Zeit des Herrschers Claudius (41-54 n. Chr.), befindet sich heute neben weiteren Reliefs in den Vatikanischen Museen.

Stellenweise steht das Grabmal des Aulus Hirtius unter Wasser und genau das macht diesen Ort einzigartig. Wie kommt es zu dem Wasser? Durch den Bau der *muraglioni*, der Schutzmauern des Tibers, wurden einige Kanäle verstopft, infolgedessen sich der Wasserspiegel erhöhte. *Il laghetto*, der See, nennen ihn die römischen Archäologen. Im tiefen Dunkel eröffnet sich die Sicht auf ein kleines klares Gewässer. *Uno spettacolo!* Eine Besichtigung kann nur in einer Reisegruppe oder über spezialisierte Vereine und Archäologen durchgeführt werden.

Piazza della Cancelleria

Das unterirdische Rom

Die ständige Veränderung der Stadt bringt eine Fülle von Problemen mit sich. Im Jahr 2000 war beispielsweise schon der Bau einer riesigen Tiefgarage am Petersplatz zweifelhaft, weil man die Zerstörung archäologischer Reste befürchtete. Und genau aus diesem Grund ist die dringend benötigte dritte Metro-Linie bis heute immer noch nicht fertiggestellt. Die düsteren und doch so glänzenden Abgründe der römischen Unterwelt bringen stets neue Überraschungen ans Tageslicht.

Stellen Sie sich vor, Sie stehen gerade an einer gut besuchten Straße. Vielleicht vor einem *tabaccaio*, um Briefmarken zu kaufen. Nicht weit von Ihnen wird ein ganz normaler Kanaldeckel geöffnet. Sehen Sie die Reisegruppe, die einem Herrn mittleren Alters in die beängstigende Tiefe folgt? Und weg sind sie alle. Möglicherweise erkunden die Damen und Herren nun die unterirdischen Reichtümer der Stadt, inmitten von Wohnhäusern und Geschäften. Die seit der Antike ununterbrochene Bau- und Kulttradition bringt immer wieder neue Zeitzeugen, Denkmäler, Mithräen, antike Villen oder ganze Märkte ans Licht. Neben der spektakulären Kirche San Clemente oder den Katakomben der Via Appia Antica ist die Liste der geheimnisvollen römischen Schattenreiche zahllos. Roms Unterwelt ist derart groß, dass man sich verlaufen würde. Manch einer segnete an einigen Orten höchstselbst das Zeitliche, hätte er keinen kompetenten Reiseführer.

Im Hochsommer, wenn die Hitze unerträglich ist, findet man in Roms Unterwelt eine willkommene Abkühlung. Was dem einen der Supermarkt, um sich an der Klimaanlage zu ergötzen, ist dem anderen die Krypta in seiner Lieblingskirche.

Palazzo Spada

Wie hießen noch die sieben Könige Roms?

Romolo, Numa Pompilio, Tullo Ostilio, Anco Marzio, Tarquinio Prisco, Servio Tullio und Tarquinio il Superbo.

Die damaligen Herrscher thronen stolz auf der Fassade des Palazzo Spada. Im 16. Jahrhundert wurde das prunkvolle Gebäude für den Kardinal Capodiferro im Stil des Manierismus errichtet. Diese Kunstrichtung kennzeichnet die Übergangsphase zwischen Renaissance und Barock.

Etwa hundert Jahre später wurde Kardinal Bernardino Spada stolzer Eigentümer. Nach seinem Tode blieb seine Galerie für die Öffentlichkeit erhalten. Gemälde von Tiziano, Brueghel, Rubens und Albrecht Dürer säumen die Wände. Die Sammlung wird Sie nicht übermäßig beeindrucken, aber ein besonderes Highlight stellt die **Galleria prospettica del Borromini** dar.

Hierzu muss man nicht einmal in die Pinakothek hinein. Betreten Sie den Innenhof, den die Statuen der Götter Herkules, Mars, Juno, Jupiter, Proserpina, Minerva, Merkur, Venus, Neptun und Hades schmücken. Wenn Sie links durch das Glasfenster schauen, erscheint Ihnen am Ende ein Säulengang, den von 1652–1653 Francesco Borromini schuf. Der Gang scheint sehr lang zu sein, aber in Wirklichkeit sind es nur achteinhalb Meter. Eine optische Täuschung!

Ein weiterer Höhepunkt ist die fürstliche Beletage oder Piano nobile, wie die Italiener sagen.

Dieses noble Stockwerk bietet nur an einzelnen Tagen im Monat Einlass. Gewöhnlich gehen hier nur Staatsmänner- und frauen ein und aus. Und wenn man es nicht ausdrücklich erwähnt, dass man dort auch hineinmöchte, betritt man nur die Pinakothek.

Prunkvolle Säle und Gemälde aus dem 15. Jahrhundert verbergen sich in dem Palazzo: das pompöse Zimmer der vier Jahreszeiten und die Galleria degli stucchi mit traumhaften Stuckdekorationen, um nur einige aufzuzählen. Einzigartig die katoptrische Sonnenuhr in der Galleria della Meridiana! Und die Riesenstatue des Pompeius Magnus, zu deren Füßen Cäsar im Jahr 44 v. Chr. übersät von Messerstichen zusammengebrochen sein soll …

Piazza Capo di Ferro 13

VIA GIULIA

»Treiben lassen« ... Rom wartet mit unzähligen Palästen und geheimnisvollen Hinterhöfen auf. Teilweise verwilderte Gassen öffnen sich plötzlich wieder zu wunderschönen Plätzen. Mehr als 500 Jahre sind vergangen und die Via Giulia bleibt eine der faszinierendsten Straßen in der Altstadt. Wenn Sie bis zum Campo de' Fiori gekommen sind, dem einzigen Platz ohne Kirche, dann marschieren Sie noch weiter. An der benachbarten eleganten Piazza Farnese halten sich schon weniger Touristen auf, hier können Sie Ihr Käffchen in aller Ruhe genießen, danach brauchen Sie noch Puste. *Dado* (Würfel) nennt man im Übrigen den gleichnamigen Palazzo Farnese vor Ihnen im Volksmund. Er stammt aus der Zeit der radikalen Umgestaltung der Stadt im 16. Jahrhundert. 1874 wurde dieses hochelegante Gebäude der italienischen Adelsfamilie Farnese an Frankreich verkauft. Obwohl Mussolini es 1936 zurückerwarb, residiert hier weiterhin die französische Botschaft. Der 99-jährige Pachtvertrag wurde mit einem Euro Monatsmiete festgesetzt.

Wir laufen links am Palazzo Farnese vorbei in die Via del Mascherone. An der Hausnummer 62 schrieb der romantische Rebell Wilhelm Waiblinger seine römischen Gedichte. Vor uns plätschert nun der barocke Maskenbrunnen in der Via Giulia!

Die Paläste schmücken wappenartige Banner oder Schilder mit Namen und dem Entstehungsjahr. In ihrer großen Zeit war die *Via Magistralis* eine gut besuchte Promenadestraße. Prozessionen und sogar Wettrennen fanden hier statt, wie damals auf dem Corso. Überlieferungen berichten von Rennen im Jahre 1600 mit *»nackten Buckligen«* während des Karnevals. Ein Spaziergang wird zu einem Ausflug durch die verschiedensten Jahrhunderte und Epochen.

Die Via Giulia verläuft parallel zum Flussufer vom Ponte Sisto bis zur Kirche San Giovanni dei Fiorentini. Wir schlendern am

Brunnen rechts entlang, vorbei an efeubehangenen Bauwerken über das alte buckelige Kopfsteinpflaster. Der Bogen vor uns, der Arco dei Farnesi, wurde 1603 erbaut, denn an dieser Stelle sollte eine Überführung entstehen, um die Terrasse des prunkvollen Palazzo Farnese mit der luxuriösen Villa Farnesina des reichen Bankiers Agostino Chigi auf der anderen Seite des Tibers zu verbinden. Die finanziellen Mittel fehlten, und es blieb nur noch der Bogen. Und doch wäre die alte Straße ohne ihn nicht das, was sie heute darstellt. Rechts hinter der Mauer erkennt man die elegante Rückseite des Palazzo Farnese.

Via Giulia ist keine Flanier-Meile, sondern eine befahrbare, weitläufige Straße und meistens leer. Nur einige Anwälte und Geschäftsleute haben hier ihre Termine und selbst der Autoverkehr hält sich in Grenzen. 245 Hausnummern zählt diese mittelalterliche Meile. Zahlreiche aristokratische Familien haben sich in ihren Palästen niedergelassen: Sacchetti, Falconieri, Ricci und wie sie alle heißen. Jede von ihnen hat ihre eigene spannende Geschichte. Kardinäle, Maler und Schriftsteller hatten hier Ihre Residenz.

1508 modernisierte Papst Julius II. della Rovere die mittelalterlichen Strukturen. Der Kleriker strebte einen absoluten Kirchenstaat und Macht im politischen europäischen Leben an. Die territoriale Expansion liebend wundert es nicht, dass er sich auch mit seinem Papstnamen an sein Vorbild Julius Caesar anlehnte. Er plante ein Nobelviertel für Banken und namhafte Institutionen. Und mit der Via Giulia eine Verbindungsstraße zwischen den bereits bestehenden luxuriösen Gebäuden des Ponte Sisto bis hin zum Ponte degli Angeli. Zur selben Zeit wurde auf der anderen Seite des Tibers die parallel verlaufende Via della Lungara auf ihren Ruinen erneuert, um das Vorstadtviertel mit Trastevere zu verbinden.

VIA GIULIA
1508
"Spazio 120"
Galleria d'arte

Diese war allerdings für den *popolo*, das Volk also, und nicht für die Vermögenden gedacht. Hilfe erhielt der ehrgeizige Julius aus der Toskana. Banken, die wichtigen Familien Orsini, Colonna und besonders Agostino Chigi aus Siena machten den Geldbeutel auf. Donato Bramante wurde als Architekt auserwählt.

Als Julius starb, blieben viele seiner mächtigen Projekte unvollendet. Es entstanden einfachere Bauten mit Gärten oder kleineren Geschäften, die sich an die schon fertig gewordenen imposanten Paläste der *upper class* reihten. 1527 beim *Sacco di Roma* wurden viele dieser Gebäude zerstört. Später plante der italienische Architekt Antonio da Sangallo il Giovane hier eine zweite Via Margutta, einen Treffpunkt für talentierte Künstler.

Es siedelten sich Raffael, Cellini und Borromini an, die der Straße ein neues Gesicht verabreichten. 1652–1657 wurden direkt an der Straβe die neuen Gefängnisse erbaut, und zur wohlhabenden Bevölkerung gesellte sich nach und nach eine eher frevelhafte Gesellschaft.

Die Spitze des Eisbergs war, als unweit des Ponte Sisto (linker Hand des Brunnens, wo die Via Giulia beginnt) noch ein Rotlichtviertel in der Via delle Zoccolette entstand. Somit wurde aus der geplanten exklusiven Gegend ein buntes Gemisch verschiedenster Gesellschaftsschichten. Papst Julius II. hätte sich im Grab umgedreht.

Nun können Sie losziehen und die teilweise toskanische Kolonie besichtigen. An lauen Sommerabenden werden die kleinen Plätze der Innenhöfe mit Öllampen beleuchtet. Die Kreuzgänge der vielen Kirchen eignen sich dann bestens für Konzerte. Wozu ins Museum gehen, wenn Sie doch eine ganze Straße vor sich haben!

EXTRVCTA
SÆC. XVI
REST AD
MCMXXVIII

Santa Maria dell'Orazione e Morte

Schon vor einigen Jahrhunderten wusste man nicht, wohin man mit dem Müll sollte …

Gleich links liegt der Eingang der Kirche Santa Maria dell'Orazione e Morte. Das Gotteshaus wurde 1573 auf einem Friedhof erbaut und 1737 von Ferdinando Fuga erweitert. Schauen Sie sich mal das Äußere genauer an – merken Sie etwas? Unter anderem steht auf einer Tafel vor der Kirche geschrieben *Morte intenta ad osservare un cadavere:* der Tod schaut sich eine Leiche an! Dann betreten Sie die Kirche. Fällt Ihnen etwas Besonderes auf? Steigen Sie in den Keller unter dem Altar hinunter, die Nonne wird Sie um eine Spende bitten, und Sie werden Außergewöhnliches erblicken.

Die Bruderschaft Santa Maria dell'Orazione e Morte hatte damals die Aufgabe, den unbekannten Toten, die in der *campagna* gefunden wurden oder im Tiber ertranken, ein christliches Begräbnis zu ermöglichen. Da man nicht wusste, wohin mit den vielen Leichen, wurden diese teilweise nebst Hausmüll einfach auf die Straße geworfen! Die Kadaver wurden erst einmal auf dem dortigen Friedhof aufbewahrt und dann tatsächlich recycelt. Die kleine Krypta wartet mit einer kompletten Inneneinrichtung aus menschlichen Knochen auf: Totenköpfe sind in Regalen wie Einmachgläser sorgfältig eingeordnet und Lampen aus Wirbelsäulen ausgestellt. Ein wahres Horrormuseum! Auf einigen Schädeln steht die Todesursache wie etwa *annegato* (ertrunken) mit Namen und Datum des Verstorbenen geschrieben. In drei Jahrhunderten wurden mehr als 8600 Leichen bestattet!

Via Giulia 262

ELEMOSI I POVERI
MORTI CHE SI PIGLIANO
IN CAMPAGNA M DC XC IV

Palazzo Falconieri

Gleich neben der Gruselkirche liegt der Palazzo Falconieri. Gerade ist hier die ungarische Botschaft eingezogen. Das Gebäude wurde auf den antiken Resten des *porto fluviale* (Flusshafen) erbaut und ging 1638 in den Besitz von Orazio Falconieri aus einer noblen toskanischen Familie über. Die Familie Falconieri waren im Salzhandel tätig und steinreich. Ob wohl die Redensart der »gesalzenen Rechnung« auf sie zurückführt?

Orazio reichte dann der Platz nicht mehr aus, und er beauftragte Francesco Borromini, das Gebäude zu erweitern. Der rechtsplatzierte Adler wurde an der Außenfassade hinzugefügt, denn der *falco* war das Wappenzeichen der Falconieri, während der linke Greifvogel fast hundert Jahre später von Ferdinando Fuga angebracht wurde. Den Innenhof ziert ein Delfinbrunnen. Beim Eintreten beeindrucken erst einmal das Atrium und die Türrahmen aus türkischem Marmor im ersten Stock.

Hier wurde gefeiert, was das Zeug hielt, denn wer im Überfluss lebte, wollte auch in die römische feine Gesellschaft eintreten. Als Dekoration für die großartigen Deckengewölbe wählte Borromini die *simboli massonici*, die Symbole der Freimaurer aus, die man in vier verschiedenen Farben in den Zimmern sieht. Borromini selbst soll einer Vorgängergruppe der Freimaurer angehört und genau dort deren erste Versammlungen stattgefunden haben.

Den Höhepunkt im wahrsten Sinne des Wortes stellt die *Altana* dar. Im oberen Stock liegt erst einmal die schöne Loggia. Von dort aus steigen wir eine enge Wendeltreppe zu einer kleinen Terrasse hoch, die ein Paar geheimnisvoller zweiköpfiger Statuen bewacht. Wie an nur wenigen Orten bietet sich nun eine 360-Grad-Sicht auf Rom!

Im Westen erkennt man die kleine und alleinstehende Villa Lante auf dem Gianicolo oder gleich unten die Wege entlang des Tiberflusses. Man könnte einen ganzen Tag an diesem Ort verweilen und die Wunder der Stadt beäugen. Weit weg und doch so nah – *Santo Cielo!* Beim Hinuntersteigen spürt man Roms Kuppeln und Dächer hautnah. Wer unter Höhenangst leidet, sollte nun lieber den Boden fixieren. Halten Sie durch, die nun knalleng anliegende Stadt erleben Sie nur in diesem Augenblick.

Ein weiterer illustrer Gast im Palazzo war von 1815-1818 Maria Letizia Ramolino, Mutter von Napoleon Bonaparte. Seit 1927 residiert hier das ungarische Kulturzentrum.

Via Giulia 1

Chiesa di Santa Caterina da Siena

An die imposanten Gebäude in dieser Straße reihen sich immer wieder beachtliche Kirchen aneinander. Auf der Außenfassade hinterließ wieder Borromini seine Handschrift. Der Chiesa di Santa Caterina da Siena hat eine bedeutende Frau ihren Namen gegeben. 1347 in Siena geboren, wurde sie zum *dottore della chiesa*, zur »Kirchenlehrerin« ernannt. Ihrem Rat folgten gleich zwei Päpste. Sie wies unter anderem auf die kirchlichen Missstände hin. Ihr hatte man es zu verdanken, dass Papst Gregor XI. von Avignon nach Rom zurückkehrte und 1347 eine Kirchenspaltung verhindert wurde.

Die hl. Katharina starb 1380 mit nur 33 Jahren unweit der Kirche Santa Maria sopra Minerva, wo sie auch begraben wurde. 1462 wurde sie heiliggesprochen und 1939 erklärte Italien sie zur Schutzpatronin. Die Kirche wurde 1527 von Baldassare Peruzzi erbaut und durch die Überflutungen des Tibers wieder zerstört. Zwischen 1766 und 1775 rekonstruierte sie Paolo Posi.

Erkennen Sie Romulus und Remus? Sie sind nicht nur ein Wahrzeichen von Rom, sondern die Legende besagt, dass auch die Stadt Siena von Remus erbaut wurde. In der Kirche erwarten Sie die Flaggen der *contrade senesi*, der Stadtbezirke. Vom 2. Juli bis 16. August wehen sie beim Palio di Siena.

Via Giulia 151

Chiesa di Sant'Eligio degli Orefici

Linker Hand geht es in eine kleine Seitenstraße zu einem Schmuckstück der Hochrenaissance. Die Kirche ist dem Heiligen Eligius gewidmet. Er erlernte das Goldschmiedehandwerk und soll ebenso ein ausgezeichneter Hufschmied gewesen sein soll. Der Wunderknabe arbeitete als Schatz- und Münzmeister in Paris am Hofe des Merowingerkönigs Clothar II. (584-628) und später für seinen Nachfolger König Dagobert. Im Jahr 641 wurde Eligius zum Bischof von Tours geweiht. Er ist Patron zahlreicher Berufe: Bauern, Bergleute, Goldschmiede, Kutscher bis hin zu Münzsammlern und Tierärzten.

Seit dem 17. Jahrhundert ist Sant'Eligio auch der Schutzpatron der Pferde. Eine der Erzählungen über ihn – diese hier ist auf vielen Gemälden verewigt – berichtet recht Merkwürdiges: Er soll versucht haben, einem Pferd das Bein abzuschneiden, das Hufeisen anzubringen, und das abgeschlagene Bein danach wieder anzusetzen!

Im Inneren der Kirche zeigt der Hochaltar eine Büste des Heiligen Eligius aus Goldbronze mit Silberauflage, die auch eine Reliquie des Heiligen selbst enthält. Das kleine Gotteshaus wurde um 1515 von Raffael im Auftrag der Zunft der römischen Gold- und Silberschmiede erbaut. Als Raffael 1520 starb, ging die Arbeit in die Hände von Baldassarre Peruzzi über. Im Innenraum tragen vier Pfeiler die wunderschöne hemisphärische Kuppel. Das Fresko rechts vom Altar zeigt die *Anbetung der Könige* von Giovanni Francesco Romanelli. Auf der linken Seite sieht man die *Die Anbetung der Hirten* von Giovanni de Vecchi. Ein Gedenkstein erinnert an Bernardino Passeri. Der päpstliche Goldschmiedemeister kam 1527 bei der Plünderung ums Leben.

Via Di Sant'Eligio 7

Zurück zur Hauptstraße folgen zwei weitere Kirchen: Santo Spirito dei Napoletani aus Neapel und S. Filippo Neri. Letztere ist momentan nicht öffentlich zugänglich.

Diesmal von der Via Giulia rechts weg über die Via di Sant'Aurea erwartet uns die Piazza de Ricci. Hier überrascht der schöne Renaissance-Palazzo Ricci mit den leider schon verblassten Fresken seiner Fassaden, Werk des Malers Polidoro da Caravaggio aus der Zeit um 1525. Zurück zur Via Giulia geraten Ihnen inmitten der Prachtbauten immer wieder demolierte und heruntergekommene Gebäude ins Blickfeld. Sie stammen noch aus den dunklen, bereits erwähnten Zeiten. Andere wurden einfach nicht mehr renoviert. Dennoch verbergen sich in ihrem Inneren Appartements, dessen Pracht, Eleganz und teurer Kitsch der Fantasie keine Grenzen setzen. Vorbei an der *Direzione Nazionale Antimafia* passieren wir linker Hand einen Komplex, der erkennen lässt, dass er früher einmal ein Gefängnis war. Dieser wurde zwischen 1652 und 1655 von Antonio del Grande erbaut. Heute befindet sich hier ein Teil des Justizministeriums und seit 1931 das höchst spannende Museo della Criminologia. Der Haupteingang liegt gleich um die Ecke.

Oratorio del Gonfalone

Dieses verborgene Juwel stammt aus dem 16. Jahrhundert, und wenn man sich vorstellt, dass es zu gewissen Zeiten als Lagerhaus der Müllabfuhr benutzt wurde, will man die römische Welt nicht mehr verstehen. Von 1998 bis 2002 wurde die kleine Kirche restauriert. Das Gotteshaus, exemplarisch für den römischen Manierismus, wartet mit zwölf Freskenmalereien aus dem Jahre 1573 der *Passion Leiden Christi* auf. Diese erschienen den Päpsten so realistisch, dass sie kurzum vom Klerus verboten wurden. Erschaffer der verbotenen Werke waren u.a. L. Agresti, C. Nebbia, J. Bertoja und der bedeutende Frederico Zuccari, Erbauer des Palazzo Zuccari und Gründer der Accademia di San Luca. Momentan ist die Kirche für Konzerte und Besichtigungen unter Voranmeldung geöffnet.

Via del Gonfalone 32/A

Museum der Kriminologie

Das hochinteressante Museum illustriert die Kriminologie, angefangen vom Mittelalter bis in das 19. Jahrhundert. Man erfährt von Techniken zur Spurensicherung oder Foltermethoden. Sammlungen aus Gefängnissen und Zwangsjacken aus psychiatrischen Abteilungen erinnern an vergangene (grausige) Zeiten.

Via del Gonfalone 29

San Biagio degli Armeni

Im Laufe der Zeit gesellten sich zu den Kirchen auswärtige Glaubensgemeinden wie die hier San Biagio degli Armeni, Sitz der armenisch apostolischen Gemeinde. Heute sieht die kleine Kirche aus dem Jahre 1017 fast modern aus, wurde sie doch in den nachfolgenden Jahrhunderten erneuert.

Unter dem Namen San Biagio della Pagnotta bekannt – Pagnotta bedeutet Brotlaib – verteilt die Kirche am 3. Februar jeden Jahres zu Ehren ihres Patrons … Brötchen. Schön und gut, nur die dürfen Sie nicht essen, sondern sollten diese das ganze Jahr hinüber aufbewahren, denn sie werden vom Pfarrer geweiht und sollen Sie vor Halsschmerzen schützen. Da muss man erst einmal draufkommen …

Via Giulia 63

Sofà di Via Giulia

Vorbei an der Kirche S. Maria del Suffragio und auf der Höhe des Vicolo del Cefalo schaut eine Art Steinbank aus der Häuserfront heraus. Von den Einheimischen wird sie *sofà di Via Giulia* genannt. Originell und praktisch, endlich mal ein Ort zum Hinsetzen, ohne dass man gleich zahlen muss, denn Bänke gibt es wenige in Rom. Tatsächlich aber sollte dieses Stück Mauer das Fundament für den damals geplanten ultimativen Gerichtshof in Rom bilden und an dieser Stelle alle Gerichtshäuser in Rom vereinen.

Seine Erschaffung war im 16. Jahrhundert eines der größten und wichtigsten Zielsetzungen bei der Modernisierung dieser antiken Straße. Jedoch wurden die Arbeiten 1511 mit der »*Pax Romana*« (lat. Römischer Friede) abgebrochen. Hierunter ist nicht die langanhaltende Friedenszeit im Römischen Reich zu verstehen, sondern die Beilegung von Zwistigkeiten der beiden ältesten Adelsgeschlechter, der Colonna und der Orsini.

Zurück zur Steinbank: Als Papst Julius dann zwei Jahre später starb, wurde der Plan des Gerichtshofs für immer ad acta gelegt. Dieser Misserfolg setzte ein deutliches Zeichen, die vermeintliche, großartige Planung der Via Giulia war zum Scheitern verurteilt.

Palazzo Sacchetti

Der Palazzo Sacchetti mit der Hausnummer 66 war zu Recht einer der Hauptdrehsorte im Oskar-Preisträgerfilm *La grande Bellezza.* Von außen wirkt er nicht sehr gepflegt, aber bei der Besichtigung des Appartements der Marchesa Sacchetti bleibt Ihnen die Spucke weg. Erbauer und erster Besitzer war 1542 der italienische Architekt Antonio da Sangallo. Nach seinem Tod ging das Gebäude in die Hände des Kardinals Ricci über. Einer der bemerkenswertesten Räume ist Rom ist der *sala dei globi!* Freskomalereien von Francesco Salviati zeigen die Erzählungen aus dem Alten und Neuen Testament. Die mythologische Ausgestaltung und die Globen in der Mitte des Raums machen diesen Saal zu einem der schönsten und beeindruckendsten in Rom!

Mitte des 17. Jahrhunderts wurde Kardinal Sacchetti aus Florenz neuer Besitzer, der sich schnell Eintritt in die römische Gesellschaft verschaffte. Er wurde zum Marquis ernannt und auch beinahe zum Papst gewählt. Jede Menge kostbare Objekte und Gemälde besaß er wie etwa *Adam und Eva* von Pietro da Cortona.

Der Palazzo Sacchetti war auch der letzte Wohnort der österreichischen Schriftstellerin Ingeborg Bachmann. Hierhin soll ihr Max Frisch gefolgt sein. Sie war noch relativ jung, als sie in dieser Wohnung ein bitteres Ende fand. Im Garten, der zur Seite des Tibers liegt, blieb ein schönes Nymphäum erhalten. Sie dürfen das Apartment über eine Agentur besichtigen oder beim Pförtner fragen, billig ist der Spaß allerdings nicht. Außerdem will die Marchesa Sacchetti dieses Kleinod verkaufen. Es wäre ein Trauerspiel, würde die wertvolle Einrichtung nicht den Geschmack der Nachfolger treffen …

Via Giulia 66

Kirche San Giovanni dei Fiorentini

Per finire in bellezza – am Ende unseres Weges gelangen wir zur Nationalkirche der Florentiner. Man erkennt sie an der klassischen Fassade des Hochbarocks. Hier sind gleich zwei große Meister der Architektur begraben: Francesco Borromini und Carlo Maderno. Die Basilika blickt auf eine lebhafte Baugeschichte zurück. Anfang des 16. Jahrhunderts begannen die ersten Arbeiten. Es wechselten immer wieder die Bauherren. Erst war es Jacopo Sansovino und dann Antonio da San Gallo. Im Jahre 1518 unterbrach man, wohl aus Geldmangel, das Projekt. Mehr als ein Jahrhundert verging, bis Giacomo della Porta und Carlo Maderno die Arbeiten *fast* fertig stellten. Unter all den Künstlern, deren Arbeiten nicht enden wollten, wurde auch Michelangelo vermutet. 1734-1738 beendete Alessandro Galilei endgültig die Außenfassade. Das Innere besteht aus einer dreischiffigen Pfeilerbasilika und die Krypta hatte Borromini noch selbst realisiert, bevor er starb. Nun könnte man meinen, nach so langer Zeit ein Meisterwerk vorzufinden. Obwohl das elegante Outfit viel verspricht, ist die Inneneinrichtung recht kühl gehalten. Bleibt noch zu erwähnen, dass zum Osterfest die Haustiere gefeiert und das Kaninchen gesegnet werden, welches hierzulande an diesem Feiertag normalerweise verspeist wird. Jeden Sonntag um 18 Uhr wird eine Messe in englischer Sprache gehalten.

Piazza dell'Oro 1 * www.sangiovannideifiorentini.net

Was bleibt noch von der Via Giulia zu berichten? Eine Straße voller Gegensätze und reich an Episoden und Kuriositäten. Würden wundersamerweise all ihre Kunstschätze der Außenwelt preisgegeben, dann hätten wir an dieser Stelle eine der größten Ausstellungen der Welt. Trotz der Schäden der *muraglioni,* der Schutzmauer des Tibers, hat sie ihren Charme erhalten. Vor einiger Zeit hat die »alte Dame« wieder von sich reden gemacht. Man stieß bei den Bauarbeiten für ein neues Parkhaus auf die

Reiterställe von Kaiser Augustus. Andere berichteten lediglich von einer *factio*, einer der vier Renngesellschaften, die sich im Circus Maximus auslebten. Die Ausgrabungen begannen … und wie es sich oft in der Ewigen Stadt zuträgt, gerieten die Arbeiten in Stocken, weil die finanziellen Mittel fehlten. Also wird der Grabungsplatz nicht zum Museum, sondern einfach wieder zugedeckt. Klappe auf - Klappe zu, das ist Rom!

Wo plätschert die »Suppenschüssel«?

Der wohl originellste Brunnen thronte ursprünglich auf dem Campo de' fiori, wo heute das Bruno Giordano Denkmal steht. 1590 wurde das Original, dessen Brunnenrand vier bronzene elegante Delfine zierten, von Giacomo della Porta entworfen. Später benutzte jedoch das ungehobelte Volke den Brunnen inmitten des Markttreibens als Mülleimer. Die einzige Abhilfe war eine pragmatische Lösung: Die Delfine wurden wieder abgenommen und ein Deckel aufgesetzt. 1899 wurde der Brunnen zur Piazza della Chiesa Nuova umgesetzt und erhielt aufgrund seiner neuen Form den heutigen Namen *fontana della terrina*. Eine Inschrift mit einem Reim besagt: *Ama Dio e non fallire. Fa del bene e lassa dire.*

Don't miss!
Die Piazza del Orologio bestiche durch einen Gebäudekomplex, der als einer der Hauptarbeiten von Borromini gilt. Besuchen Sie die Casa delle letterature und machen Sie Ihre Mittagspause in dem pittoresken Innenhof. Das Archivio Capitolino hält die *sala ovale* zur Besichtigung bereit. Hinter der Südfassade residiert die majestätische Biblioteca Vallicelliana. *Tutta Borromini!*

Antica Erboristeria

In Rom trifft man noch auf authentische Tante Emma Läden. In den kleinen Einzelhandelsgeschäften arbeitet oft nur der Ladenbesitzer und das ganze Viertel kennt ihn persönlich. Beim Einkaufen erkundigt man sich nach der Familie oder nimmt sich Zeit, um mit anderen Nachbarn aus der Gegend zu plaudern. Besonders im jüdischen Viertel sind weiterhin alte Außenfassaden oder Ladenschilder zu erkennen. Einen besonderen musealen Wert (1750) hat auch ein alter Kräuterladen unweit des Largo Argentina.

Die gesamte Inneneinrichtung aus italienischem Nussbaumholz ist intakt geblieben und die kleinen Schubladen bewahren über 350 Kräuter auf, Tees oder Öle gibt es auch. Auf Italienisch heißt Kräutertee übrigens *tisana*, mit *tè* wird nur der schwarze Tee bezeichnet. Via di Torre Argentina 15

Wenn Sie durch das Antiquitätenviertel der Via dei Coronari schlendern, dann machen Sie einen Schlenker in die Via della Maschera d'Oro. Die Häuserfassade an der Hausnummer 7 ist schon ziemlich verblasst. 1576 verewigten sich hier Polidoro da Caravaggio und Maturino da Firenze mit Fresken aus der römischen und griechischen Mythologie. Von Jacopo Ripanda stammen die *graffiti monocromi*.

Santa Maria della Pace – Raffaels Sybillen

Unweit der Piazza Navona, genau zwischen dem Chiostro del Bramante und der deutschen katholischen Kirche Santa Maria dell'Anima liegt die Renaissance-Kirche Santa Maria della Pace. 1482 wurde sie auf einer älteren Kirche erbaut und 1611 renoviert. Das heutige Äußere verdanken wir Pietro da Cortona.

Er war Bühnenbildner, was sich möglicherweise an dem Vorplatz erkennen lässt. Die Vorhalle geht hier direkt auf den Platz über und macht ihn somit zu einem Teil dieser besonderen barocken Schauarchitektur. Am Innenleben haben die Großen mitgearbeitet. Auftraggeber war der steinreiche Agostino Chigi. 1656 führte Cortona die Stuckdekorationen an der Kuppel aus. Für die Fresken mit dem Titel *Die Darbringung Marias im Tempel* wurde der Maler und Architekt Baldassare Peruzzi beauftragt. Die rechte erste Kapelle beherbergt das *capolavoro*, das Meisterwerk von Raffael aus dem Jahre 1514: Die Sybillen Cumaea, Persica, Phrygia und Tiburtina. Man munkelte, dass eine der Damen die Kurtisane Chigis darstellen sollte.

Den Kreuzgang, also den anliegenden **Chiostro del Bramante** kann man besuchen, ohne gleich Eintritt für das Museum zu zahlen. Und wenn die Kirche geschlossen ist, dann steigen Sie die buckeligen und engen Treppen zum Café hinauf – Zeit für einen *Cappuccio,* wie ihn die Italiener auch abgekürzt nennen. Von dort oben können Sie nicht nur den wunderschönen Innenhof bewundern. Betreten Sie später die Lounge linker Hand neben der Bar. Das kleine Fensterchen ermöglicht den Blick auf die vier Sybillen des Raffael im rechten Blickwinkel.

Via Arco della Pace

Am Pfingstsonntag, 15. Mai um 12 Uhr regnet es rote Rosen im Pantheon: Durch das riesige Okulus, das runde, offene Dachfenster mit neun Metern Durchmesser, werfen Roms Feuerwehrleute Blüten vom Dach in den antiken Tempel. *Uno spettacolo.*

Ospizio dei Piceni

Warum teures Geld für die Museen ausgeben?

An die Kirche San Salvatore di Lauro gliedert sich das Ospizio dei Piceni, Begegnungsstätte für die aus den Marken stammenden Landsleute. Auch das Pfarrhaus mit den alten Holzmöbeln ist sehenswert. Der Eingang zum Ospizio befindet sich gleich links neben der Kirche.

Im modernen Museum im oberen Stockwerk sind die Skulpturen und Gemälde des Bildhauers Umberto Mastroianni, Onkel des bekannten Schauspielers Marcello, ausgestellt.

Damit nicht genug, hier befindet sich ein einzigartiger Komplex mit Kunstwerken aus dem 16. Jahrhundert in verschiedenen Sälen. Der Kreuzgang aus dem 15. Jahrhundert wird von einer Loggia überragt.

Von dort aus erreicht man einen idyllischen Hof mit Brunnen, dann einen idyllischen Garten und wieder andere Räume oder umgekehrt. Ein Labyrinth an Schönheiten, es gibt soviel zu sehen, dass man sich gar nicht alles merken kann. Der Kapitelsaal stellt u.a. das Grab von Papst Eugen IV. in Aussicht, während der Salone dei Piceni die wunderschönen Fresken von dem Maler »*Il Salviati*« (1510-1563) zeigt.

Piazza San Salvatore di Lauro

Die sprechenden Statuen

An diesen im Freien aufgestellten antiken Figuren brachte das Volk nachts Zettel mit Versen an, um seine Unzufriedenheit auszudrücken oder sich über berühmte Personen lustig zu machen. Zielgruppe waren die Mächtigen vom 16. bis zum frühen 19. Jahrhundert. Päpste eingeschlossen. Oft waren es Künstler oder Aktivisten, die heute wohl eher auf die Straße gehen würden. Doch wurden sie damals dabei erwischt, schnitt man ihnen die Zunge heraus, hackte ihnen die Hand ab oder erhängte sie!

Zu den Statuen zählen Madama Lucrezia an der Piazza San Marco, »*Il facchino*«, Via Lata, Abate Luigi, Piazza Vidoni an der seitlichen Mauer der Basilica di Sant'Andrea della Valle, Marforio auf dem Kapitolshügel und Babuino in der Via del Babuino. Das römische Volk gab ihm seinen Namen aufgrund seines hässlichen Aussehens, das man mit einer Affenart (römisch: *babbuino)* verglich.

Bekannteste und momentan einzige genutzte Figur ist der Pasquino. Sie wurde 1501 auf der Piazza Pasquino hinter der

Piazza Navona aufgestellt. Wen sie genau darstellt, ist unsicher. Es soll ein Schneider namens Pasquino in der Gegend gelebt haben. Allerdings ist der Erhaltungszustand so schlecht, dass man es nicht mit Sicherheit feststellen kann. Dem antiken Torso fehlen schon die Arme, und sein Gesicht hat auch schon bessere Zeiten gesehen.

Als die o.g. Statue Marforio noch genutzt wurde, brachte man auf ihr häufig Antworten auf die am Pasquino angehefteten Schmähschriften an. Auf diese Weise führten die beiden Statuen regelrecht Dialoge miteinander. Einer der Spottverse richtete sich gegen Papst Hadrian VI., den „deutschen" Papst aus dem Heiligen Römischen Reich Deutscher Nation:

«O del sangue di christo traditore
ladro collegio chel bel vaticano
alla tedescha rabbia hai posto in mano
Come per doglia non ti scoppia el cuore»

»Oh du Verräter des Blutes Christi,
Räuberisches Kollegium, das du den schönen Vatikan
der deutschen Wut ausgeliefert hast:
Wieso bricht dir nicht vor Schmerz das Herz?«

Der empörte Papst Hadrian VI. ließ daraufhin anordnen, Pasquino in den Tiber zu werfen. Jedoch kam dem Kirchenhaupt der Tod in seiner kurzen Amtszeit zuvor. Nun liegt er begraben in der Deutschen Kirche Santa Maria dell'Anima – nur 200 Meter von Pasquino entfernt!

Am 25. April 1508 gründeten Studenten und Professoren direkt vor unserem Pasquino die *pasquinata*, ein burschenherrschaftliches Fest, worauf nicht zuletzt der Name der Skulptur zurückzuführen sein mag. Denn *pasquill* (ital. *pasquinate*) bedeutet nichts weiter als „satirisches Gedicht". Tief in der Nacht zelebrierten sie eine feierliche Prozession und zitierten direkt vor der Statue Inschriften von Gräbern und Kunstwerken. All diese Heimlichkeiten wurden jedoch in den Jahren zu riskant – bedenke man die Konsequenzen – und irgendwann hörte man auf, die Statue mit Parolen und Versen zu versehen.. Erst 1938 hefteten die Römer wieder Zettel an den Sockel von Pasquino. Diesmal war der Besuch Hitlers in Rom der Grund. Seither ist die Figur wieder Anlaufstelle des heutigen Spottes geblieben. Beliebtes Objekt ist Silvio Berlusconi.

Piazza Pasquino/Piazza Navona

Wie der Zufall es will, ist der 25. April (1945) auch Nationalfeiertag: Gedenktag der Befreiung Italiens vom Faschismus und der Besetzung Italiens durch die Nationalsozialisten.

Ist der Geldbeutel für den Eintritt zu knapp, verleihen auch die zugehörigen Bars der Museen einen ersten Eindruck. Das Ambiente ist immer nett und man kann sich ohne Aufschlag niederlassen.

Palazzo Scapucci und der Affenturm

In dem Palazzo Scapucci residierte zwischen dem 16. und 17. Jh. die adelige gleichnamige Familie Scapucci. Auf dem Gebäude thront der *torre della scimmia*, der mittelalterliche »Turm des Affen«.

Eine Legende besagt, dass ein Affe ein neugeborenes Kind der Familie entführte und damit auf die Spitze des Turmes kletterte. Die Eltern beteten zur Jungfrau Maria und gelobten, ihr einen Schrein zu errichten, würde das Baby gerettet. Der Affe brachte das Neugeborene lebend zurück. Der Jungfrau zu Ehren wurden eine Statue mit einer Laterne errichtet.

Werfen Sie hier einen Blick in die Werkstatt der Bottega Mortet. In diesem Familienbetrieb arbeiten die Ziseleure, die Gold und Silber zu verschiedensten Formen verarbeiten.

Via dei Portoghesi 18

Palazzo Baldassini

»*Obbedisco*« stand 1866 im Telegramm des italienischen Kriegshelden Giuseppe Garibaldi an seine Vorgesetzten. Der tapfere Mann kämpfte unerschüttert für sein Land. Im dritten Unabhängigkeitskrieg gegen die Österreicher musste er sich endgültig mit seinen Alpenjägern aus dem Trentino zurückziehen. Noch heute erwidern die Römer gerne mit »*obbedisco*« (ich gehorche), und das erwähnte berühmte Telegramm liegt heute im Archivio Centrale dello Stato im Stadtteil EUR aus.

Unweit der Piazza S. Agostino erinnert an einem Gebäude eine große Tafel an Garibaldi, wo dieser im Jahre 1875 seinen Wohnsitz hatte. Die Außenfassade im florentinischen Renaissance-Stil wurde 1515–1518 vom bekannten Architekten Antonio da Sangallo erbaut. Auftraggeber war der ehrenwürdige Jurist Melchiorre Baldassini aus Neapel, der auch der »Anwalt der Armen« genannt wurde.

Bemerkenswert ist im Atrium der Metopen-Triglyphen-Fries. Das sehr schöne lineare Stilelement findet man oft bei den Griechen. Die Fresken in den inneren Sälen stammen von zwei bedeutenden Malern und Schülern Raffaels: Giovanni da Udine und Perin del Vaga, der hier die *Grotesken* und *Mythologischen Szenen* gestaltete.

Heute residiert dort ein Beratungsunternehmen, und es gelten die Büro-Öffnungszeiten. Um die inneren Säle zu besichtigen, sollte man per Mail einen Termin vereinbaren. Es sei denn, ein hilfsbereiter Angestellter hat gerade Zeit für Sie.

Istituto Luigi Sturzo * Via delle Coppelle 35
www.sturzo.it

Welche Straßen verbinden Rom und New York?

Wie eine Tafel in der Via del Babuino illustriert, hat die Straße seit Oktober 2002 eine dazugehörige Zwillingsstraße, die Madison Avenue in New York. Vorreiter waren 1998 die Via Veneto und die Fifth Avenue, um eine Verbindung beider Städte zu symbolisieren.

Biblioteca Angelica

Neben der bekannten Kirche Sant'Agostino residiert die älteste und eine der ersten öffentlichen Bibliotheken in Europa!

Erinnern Sie sich an die alten Büchereien in Kinofilmen? So sieht es hier noch aus. Ruhig, fast geheimnisvoll inmitten der hohen Holzregale lebt die Vergangenheit auf.

Der Gründer Angelo Rocca, damaliger Bischof des Augustinerordens, gab 1604 der Einrichtung den Namen. Er leitete damals die Druckerei des Vatikans und vermachte 1614 seinen Mönchen seine private Büchersammlung von 20.000 Bänden.

Rocca stellte sie der Öffentlichkeit zur Verfügung, was zu diesen Zeiten sehr selten vorkam. Die Bibliothek wartet mit unglaublichen Sammlungen auf wie z.B. alten Bildbänden oder auch damals verbotenen Texten, die für die Reformation und Gegenreformation bedeutend waren. Fast die Hälfte davon gehört zum Altbestand *Fondo Antico.* Heute werden hier circa 200.000 Bücher aufbewahrt. Um nur einige aufzuzählen: die Geschichte des Augustinischen Ordens, Dante, Petrarca und zu den älteren Werken gehören Schriften aus dem 17. und 18. Jh. über Rom. Weitere Highlights sind der kolorierte Kodex aus dem 14. Jh. der *Göttlichen Komödie* und zwei Weltkarten aus dem Jahre 1603. Die Krönung: *Liber Memorialis*, ein Lehrbuch der antiken Mythologie, Geografie und Geschichte von Lucius Ampelius – aus dem 9. Jahrhundert!

Piazza San‘t Agostino 8

Wieviele Gedenktafeln gibt es in Rom?

Inschriften und Ehrentafeln für historische Ereignisse und wichtige Persönlichkeiten haben in Rom seit der Antike Tradition. Erinnert wurde an die Errichtung und Restaurierung von Kirchen, an bedeutende Päpste und ihr architektonisches Wirken in der Stadt, aber auch an furchtbare Tiber-Überschwemmungen oder an die Vorschriften zur Reinhaltung und Säuberung der Straβen. Nach der Einheit Italiens nimmt das Gedenken in Stein rasant zu. Aber nun geht es meist um weltlichere Dinge: In erster Linie wollen die Stadtväter die Helden des Risorgimento ehren. Doch dann man besinnt man sich auch der Geistesgröβen aus Kunst, Musik, Literatur oder Wissenschaft. 1871 ließ man die ersten Tafeln an den Häusern anbringen, wo bedeutende Italiener gelebt hatten. Ein Jahr später waren die Ausländer an der Reihe. Erster Deutscher war beispielsweise Johann Wolfgang von Goethe. (Ausschnitte aus *Via del Corso 18, Rom – Eine Adresse mit Geschichte,* D. Hock).

Allein im Zentrum sind es circa 900 Gedenktafeln.

Die Sonnenuhr des Augustus: das Solarium Augusti

Im Jahre 1979 machte der deutsche Archäologe Edmund Buchner in einem Keller in der Via di Campo Marzio 48 einen sensationellen Fund. In acht Metern Tiefe entdeckte er die Reste von Pflasterstücken aus Marmor. Sie ließen vermuten, dass es sich dabei um ein kolossales Meridianinstrument, das Solarium Augusti, handeln musste.

Auf den Platten entdeckte man Meridianlinien und andere querverlaufende Linien, die bestimmten Tagen entsprachen. Und Inschriften, die sich auf die Sternzeichen des Widders, Stiers, Löwen und der Jungfrau bezogen.

Des Weiteren entzifferte Buchner Hinweise auf Winde, die bis Ende August über der Ägäis wehen. Es wird angenommen, dass die Sonnenuhr das Fundament des Obelisken der Piazza Montecitorio darstellte, den Augustus im 6. Jahr nach der Eroberung Ägyptens nach Rom brachte.

In den letzten Jahren gab es neue Forschungen dazu. Ein weiterer Experte ist der Meinung: »*Vielleicht sollte man sagen, dass das Horologium, wie ich es nennen würde, aus antiken Quellen bekannt war und im Kontext mit anderen augusteischen Repräsentationsbauten auf dem Marsfeld errichtet wurde und somit mit der Ara Pacis und dem Augustusmausoleum in Bezug stand. Es war also primär ein idiologischer Bau. »Sonnenuhr« ist generell eine unserer Denkweise entstammende Vereinfachung. Ob man auch die Tageszeit ablesen konnte, ist nicht klar. Es war eher eine Art Kalender.*«

Das Besondere dieses seltenen archäologischen Befundes aus dem 1. Jahrhundert n. Chr. ist, dass er nicht nur aus Marmor, sondern noch aus Bronze hergestellt ist. Gegen ein Entgelt wird Ihnen vom Pförtner im anliegenden Haus der Eingang geöffnet.

Reisegruppen sollten bei den Vereinen oder Reiseführern anfragen.

Via di Campo Marzio 48

1564 stirbt der geniale Künstler Michelangelo. Im selben Jahr erblickt ein anderes Genie in Pisa das Licht der Welt: Galileo Galilei. Dass der Physiker mit dem von ihm selbst entworfenen Fernrohr die ersten vier Jupitermonde erforscht, schätzten die päpstlichen Gelehrten erst einmal. Dann entdeckt er, dass die Erde um die Sonne kreist und zerstört somit das Weltbild der katholischen Kirche. 1615 wird er erstmals von einem Dominikanermönch angeklagt und vom päpstlichen Inquisitionsgericht verurteilt. Er studiert mutig weiter das Sonnensystem, und diesmal, im Jahre 1633, gingen die Jesuiten vor Gericht. Von Papst Urban VIII. erhält er Hausarrest und wird nach Florenz verbannt. Erst vor 20 Jahren rehabilitierte die Kirche öffentlich den größten Wissenschaftler aller Zeiten.

Das Portal der Casa Vacca

Ende 1600 wurden bei Restaurierungsarbeiten des Palazzo Montecitorio mehrere *palazzi* in der Via della Vignaccia abgerissen. Die Fassade eines Hauses sollte jedoch als archäologischer Fund erhalten bleiben und Anfang 1900 in der Via in Lucina 33 wieder aufgezogen werden.

In dem damaligen Gebäude lebte Don Pedro de Vaca, ein spanischer *nobleman* aus Valencia. Auf dem Wappen erkennt man die Kuh (*vacca*), und erwähnenswert sind einige Inschriften über dem Portal: *OPES TANDEM PARTAS TIBI ROMAE*

RELINQUAM OSSA ET – »Meine Knochen und meine Güter, die mich viel Anstrengungen gekostet haben, hinterlasse ich dir Rom« oder *NIHIL TUTUM IN MISERABILI SECULO* – »Nichts ist sicher in diesem kläglichen Leben«. Ein kluger Mann.

Das Glück Italiens besteht darin, dass es sich der Eingebung des Augenblicks überlässt. (Stendhal)

Piazza Minerva – von Elefanten und Hunden

An der Piazza Minerva treffen wir auf die sehenswerte Basilika Santa Maria sopra Minerva. Bekannt ist sie zunächst für Michelangelos Marmorstatue des auferstandenen Christus. Im gotischen Kirchenbau wurden bedeutende Persönlichkeiten wie etwa die heilige Katherina von Siena, Schutzpatronin Italiens, beigesetzt. Der Platz erscheint für Roms Verhältnisse ruhiger und unbelebter. In der Mitte trägt ein entzückender steinerner Elefant einen schweren ägyptischen Obelisken auf seinem Rücken. Der nur 5,47 Meter kleine Dickhäuter trägt zahlreiche Spottnamen: *il porcino della Minerva,* das Schweinchen der Minerva, oder *il pulcino della Minerva,* das Küken der Minerva. Rund um den Elefanten reihen sich wichtige geschichtliche Ereignisse und Rätsel aneinander.

Die Kirche erhielt ihren Namen Santa Maria sopra Minerva von einem römischen Tempel, welcher der Göttin der Weisheit Minerva geweiht war. *Sopra*, also »über«, da sie im 8. Jahrhundert über seinen Ruinen erbaut worden sein soll. Später ging die Kirche in den Besitz des Bettelordens der Dominikaner über.

1665 stieß man im Klostergarten auf den Obelisken, der einen Isis-Tempel schmückte, als zu Zeiten des imperialen Roms nahöstliche Kulte praktiziert wurden. Papst Alexander VII. war das damalige Kirchenhaupt. Fabio Chigi, so sein bürgerlicher Name aus dem gleichnamigen Adels- und Bankiersgeschlecht, war nicht nur theologisch, sondern auch philosophisch gebildet. Er galt als Gegner des Nepotismus, einer Bevorzugung der eigenen Verwandten im Kirchenstaat. Das damalige Kirchenoberhaupt war ein großer Freund der Kunst, ihm haben wir einen signifikanten Teil des barocken Roms zu verdanken. Unter seiner Herrschaft vollbrachte Bernini die Kolonnaden des Petersdoms.

Bei der Wiederaufstellung des Obelisken wollte der Papst an die ursprüngliche Bedeutung einer Stätte der Weisheit anknüpfen. Jegliche Vorschläge seitens der Dominikaner zur Realisierung wies er jedoch ab. Pater Paglia wollte den Obelisken auf sechs kleine Hügel stellen, wie man sie im Wappen der Chigi erkennen kann. Hinzukommen sollten ebenfalls mehrere Hunde als Hinweis auf die Dominikanerbrüder. Der im 13. Jahrhundert gegründete Orden wurde nicht nur als Bettelorden bekannt, sondern ging durch die Verfolgung von Ketzern und Hexen in die Geschichte ein. Aufgrund der unaufhaltsamen und aktiven Arbeit ihrer Inquisitoren wurden sie als *Domini canes* – »(Spür-) Hunde des Herrn« – verspottet.

Zurück zum Obelisken. Im Gegensatz zu anderen Päpsten strebte Alexander VII. bei seinem Aufbau keine Selbstverherrlichung an (dennoch wollte er nicht ganz verzichten, wie man heute noch an einer Inschrift mit seinem Namen erkennt.) Gian Lorenzo Bernini wurde mit der Aufstellung des Obelisken beauftragt und der Domenikaner Paglia zog sich erst einmal beleidigt ins Kloster zurück…

Bernini ließ sich durch eines der ersten in Italien gedruckten Bücher mit dem lateinischen Titel *Hypnerotomachia Poliphili* (Poliphilus Traumliebeskampf) inspirieren. Hierbei handelte es sich um einen faszinierenden und einflussreichen Roman der Renaissance, der 1499 in Venedig veröffentlicht wurde und dessen Autor bis heute Rätsel aufgibt. In dem Buch wurde unter anderem Eros als die universelle Kraft der Menschheit in den Vordergrund gestellt, was so von der Kirche nicht akzeptiert werden konnte. 170 Holzschnitte wurden in dem großartigen Buch illustriert, unter denen Bernini die Abbildung des Elefanten als Symbol der Weisheit fand. Der eifersüchtige und vom Papst zurückgewiesene Pater Paglia tadelte und kritisierte von nun an die Planungen des berühmten Bildhauers. Bernini zahlte es dem Dominikaner heim, indem er den Elefanten so drehte, dass dieser fortan dem Orden das faltige Hinterteil zeigte.

Hatte Bernini den Elefanten tatsächlich aus dem Buch kopiert? Oder inspirierte er sich an dem aus dem Jahre 1514 stammenden Lieblingselefanten von Papst Leo X. mit dem Namen Hanno (Annone)? Das indische Rüsseltier war ein Geschenk des Königs Emanuel I. von Portugal für den damals neu erwählten Papst. Im Jahre 1513 wurde Hanno nach einer langen Schiffsreise an der Engelsburg gebührend in Empfang genommen. Der Dickhäuter wurde vielfach auf Bildern verewigt und selbst Raffael soll ihn auf einer seiner Skizzen verewigt haben. Leider starb Hanno nach zwei Jahren infolge einer Verstopfung und ihrer Behandlung mit einem durch Gold angereicherten Abführmittel.

Im Kloster fanden denkwürdige Prozesse wie derjenige gegen Galileo Galilei statt. Giordano Bruno war selbst Mitglied des Dominikanerordens und fiel dann der Inquisition zum Opfer. Im Jahre 2000 nahm der Orden öffentlich Abstand zu diesem dunklen Kapitel. Nach eigenen Worten erkannte man *die verheerenden Folgen dieses Tuns*.

Auf der Inschrift des Elefantensockels steht geschrieben: »es bedürfe eines robusten Geistes, um eine wahrhaftige Weisheit zu tragen«. Vielleicht galt sie nicht dem Elefanten, sondern Galileo? Sein Ziel war es seit jeher, Wissenschaft und Glauben zu vereinen. Kehren wir in die Gegenwart zum Platz zurück. Inzwischen entdeckte man, dass der Minerva-Tempel nicht unter der Kirche, sondern 200 Meter weiter östlich lag.

Chiara und Caterina

Nur einige Schritte von Berninis Elefanten entfernt, erinnert die Piazza Santa Chiara an zwei bedeutende Frauen der Kirchengeschichte. Im 16. Jahrhundert wurde die Kirche Santa Chiara als Klosterkirche der Klarissen gegründet. Kirchenpatronin ist die Namensgeberin Klara von Assisi (Santa Chiara). 1212 verließ sie ihr gut behütetes und adliges Elternhaus, um wie ihr Vorbild Franz von Assisi in Armut zu leben. Gemeinsam mit ihrer

Schwester, der hl. Agnes von Assisi, lebte sie fortan in Klausur. Bis an ihr Lebensende forderte sie von der Kirche die Anerkennung ihrer Lebensform – das »Privileg der Armut«. Jedoch erschienen Papst Innozenz IV. ihre geschriebenen Ordensregeln zu streng. Erst am 10. August 1253 wurden diese von der Kirche schriftlich gehuldigt. Am Tage darauf starb sie. Bei der Ordensregel der Klarissen handelt es sich um die erste in der Geschichte, die eine Frau für Frauen zu Papier brachte. Papst Pius XII. erklärte Santa Chiara im Februar 1958 zur Schutzpatronin des Fernsehens! Bleibt noch abzuwarten, wer Patron des Internets wird.

Palazzo Santa Chiara

Auf der gegenüberliegenden Seite hingegen verbirgt sich hinter einer alten Holztür ein Eventveranstalter. Neben einer eleganten Eingangshalle und einem kleinen modernen Theater erwartet Sie ein Ort, der an eine weitere berühmte Frau Italiens erinnert. Die bereits erwähnte Heilige Katharina verbrachte bis 1380 hier ihre letzten Lebensjahre. Ihre winzige Kapelle ist in ihrem Originalzustand erhalten geblieben. Sehenswert!

www.palazzosantachiara.it

Collegio Romano

Das Collegio Romano ist von hoher wissenschaftlicher Bedeutung. 1534 vom Jesuiten Ignazio di Loyola gegründet, verfügte es über alle Schulkategorien von der Grundschule bis hin zur Universität. Noch heute beherbergt das Gebäude das *liceo classico* Ennio Visconti, wo schon der ehemalige Ministerpräsident Giulio Andreotti die Schulbank drückte. In dem alten Gymnasium geht es jedoch sehr modern zu. So dürfen die Schüler in ihrer Aula Magna die Restaurierungen von antiken Gemälden live miterleben, statt immer nur davon zu lesen. Wie kürzlich bei dem Werk *La disputa di Gesù tra i dottori* von Luca

Giordano (1634-1705) aus der renommierten Galerie Corsini. Und dann kommt auch gerne Italiens Kulturminister auf einen Sprung vorbei, denn er hat seinen Sitz im selben Gebäude. Ein bedeutender Grund, hierherzukommen, ist die Sala Crociera, nicht nur wegen ihrer Schönheit. In dieser illustren Wirkungsstätte hielten große Meister Vorträge und Debatten: Galileo Galilei, Giuseppe Calandrelli, Gründer des astronomischen Observatoriums (1787) und last not least Athanasius Kircher. Der deutsche Jesuit und Universalgelehrte forschte über Jahre hinweg im Kollegium. »*In uno omnia*« – »in einem alles« war sein Leitsatz. Kircher war seiner Zeit voraus und lehrte in zahlreichen Disziplinen wie etwa der Ägyptologie, Mathematik, Astronomie oder der Musiktheorie. Zudem war er Berater von Gian Lorenzo Bernini. Der gescheite Mann hatte einen starken Einfluss auf die Medizin und trug einen wesentlichen Teil dazu bei, die Pest zu bekämpfen.

Via del Collegio Romano 27 * Sala crociera (Kreuzsaal)

Don't miss!
Die beinahe majestätische Bibilioteca Casatanense in der Via di Sant Ignazio 52 bietet interessante Veranstaltungen und vereinzelt kostenlose Führungen in ihrem prächtigen Monumentalsaal an. www.casanatense.it

Piè di marmo – der Marmorfuß

Das kann einem wirklich nur in Rom passieren: In pittoresken Gassen spazieren, zahllose Kirchen besuchen – eine schöner als die andere – und durch puren Zufall viele andere mirakulöse Ecken bestaunen. Wie etwa die Via S. Stefano del Cacco, die mit einem riesigen Marmorfuß verblüfft, der auf einen Tempel des ersten Jahrhunderts zurückführen soll. Wahrscheinlich war er den ägyptischen Göttern gewidmet. In jeder anderen Stadt würde er zu *den* Attraktionen gehören.

TREVIBRUNNEN UND UMGEBUNG

Rund um Roms Rummelplatz verbergen sich wissenswerte Kuriositäten …

San Silvestro in Capite

Im 8. Jahrhundert wurde an der Piazza San Silvestro die englische Nationalkirche auf antiken Gebäuderesten des Tempels errichtet, der dem Gott Sol geweiht war. Der romanische Glockenturm stammt aus dem Jahre 1210. Über die Jahrhunderte hinweg haben bedeutende Künstler wie Francesco Volterra und Carlo Maderno an der Kirche gearbeitet.

Die heutige Barockfassade aus dem Jahre 1703 stammt von Domenico de Rossi. In einer Kapelle befindet sich der Kopf von Johannes dem Täufer. Der Innenhof beindruckt mit einer Vielzahl antiker und mittelalterlicher Spolien. Unter der Kirche befindet sich ein Mithräum. Das Gotteshaus wird heute von Pallottinern verwaltet. Gleich nebenan befand sich ein griechisches Kloster, wo über die Jahre hinweg ein Kommen und Gehen erfolgte. Zuerst traten die Benediktinermönche und nachfolgend der Orden der Klarissenschwestern ein. Als 1870 der Kirchenstaat vom Königreich Italien annektiert wurde, musste das Kloster staatlichen Einrichtungen Platz machen. Zu großem Bedauern zog an dieser Stelle das Telegrafen- und Postgebäude ein. Das neue Amt wurde zur schönsten Post Italiens erklärt.

Piazza San Silvestro

Die Accademia di San Luca

Auch in Rom ist noch kein Meister vom Himmel gefallen. 1577 entstanden auf Initiative von Papst Gregor XIII. die ersten Ansätze einer Reform der Kunstausbildung. 1593 gründete Kardinal Federico Borromeo die heute noch bedeutende Accademia di San Luca. Eine hochkarätige Vereinigung, der italienische und ausländische Künstler angehören. Ihr Namensgeber, der Evangelist Lucas, ist der Patron der Maler. Der Maler und Kunsttheoretiker Federico Zuccari (1540-1610) wurde der erste Präsident.

Darüber hinaus ist er als Erbauer des Palazzo Zuccari oberhalb der Spanischen Treppe (heute befindet sich in dem Palazzo die Biblioteca Hertziana – Max Planck Insitut für Kunstgeschichte) zu erwähnen. Federico war der jüngere Bruder und Schüler des Malers Taddeo Zuccari. Gemeinsam führten sie u.a. wichtige Aufträge für die noble römische Familie Orsini aus. Als sein Bruder 1566 starb, vollendete Federico dessen angefangene Werke wie beispielsweise diejenigen in der Kirche Santa Trinità dei Monti.

Die Piazza dell'Accademia di San Luca liegt zwischen der Via del Tritone und der Fontana di Trevi. Wo sich zahlreiche Genies im Laufe der Jahrhunderte vereinten, wurde häufig über die jeweils aktuellen Stilrichtungen diskutiert, debattiert, konferiert, und es gab Wortfechtereien und Rivalitäten. Auf diese Weise entstand der erste, nennen wir ihn »Gerichtshof« der Epochen der Kunstgeschichte, des Barocks, Manierismus, Klassizismus, der Moderne, des Impressionismus - um nur einige aufzuzählen - bis hin zur Gegenwart.

Noch heute werden zahlreiche Ausstellungen und Vorträge organisiert. Sollte das Gitter zum Innenhof verschlossen sein, wird Ihnen der Pförtner am rechten Eingang den Weg in die

Accademia di San Luca

Galerie und die Bibliothek weisen. Andernfalls suchen Sie selbst die oberen Stockwerke auf.

Das Treppenhaus wartet mit einem riesigen Gemälde von Guido Reni und seinen Schülern auf: *Lo sposalizio di Bacco e Arianna* (1595–1642). Im Vorraum der gut erhaltenen alten Bibliothek und in der Galerie, die noch eine Etage höher liegt, erhalten Sie einen kleinen Überblick auf die Gemälde und Skulpturen aus den verschiedenen Epochen. Die Akademie besitzt eine immense und einzigartige Sammlung, darunter etwa 500 Portraits und Zeichnungen. Eine eindrucksvolle Wand zeigt die Gemälde der ehemaligen Präsidenten der vergangenen Jahrhunderte, zu denen auch Gian Lorenzo Bernini und der deutsche Maler Anton Raphael Mengs gehörten. Wenn Sie unter der Woche kommen, ist die *sala conferenza* mit Werken von Raffael, Bernini und Angelika Kaufmann geöffnet. Gratis.

Piazza dell'Accademia di San Luca 77
www.accademiasanluca.eu

Area archeologica del Vicus Caprarius o Capralicus

Klein aber fein. Während unzählige Touristen bei grellem, blaustrahlendem Himmel den Trevibrunnen aufsuchen, ruht unter ihnen eine kürzlich entdeckte unterirdische Stätte: Die antike Siedlung *Vicus Caprarius* enthüllte sich erst 1999 bei Bauarbeiten des Cinema Trevi. Hier handelt es sich um zwei verschiedene Horte, Zeitzeugen aus der Kaiserepoche um 55-68 n. Chr. – Nero! Das erste Gebäude, eine luxuriöse *Domus*, ist mit edlen Dekorationen ausgestattet. Das zweite war wohl ein öffentlicher Ort. Im Jahre 123 n. Chr. wurde dann aus den beiden Strukturen ein riesiger Wassertank; wir befinden uns unter dem Aquädukt Vergine, welches den Trevibrunnen speist.

Vicolo del Puttarello 25

Antica Farmacia Pesci

Treten Sie einmal in die Apotheke am Trevibrunnen ein. Vielleicht haben Sie sich trotz des vermeintlich guten Wetters eine Erkältung zugezogen, weil Sie einfach zu leicht bekleidet herumspaziert sind. Oder Roms Luftfeuchtigkeit hat Ihnen einen Strich durch die Rechnung gemacht. Die Antica Farmacia Pesci wurde im Jahre 1551 gegründet, als der Trevibrunnen noch gar nicht existierte! Die einzige öffentliche Apotheke ist in ihrem Originalzustand erhalten geblieben. Zahlreiche Kuriositäten liegen aus wie etwa ein Mörser aus dem Jahre 1552 rechts am Eingang. Oder zwei Behälter aus Vulkangestein auf dem Verkaufsstand. Einer von ihnen sollte damals die Asche des Giuseppe Garibaldi aufnehmen. Diese Apotheke wurde gegründet, um den Bedürftigen zu helfen. Hinter den eleganten Holzregalen in dunklem Nussbaumholz aus dem späten Barockzeitalter werden heute noch Pülverchen, Kapseln und Cremes zusammengestellt.

Piazza di Trevi 89

Versäumen Sie bei Ihren Streifzügen die kleinen idyllischen Gassen nicht: Der Vicolo Scanderbeg liegt nahe der Fontana di Trevi und führt direkt zum Colle Quirinale hinauf. Die Via dei Tre Archi hingegen mit ihren mittelalterlichen Bögen gehört zu den engsten der Stadt. Vicolo delle Orsoline liegt versteckt an der Piazza di Spagna. Die Via dei Coronari 66 bildet eine eigene kleine Gasse mit ihrer Treppe vor einem Theater. Und dort lädt eine der vielen guten Eisdielen Roms ein, die Gelateria al Teatro, sich auf den Stufen niederzulassen.

Don't miss!
Das Luxus-Kaufhaus Rinascente an der Via del Tritone verbirgt in seinem Untergeschoss das Aquädukt Vergine. Es wurde im Jahr 19 v. Chr. von Augustus eingeweiht und bringt noch heute das Wasser unter anderem zur Fontana di Trevi und zu den Brunnen der Piazza Navona. Die Dachterrasse im 7. Stock bietet neben einem Restaurant und einer noch höher gelegenen Bar ein herrliches Panorama auf die Stadt.

Santi Vincenzo e Anastasio

Die fast 500 Jahre alte Kirche Santi Vincenzo liegt direkt beim Trevibrunnen und nun wird es interessant. Die schöne Barockfassade zeigt weibliche Statuen mit nackten Oberkörpern – selten für eine Kirche in Rom. In der Höhe thront eine weitere Frau, deren Identität ein Rätsel aufgibt. Die einen vermuten, dass es sich um Maria Mancini handelt, die Geliebte von König Ludwig XIV. und Ehefrau des Prinzen Lorenzo Onofrio Colonna.

Andere erkennen die berühmte Mätresse des englischen Königs Karl II. wieder: Hortensia Mancini. Wie auch immer, von *heilig* kann in beiden Fällen kaum die Rede sein.

Im Jahre 2003 veranlasste Papst Johannes Paul II., dass die Kirche ebenso den Orthodoxen von Bulgarien zur Verfügung stand. Nun ist sie wirder katholisch.

Was jedoch bis in das Jahr 1903 hier geschah, lässt den Menschen aus modernen Zeiten wohl eher staunen. Marmorplatten mit einer Inschrift befinden sich an den Wänden seitlich des Altars. Das lateinische Wort *praecordia* steht für Herz und Eingeweide! Weitere Tafeln verweisen auf 23 Päpste, deren Innereien in dieser Kirche beigesetzt wurden.

Damals war die Organentnahme von berühmten Toten nicht nur in Italien ein Ritual. Bevor die Toten bestattet wurden, nahm man ihnen die Eingeweide heraus und brachte sie in diese Kirche. 1509 war Papst Sixtus V. der Erste, der diesen ungewöhnlichen Brauch einweihte.

Der Theologe Ulrich Nersinger schreibt hierzu in: *Liturgien und Zeremonien am Päpstlichen Hof:*

Wenn der päpstliche Leibarzt den Tod des Heiligen Vaters festgestellt hatte, wurden dem Leichnam des hohen Verstorbenen das Herz und die inneren Organe entnommen und in ein Gefäß gelegt. Das aus Zink bestehende Behältnis verschloss man sorgfältig und versah es mit den Siegeln des Kardinalkämmerers der Heiligen Römischen Kirche und des Präfekten der Apostolischen Sakristei. Die Aufgabe, die praecordia in die Kirche von Ss. Vincenzo e Anastasio zu überbringen, oblag dem „Caudatarius" (Schleppenträger) des Papstes. Dieser Geistliche war der erste Geheimkaplan des Heiligen Vaters. Begleitet wurde der „Caudatarius" bei der Übertragung der „praecordia" von einer Abteilung der aristokratischen Leibgarde des Papstes – bis zum Ende des 19. Jahrhunderts von den „Lance Spezzate", nach 1801 dann von den Mitgliedern der Päpstlichen Nobelgarde."

Sixtus V. hatte also angeordnet, dass künftig die Innereien eines jeden verstorbenen Papstes hier beigesetzt werden sollten.

Jedoch bestehen Lücken, denn zählt man die Päpste von Sixtus V. bis Leo XIII. zusammen, so wären es 30 Päpste.

Außerdem ruht das Herz von Papst Innozenz XI. im Palazzo Odescalchi. Die Innereien von Papst Benedikt XIII. und Papst Pius IX. hingegen werden zusammen mit denen der Königin Christina von Schweden in den vatikanischen Grotten aufbewahrt. Und die Eingeweide von Papst Clemens XI. darf man sowohl in Ss. Vincenzo e Anastasio als auch in seiner Heimatstadt Urbino erahnen.

Vicolo dei Modelli 73

Galleria Sciarra

Wenn Sie in Richtung Fontana di Trevi trödeln, suchen Sie den Innenhof der Galerie Sciarra auf. Die Fresken malte gegen 1890 Giuseppe Cellini. Sie zeigen hoch oben die weiblichen Tugenden: Gnade, Keuschheit, Güte, Bescheidenheit, Liebenswürdigkeit, Geduld, Barmherzigkeit, Gerechtigkeit, Stärke, Demut und Zurückhaltung. In den unteren Fresken werden noble Damen gezeigt, die kostbare Kleider tragen und eine Vorstellung der Mode um 1900 geben.

Der Palazzo wurde im 16. Jahrhundert von der Adelsfamilie Sciarra Colonna di Carbognano erbaut. Gegen Ende des 19. Jahrhunderts restaurierte dann der politisch aktive Prinz Maffeo II. Barberini Colonna di Sciarra die Galerie. Danach verschwand er. Schon damals gab es Bankenskandale, in die Maffeo II. verwickelt war, und nach Paris zog. Bliebe weiterhin die Frage offen, welches denn die männlichen Tugenden sind.

Via Marco Minghetti 20

Galleria Colonna

Da muss man gewesen sein! An der lang gestreckten Piazza dei Santi Apostoli beeindruckt die Basilika dei Santi XII Apostoli mit ihrer fantastischen Außenfassade. Auf dem Platz befindet sich auch der Eingang zum Palazzo Colonna.

Die Galleria besticht mit einer wertvollen Kunstsammlung von Werken des 15. bis 18. Jahrhunderts. Schon Jakob Philipp Hackert berichtete dem berühmten Goethe »*viel Gutes und gründlich Gedachtes über diese Bilder*«. Und auch die Pracht der Säle mit ihren Marmorfußböden, prunkvollen Spiegeln und Kronleuchtern erinnert an den Ruhm des berühmten Hauses. Man

Galleria Sciarra

drehte hier auch die letzten Filmszenen von *Ein Herz und eine Krone*. Oberhalb der Via della Pilotta hingegen verbinden die hübschen Arkadenbögen den Palazzo Colonna mit den Gärten der Villa Colonna.

Piazza dei Santi Apostoli 66

Die Familie Colonna

Wer Rom besser begreifen möchte, sollte sich auch mit seinen alteingesessenen Familien etwas näher beschäftigen. Einige existieren heute noch. Sie spielten in der politischen und religiösen Geschichte Roms eine beachtliche Rolle. Die alte römische Adelsfamilie Colonna hat ihre Ursprünge im 12. Jahrhundert und zählt bis dato 31 Generationen: Senatoren, Feldherren, Kardinäle und ein Papst stammen aus ihrer Dynastie, aber auch mystische Persönlichkeiten wie die seelige Margherita (1255-1280), Anhängerin vom heiligen Franziskus.

Papst Martin V. (Oddone Colonna, 1417-1431) soll hier als eine der bedeutenden Persönlichkeiten erwähnt werden. Ihm war es zu verdanken, dass das avignonesische Exil und die Kirchenspaltung im Westen ein Ende fanden. Zwischen 1309 und 1377 hatten insgesamt sieben Päpste ihren Sitz nicht in Rom, sondern in der französischen Stadt Avignon. Mit anderen Worten, in Rom war tote Hose. Für ein Jahrhundert fiel Rom in eine tiefe Krise. Erst Papst Martin V. verlagerte den Papstsitz wieder nach Rom. Durch seine diplomatischen Fähigkeiten gelang es ihm, die Stadt wieder aufzubauen.

Der Palazzo Colonna wurde elf Jahre lang Sitz des Papstes. Ohne politische Herrscher kam es zu schlimmsten Kämpfen zwischen den beiden Adelsfamilien Colonna und Orsini.

Weitere Gegenspieler waren Papst Bonifaz VIII., der Volkstribun Cola di Rienzo und Papst Sixtus, der von den Orsini unterstützt wurde. Das Auf und Ab der Zwistigkeiten dauerte bis hin zum Amt des Papst Alexander VI. Borgia.

Mit der *Pax Romana* kam durch die geduldige und langwierige Vermittlung von Papst Julius II. ein Friedensabkommen mit der Familie Orsini zustande und bedeutete das Ende eines 200 Jahre andauernden blutigen Konflikts. Fabrizio I. Colonna und Giulio Orsini schworen vor dem Papst feierlich, sich nicht mehr zu bekämpfen, und unterschrieben eine Urkunde. Sie umarmten sich und verziehen sich ihre mannigfachen Beleidigungen. Krönung war die Hochzeit von Marcantonio II. Colonna mit Orsinis Tochter Felice.

Der Brautvater Ascanio Colonna war übrigens mit der Nichte von Kaiser Karl V. verheiratet, Giovanna d'Aragona. Dies führte dazu, dass der Palazzo Colonna 1527 bei der Plünderung Roms durch die Truppen von Karl V. verschont blieb. Rom lag in Schutt und Asche, nur dem Palast wurde kein Haar gekrümmt!

Um die 3000 Bürger fanden dort Schutz und Asyl, darunter auch zahlreiche Kardinäle. Ascanios Schwester Vittoria Colonna war Dichterin und Muse von Michelangelo. Beide verband eine tiefe Zuneigung. Sie trafen sich oft im Palazzo Colonna und schrieben sich Briefe. Im berühmten Fresko der Sixtinischen Kapelle *Jüngstes Gericht* malte er Vittoria gleich rechts neben seinem Selbstporträt.

Marcantonio II. Colonna, der glückliche Bräutigam, krönte sein abenteuerliches Leben als Kommandant der päpstlichen Flotte. 1571, nach seinem Sieg bei der Schlacht von Lepanto, wurde er vom spanischen König Filipp II. zum Vizekönig von Sizilien ernannt.

An seine Tochter Costanza sei in der nachfolgenden Generation als große Beschützerin des skandalumwitterten Caravaggio erinnert. Wie schon Michelangelo besuchte auch er während seines Romaufenthaltes oft den Palazzo Colonna. Und genau hier fand der verruchte Maler Unterschlupf, nachdem er im Duell Ranuccio Tomassoni umgebracht hatte. Aufgrund weiterer Hochzeiten im Laufe des 17. Jahrhunderts wurden die Colonna mit berühmten anderen Adelsfamilien verbunden. Zu dieser Zeit entstand auch die Galleria Colonna.

Es folgten weitere Generationen, mehrere zukünftige Kardinäle wurden geboren. Die Familie gewann Macht und Einfluss an den Königshöfen von Frankreich und Spanien. Der sozial eingestellte Prospero Colonna war im 19. Jahrhundert für drei Mandate Bürgermeister in Rom.

Im 20. Jahrhundert treffen wir auf die Söhne von Fabrizio und Olimpia Doria Pamphilj. Ascanio wurde italienischer Botschafter in Washington während des Zweiten Weltkrieges. Er hatte die undankbare Aufgabe, dem Präsidenten Roosevelt die Kriegserklärung Italiens zu überreichen. Noch am selben Tag trat er zurück.

Sein Bruder Marcantonio heiratete Isabelle Sursock, libanesischen Ursprungs. Donna Isabelle nahm einen bedeutendsten Platz in der römischen Gesellschaft ein. Ihren heißgeliebten Palast verließ sie selten, sie empfing Persönlichkeiten aus der ganzen Welt. Einer Festnahme durch die Nationalsozialisten konnte sie im letzten Moment entgehen. Dank ihr hat man große Teile des Palazzo restaurieren lassen. Ein wunderschönes Apartment in der Galleria Colonna ist ihr heute noch gewidmet.

Madonna dell'Archetto

Die Kapelle Madonna dell'Archetto aus dem 19. Jh. versteckt sich in der Via di San Marcello unweit des Trevibrunnens. Sie stellt das kleinste Kirchlein der Stadt dar. 1690 wurde an jenem Ort ein Bild mit einer Jungfrau des Malers Dominico Muratori aus Bologna entdeckt. Im Jahre 1696 soll die Madonna dann geblinzelt haben, und die Besitzerin ließ das wundersame Werk unter dem *archetto* zur öffentlichen Verehrung ausstellen. 1751 verschloss man die Ausgänge mit Gittern, um die Jungfrau mitsamt weiteren Weihegaben zu schützen. 1796 soll sie noch einmal vor zahlreichen Augenzeugen gezwinkert haben. Danach wurde die Gasse gesperrt und zur Kapelle umgebaut. Das Fresko in der Kuppel wurde von Costantino Brumidi, dem amerikanischen »Michelangelo«, gemalt.

Via di San Marcello

Kloster Trinità dei Monti – das Meisterwerk

Diesen Komplex zu versäumen, wäre unverzeihbar. Einmal die Spanische Treppe rauf und runter, rechts oder links, und es bleibt wenig Zeit, das elegante Kloster der Trinità dei Monti tiefer zu ergründen. Die Kirche wurde 1495 errichtet, in den Napoleonischen Kriegen stark beschädigt und 1816 von Ludwig XVIII. wieder hergestellt. In den Seitenkapellen befinden sich u.a. die Fresken der *Kreuzabnahme* von Daniele da Volterra. Er war ein Schüler von Michelangelo. Papst Pius VI. hatte ihn beauftragt, in der Sixtinischen Kapelle die Blöße der Nackten von Michelangelos Jüngstem Gericht mit Kleidern zu übermalen.

Das anliegende Kloster hält ungeahnte Schätze bereit. Da es unheimlich viel zu besichtigen und zu erklären gibt, werden Führungen in italienischer, französischer und englischer Sprache durchgeführt. Im turnhallengroßen und ehemaligen Speisesaal zauberte der Jesuitenbruders Andrea Pozzo (1642-1709) das Trompe-l'œil Meisterwerk: *Das Festmahl der Hochzeit zu Kana.* Die gemalten Deckenverkleidungen und das Geländer wirken täuschend echt. Pozzo verdanken wir auch das Deckengewölbe in der Kirche Sant'Ignazio.

Weitere optische Täuschungen sind die Anamorphosen des Flures im Obergeschoss! Sie führen um den gesamten Kreuzgang herum und aus verschiedenen Blickwinkeln erscheinen neue Motive. Die Freskomalerei war Forschungsgrundlage des Paters Emmanuel Maignan (1601-1676) und seiner Schüler. Es zeigt den Heiligen Franz von Paola (1416-1507), Gründer des Paulaner Ordens, für den das Kloster erbaut wurde. Er kniet unter einem Baum und betet.

Steht man jedoch unmittelbar davor, eröffnet sich die Sicht auf eine Meeresbucht, welche das Eremitenleben des Selbigen darstellen soll. Auf der anderen Seite ist als Motiv der Evangelist Johannes beim Schreiben der Apokalypse abgebildet, während das Bild beim frontalen Hinsehen die Insel Patmos zeigt. Hier soll Johannes die Offenbarung Christi empfangen haben.

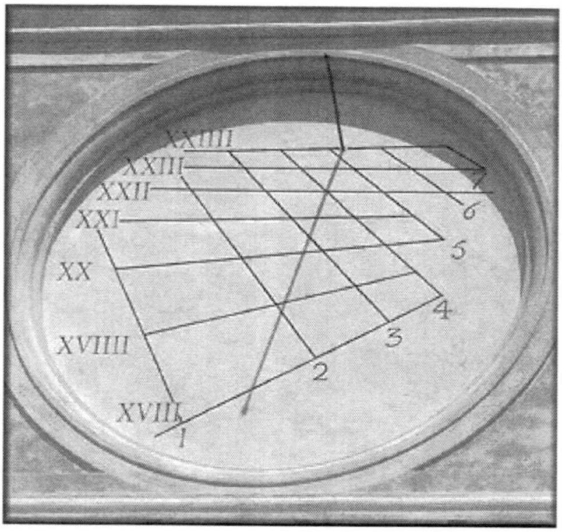

Die Meridiana, eine höchstinteressante katoptrische Sonnenuhr, zeigt die Zeit *nicht* aufgrund des Schattens eines Stabes an, sondern aufgrund der Widerspiegelung der Sonne. An der Fensterbank ist ein Spiegel angebracht. Der Sonnenstrahl zeigt – sobald er in einen bestimmten Einfallswinkel einfällt – die Uhrzeit auf der Gewölbedecke an. Es steht noch eine Vielfalt an Informationen im Astrolabium zur Verfügung wie Tierkreiszeichen, zahlreiche Ortszeiten weiterer Länder oder Städtenamen aus anderen Kontinenten.

Dem »Papageien-Zimmer« gab Johann Winckelmann, Begründer der wissenschaftlichen Archäologie, seinen Namen. Der Raum ist vollständig mit Fresken überzogen, welche die Ruinen eines Tempels darstellen sollen. Ein Papagei blickt von einem Balken hinunter.

Piazza della Trinità dei Monti 3

Urban VIII. – der »Bienenpapst«

Nicht selten dienten die Bauarbeiten von Kirchen und Monumenten der Selbstverherrlichung ihrer jeweiligen Kirchenhäupter. Papst Urban VIII. war einer von ihnen. Maffeo Barberini, so sein bürgerlicher Name, stammte aus einer florentinischen Kaufmannsfamilie und studierte bei den Jesuiten in Rom.

Das Familienwappen der Barberini zeigt drei Bienen, die im Stadtbild von Rom häufig zu finden sind. Diese sollten die Arbeit, den Fleiß und die Süße des Lebens symbolisieren.

Von Sparsamkeit konnte erst einmal herzlich wenig die Rede sein, denn der gute Maffeo verprasste immense Summen für seine übertriebenen Bautätigkeiten. Im Stadtbild wurden zahllose Paläste, Kirchen und Brunnen errichtet, die die Barberini unsterblich machen sollten. Zu erreichen war dies alles nur mit Intrigen.

Die edlen Insekten des Wappens der Barberini sind in Rom allgegenwärtig. Sollten Sie also mit Ihren Kindern unterwegs sein, dann haben Sie hier eine nette Aufgabe für sie: Lassen Sie sie alle Bienen zählen, die ihnen in Rom vor die Augen kommen.

Als 1623 Barberini im Alter von 55 Jahren zum Papst erwählt wurde, soll er kurz darauf seinen Schützling Bernini mit dem Bau des 29 Meter hohen, prunkvollen Baldachins im Petersdom beauftragt und mit folgenden Worten begrüßt haben:

»Es ist ein großes Glück von Euch, Cavaliere Bernini, Maffeo Barberini als Papst zu sehen. Aber noch größer ist unser Glück, dass während unseres Pontifikats der Cavaliere Bernini lebt.« Um die Leere unter der Kuppel auszufüllen, wird angenommen, dass der Nachfolger Petri hierfür die bronzene Dachverkleidung der Vorhalle des Pantheons abkratzen ließ.

Als Sommerresidenz richtete sich der verschwenderische Papst das Sommerschloss in Castel Gandolfo auf dem Lande ein. Viel lag ihm wohl auch an der »himmlischen Sicherheit«, denn er fügte der Festung der Engelsburg ernorm große Kanonen hinzu. Im Quirinalspalast ließ er den Turm für die Artillerie erbauen.

Das Kolosseum wurde fortan als Steinbruch genutzt und zu einer Art Selbstbedienungsladen für weitere neuen Bauten. Letztendlich blieb vom äußeren Ring der monumentalen, viergeschossigen Fassade nur die nördliche Hälfte erhalten. Im Volksmund entstand der Spruch: *Quod non fecerunt barbari fecerunt Barberini* – was die Barbaren nicht getan haben, das haben die Barberini getan.

Die Bienen waren Fliegen!

Sum-sum-sum ... die Familie Barberini stammte aus Barberino und hieß in Wirklichkeit Tafani. Folglich befanden sich auf ihrem Wappen die *tafani* (Pferdebremsen). Ein Papst mit Pferdebremsen auf dem Wappen? Die hässlichen Fliegen wurden kurzerhand in edle Bienen und der Name Tafani in Barberini umgewandelt. Als Urban VIII. Papst wurde, adelte man die Familie.

Klein und redselig soll er gewesen sein und ein diplomatisches Geschick wurde ihm nachgesagt. Zu Galileo Galilei pflegte er freundschaftliche Beziehungen. Die Zeit seines 21 Jahre andauernden Pontifikats prägte u.a. der Konflikt zwischen kirchlichem Autoritätsanspruch und freier Wissenschaft. Allen voran die Theorien von Galileo. Auch wenn es dem Kirchenoberhaupt nicht gelang, der Inquisition Einhalt zu gebieten, so hatte er damals möglicherweise den Physiker vor dem Scheiterhaufen bewahrt.

Urban galt als Paradebeispiel eines nepotistischen Papstes. Er besetzte hohe Posten mit seinen Verwandten oder langjährigen Mitarbeitern. Brüder, Neffen, Schwäger, Urgroßneffen, der Hauslehrer und selbst der *maggiordomo* der Familie wurden in den darauffolgenden Jahrhunderten Kardinäle. Die damalige Vetternwirtschaft ist heute noch stark in Italien vertreten.

Blättert man zum Beispiel das heutige interne Telefonbuch der Mitarbeiter der Region Latium durch, so erscheint fast jeder Familienname in mehrfacher Ausführung. Das römische Volk hatte stark unter den üppigen Extravaganzen Urbans VIII. zu leiden. 1644 soll bei der Nachricht von seinem Tod ein stürmischer Jubel ausgebrochen sein. Beigesetzt wurde er in einem prachtvollen Grabmal im Petersdom, eines von Berninis Meisterwerken. Zurück bleibt der prachtvolle Palazzo Barberini, den seine *nipoti*, seine Neffen schufen.

Santa Maria della Concezione dei Cappuccini – Knochenkunst

Sollten Sie vor verschlossenen Türen der Santa Maria dell'Orazione e Morte in der Via Giulia gestanden haben, hier ist ein noch ausgedehnteres Örtchen dieser Art … Die Kirche an der berühmten und ehemaligen mondänen Via Veneto wurde unter Papst Urban VIII. zu Ehren seines Bruders Antonio Barberini erschaffen, der dem Kapuzinerorden angehörte. Sein Grab ist heute noch in der Kirche vor dem Hauptaltar zu sehen.

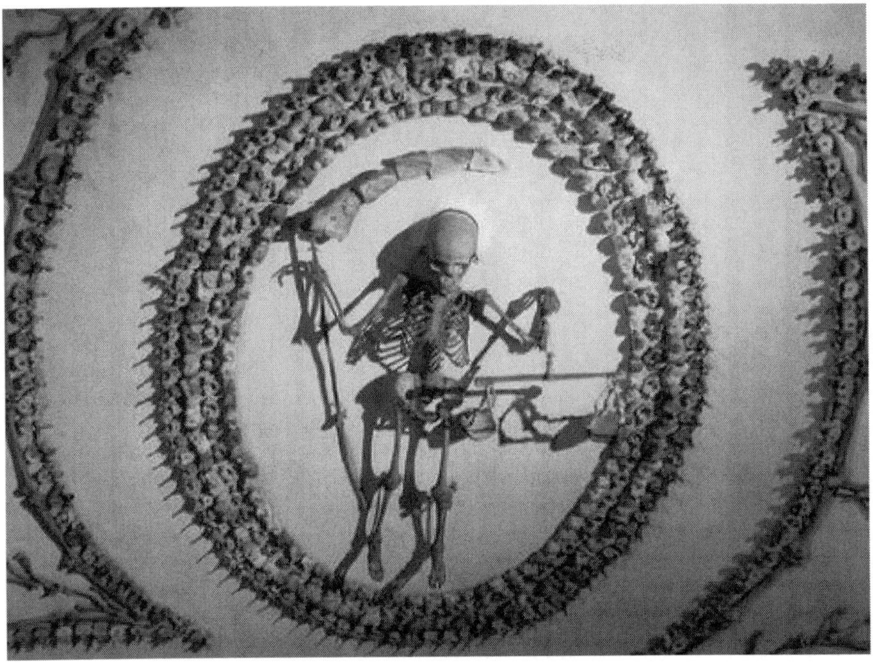

Die ausschweifenden Geheimnisse birgt jedoch das untere Geschoss. Am Eingang zur Krypta lesen Sie auf einem Schild: *Quello che voi siete, noi eravamo; quello che noi siamo, voi sarete*: »Was ihr seid, sind wir gewesen; was wir sind, werdet ihr sein«. Wahre Worte, denn hier erwartet Sie Kunst aus Knochen. Die Gruft war als eine Art *Memento Mori* gedacht, eine Mahnung an die Sterblichkeit des Menschen.

Bis 1870 wurden in dem Beinhaus Hunderte von Skeletten gelagert und künstlerisch verarbeitet. Ein Knochen-Leuchter hängt an der Decke und Gebeine werden mit Blüten teilweise zu biblischen Darstellungen arrangiert, der Kreativität waren keine Grenzen gesetzt. *Oddio!* Früher bezahlte man keinen Eintritt, mittlerweile sind jedoch die fröhlichen Kapuzinermönche zu tüchtigen Geschäftsleuten geworden und haben hier ein Künstleratelier der besonderen Art eröffnet. An diesem originellen Museum arbeiteten im Laufe der Jahrhunderte circa 4.000 Kapuzinermönche.

Via Vittorio Veneto 27 * Metro Barberini
hrwww.cappucciniviaveneto.it

Wo befinden sich die Reste der ***Horti Salustiani?***

Die nach dem römischen Geschichtsschreiber Sallust ernannten »sallustischen Gärten« waren einst reich geschmückt, wurden jedoch im Jahr 410 bei der Einnahme Roms durch die Westgoten geplündert. Heute bleibt unweit der Via Veneto eine Struktur aus drei verschiedenen architektonischen Epochen zurück. Besichtigungen sind am Samstag unter Voranmeldung möglich.

Piazza Sallustio 2

Quattro Fontane und Borromini

Wenn Sie von der Piazza Barberini die Via delle Quattro Fontane in Richtung Quirinalshügel hochgehen, gelangen Sie an der Kreuzung zu einer einzigartigen Brunnenanlage aus Marmor. An allen vier Ecken errichtete man Wasserspiele, auf denen sich die Flussgötter Arno und Tiber und die Göttinnen Juno und Diana fürstlich ausruhen.

Der Entwurf stammt aus dem Jahre 1588 vom Architekten Domenico Fontana. Mit dem Bau von exklusiven Gebäuden in dieser Gegend wollte man generös den Wohlstand der Stadt demonstrieren.

Dies erkennt man am Meisterwerk von Borrominis Kirche San Carlo alle Quattro Fontane – auch San Carlino genannt, weil sie so zierlich und klein ist. Jammerschade jedoch, dass sich ihre elegante Außenfassade aufgrund des regen Autoverkehrs gänzlich angeschwärzt präsentiert. Bemerkenswert sind die Kuppel und der Kreuzgang. Und wenn Sie Borromini und Bernini lieben – ohne die Rom heute nicht die Stadt aller Städte wäre – treten Sie in den Palazzo Barberini ein. Lassen Sie sich von dem Treppenhaus, und den Werken von Raffael und Michelangelo beindrucken. Der Zauber wirkt.

Palazzo Barberini * Via delle Quattro Fontane 13

Woher hat der Bahnhof seinen Namen Termini?

Eine Ableitung von *thermae*, den gegenüberliegenden Diokletian-Thermen. Wegen ihres reichen Schmucks von Marmor und Gemälden, der schönen Säulenhallen und musivisch gezierten Zimmern wurden sie von allen bewundert!

Quirinale

Es gibt viele Orte, an denen man den Herzschlag der Stadt spürt – allen voran das Kapitol. Was jedoch Italiens Uhrwerk angeht, tickt neben dem recht unscheinbaren Palazzo Montecitorio der gigantische Quirinalpalast für sein Land. Im heutigen

Regierungssitz des Präsidenten der Italienischen Republik residierten ab 1573 darüberhinaus auch die Päpste. Kein Wunder, denn hier oben auf dem Quirinalshügel wehte schon immer ein frisches Lüftchen, das auch den Stellvertretern Christi angenehm war. 1870 zogen hier dann die savoyischen Könige ein, bevor 1946 Umberto II. beleidigt ins Exil zog. Sonntagsmorgens von Oktober bis Mitte Juni von circa 8.30–12 Uhr darf auch das Fußvolk Roms Italiens Weißes Haus besuchen.

Man wird binnen kurzer Zeit durch zahllose üppig ausgestattete Räume geschleust. Gemälde, kostbare Wandteppiche und Statuen prunken hier, und im berühmten Spiegelsaal lodern rund 320 Lichter auf dem größten Kristall-Leuchter der Welt. Wer in den Monaten November bis Ende Mai kommt, sollte sich um 11.30 Uhr für das Konzert in der schönen und eleganten Cappella Paolina anstellen. Erwähnenswert ist der überdimensionale *salone dei Corazzieri*, den der Architekt Carlo Maderno erbaute. Er dient als Repräsentationssaal bei Staatsbesuchen. Die Königsfamilie benutzte ihn als Tenniscourt! Von Oktober bis zum 2. Juni um 16 Uhr und vom 3. Juni bis Ende September um 18 Uhr findet dann die berühmte Wachablösung statt.

Die wuchtigen Gärten hingegen sind nur am 2. Juni anlässlich des Nationalfeiertags Italiens geöffnet. An diesem Tage flaniert ganz Rom über den Rasen – vorbei an dem Coffee House, das Ferdinando Fuga für Papst Benedikt XIV. als Empfangsraum entwarf. Im Januar 2015 übernahm Sergio Mattarella als neuer Präsident Italiens den Amtssitz, nachdem Giorgio Napolitano aus Altersgründen zurücktrat. Dieser will uns das königliche Grün nun auch öfter zur Verfügung stellen. Das Kutschenwagenmuseum ist einmal im Monat gratis. Termine findet man direkt auf der Webseite, die Anmeldung muss schriftlich erfolgen.

Piazza del Quirinale * www.quirinale.it

Giardino Villa Aldobrandini

Rom bietet viele Aussichtspunkte, hier ist ein unbekannterer. Dieser kleine Park inmitten der chaotischen Stadt versteckt sich am Ende der Via Nazionale. Schaut man kurz vor dem Kreisverkehr linkerhand nach oben, schauen Orangenbäume hinter den Mauern hervor. Man steigt eine steile Treppe zu einer kopflosen römischen Göttin hinauf und gelangt zu einer Grünlandschaft mit Palmen aus verschiedenen Kontinenten. Der kleine Park stellt heute eigentlich eine Terrasse dar, die zum damaligen Anwesen gehörte.

Diese Anlage sollen damals 456 antike Statuen geziert haben. Gegen 1600 wurde hier die Villa errichtet, von der nur noch traurige Reste übriggeblieben sind, bedenkt man dass hier die hohen Herren ein- und ausgingen. Papst Clemens VIII. schenkte seinem Neffen Kardinal Pietro Aldobrandini das Anwesen und auch hier wurden glänzende Feierlichkeiten vollzogen.

Clemens VIII. errichtete eine der größten Kunstsammlungen, die sich nach und nach durch die Generationen verringerte. Heute ist wenig vom früheren Luxus übrig geblieben. In *römischer* Zukunft soll der Park wieder in Form gebracht werden. Genießen Sie den Sonnenuntergang und den Blick über die Dächer Roms – vorbei an der mittelalterlichen Torre delle Milizie und der eleganten Kirche SS. Domenico e Sisto.

Via Nazionale/Via Mazzarino * Metro Cavour

Jeden ersten Tag im Monat steht das **Casino di Aurora** im Palazzo Pallavicini Rospigliosi gratis der Öffentlichkeit zu Verfügung. Der elegante Barockpalast geht auf das Jahr 1600 zurück. www.casinoaurorapallavicini.it

Titulo San Martino ai Monti – Titulus Equitii

Unschätzbare Reichtümer verbergen sich noch unter den Erdschichten Roms! Die Barockkirche Basilika Santi Silvestro e Martino ai Monti wurde 315 n. Chr. von Papst Silvester I. auf dem sogenannten Grundstück des Equitius erbaut. Zur Titelkirche der römisch-katholischen Kirche gehört das Kloster der Unbeschuhten Karmeliten, deren Gründer Johannes vom Kreuz war. Ab 1650 wurde die Kirche vollständig erneuert. Die korinthischen Säulen entwendete man aus römischen Tempeln. In der Kirche befinden sich bedeutende Fresken von Gaspare Dughet, einem Schüler von Nicolas Poussin.

Auf Anfrage öffnet Ihnen der Pfarrer das untere Geschoss, das Sie über die Krypta und dann durch eine antike Holztür zu einer der interessantesten Baukonstruktionen des frühchristlichen Roms führt. Ein auf mehrere Jahrhunderte verteilter rätselhafter Ort der Finsternis wachte aus dem Dornröschenschlaf auf, und man ist sich noch nicht einig, um welche von Schutt und Asche befreiten antiken Schönheiten es sich dieses Mal handelt.

Einige Bauten aus dem 3. Jh. n. Chr. sollen zu den Trajanthermen gehört haben. Weitere könnten Andachtsstätten gewesen sein. Schriften deuten auf einen Versammlungsort der Christen hin.

Der deutsche Archäologe Hugo Brandenburg, der schon lange Jahre an der beeindruckenden deutschen Kirche Santo Stefano Rotondo forschte, sieht dies jedoch anders. Seiner Meinung nach ruhen hier aufgrund der Dimensionen frühere Märkte oder Lager. Warten wir also weitere Erkenntnisse ab, oder bilden uns unsere eigene Meinung! Fresken (9. Jh.) und Fragmente von schwarz-weißen Mosaikböden (3. Jh.) sind noch zu erkennen, während auf dem Bild (5.-6. Jh.) über dem Altar (17. Jh.) Papst Symmachus und Papst Silvester erscheinen.

Viale del Monte Oppio 28 * Metro Cavour

Seit einiger Zeit haben endlich wieder zwei bedeutende Stätten eröffnet. Erste ist die **Domus Aurea**. Schon Nero hatte mit dem Bau Probleme. Das Projekt der Residenz des Größenwahnsinnigen auf einer 80 Hektar Fläche mit insgesamt 150 Sälen und Terrassen wollte nicht enden. Als das »Goldene Haus« dann endlich fertig war, soll Nero gesprochen haben: »Endlich fange ich an, menschenwürdig zu wohnen«. Da loben wir uns die bescheidenere Behausung von Augustus. Die farbenschöne **Casa di Augusto** hingegen auf dem Palatin soll dem ersten römischen Kaiser als palastartiges Wohnhaus gedient haben.

Torre delle Milizie – Neros Aussichtsturm

Pisa, wir kommen! In der Via Quattro Novembre oberhalb der Mercati Traiani liegt Roms ältester und gleichzeitig enthaupteter Turm.

Es wird angenommen, dass er seinen Namen aus den benachbarten römischen militärischen Stellungen aus dem Mittelalter trägt.

Aus Tuff- und Ziegelstein wurde er gebaut; vom dritten Stock blieb nach einem Erdbeben im Jahre 1348 fast nichts mehr übrig. Deshalb ist er auch schief, denn die Erde gab nach und der oberste Teil fiel in sich zusammen. Die Legende besagt, Nero habe von hier aus das brennende Rom verfolgt. Gehen Sie zur Mittagspause hin. Sie haben eine wunderschöne Aussicht von hier oben. Der Turm selbst ist geschlossen.

Via Quattro Novembre/Salita di Monte Magnanapoli * Metro Colosseo, Cavour

Wie viele Figuren sind in den umlaufenden Relieffries der Trajan-Säule eingehauen?

Die sagenhafte Säule zeigt unglaubliche 2500 Szenen der beiden Kriege des Trajan gegen die Daker. Mit seiner Eroberung des Dakerreiches erlebte das römische Reich seine größte Ausdehnung. Im Inneren der Säule befindet sich eine Wendeltreppe, die schon Goethe bestieg.

Palazzo Valentini

Die Domus Romane unter dem Palazzo Valentini zu verpassen, wäre auch schade. Hier lässt man zwei antike Patriziervillen mit multimedialer Hilfe auferstehen.

Der Fachterminus hierfür wäre *augmented reality* im Bereich *cultural virtual reality*, also eine computergestützte Erweiterung der Realitätswahrnehmung!

Via IV. Novembre 119 A * Metro Colosseo, Cavour www.palazzovalentini.it

Santa Francesca Romana – Berninis verlorene Skulptur

Manchmal reicht ein Katzensprung und schon ist man fast mutterseelenallein an einem anderen sehenswürdigen Ort. Diese ll*basilica minor* wurde im 9. Jahrhundert auf einem bereits bestehenden Oratorium für die Apostel Petrus und Paulus erbaut.

Sie ist der hl. Franziska von Rom geweiht, die seit 1925 Schutzpatronin der Autofahrer ist. Ersparen wir uns an dieser Stelle weitere Kommentare über das Autofahren in Rom. Erwähnenswert im Inneren dieser eleganten Kirche ist die Madonna della dolcezza, eine Ikone aus dem 5. Jahrhundert.

Lorenzo Bernini entwarf die Confessio (den Andachtsraum) und die Statue der heiligen Francesca. Sie verschwand während der napoleonischen Besetzung und wurde durch eine Kopie ersetzt. In der Kirche hinter zwei kleinen Gittern sollen sich die Spuren von den Knien des Apostels Petrus befinden. Andere Quellen behaupten wiederum, sie stammen von Petrus und von Paulus. Von der Kirche aus hat man einen fabelhaften Blick auf das Kolosseum.

Piazza Santa Francesca Romana 4 * Metro Colosseo, Cavour

Was den Bayern der Leberkäs und den Berlinern die Currywurst, ist den Römern die *porchetta*: ein Spanferkel-Rollbraten, gut gewürzt mit Rosmarin, Fenchel, Pfeffer und Knoblauch. Wo besorgt man sich das Schweinchen am besten? Beim Bahnhof Termini in einer kleinen Stube *Er Bucchetto* (Via del Viminale 2f) und bei Pina im *Pane e Dolci* unweit des Petersdoms (Via delle Fornaci 15). Oder gleich in den Castelli Romani! Das Rezept soll aus dem dortigen Örtchen Arriccia stammen.

DER WESTEN ROMS

Petersdom und Umgebung

Wenn Sie von der Piazza del Popolo über die Tiberbrücke spazieren, dann haben Sie Roms angesagte Einkaufspromenade vor sich, die Via Cola di Rienzo im eleganten Viertel Prati. Der Straßenname hat nichts mit dem berühmten Getränk zu tun, sondern erinnert an den letzten Volkstribun der Stadt aus dem 14. Jahrhundert. Am Ende der eleganten Shoppingmeile breiten sich linker Hand der Petersdom und der Vatikan aus.

Der höchste Aussichtspunkt ist nicht der Petersdom, sondern der Turm der **Villa Maraini**. De facto ist der Petersdom höher, denn es war strikt verboten, ein Gebäude höher als die heilige Kirche zu errichten. Nur liegt die Villa Maraini auf dem Pincio Hügel in der Via Ludovisi höher. Die Aussicht vom Turm bietet einen 360 Grad Blick auf die Stadt. Hier residiert das Istituto Svizzero, wo regelmäßig interessante Veranstaltungen der Schweizer stattfinden. www.istitutosvizzero.it/de

Über den Petersdom und seine Herrlichkeiten berichtet jeder Reiseführer zur Genüge. Er enthält 778 Säulen, 395 Statuen, 44 Altäre und 135 Mosaiken. Ein Museum. Im Jahr 324 n. Chr. ließ Kaiser Konstantin an dieser Stelle eine Basilika über dem Grab von Petrus errichten. Den Grundstein legte man unterhalb des sogenannten Veronika-Pfeilers. Hier befindet sich heute der gewaltige Tresor, der das umstrittene Schweißtuch der Veronika enthalten soll. Sie soll es Jesus auf dem Weg zur Kreuzigung gegeben haben und seine Gesichtszüge darauf zu erkennen sein. Sehr schön ist die Statue der Veronika selbst. Überhaupt wird den Figuren zu wenig Beachtung entgegengebracht.

Passetto: andata e ritorno

Für eine Besichtigung der *scavi*, der archäologischen Ausgrabungen unter der Peterskirche, wo die alte Nekropole mit heidnischen und christlichen Gräbern freigelegt wurde, ist eine Anmeldung notwendig. Seit 2013 wurde auch das erweiterte archäologische Areal der Nekropole an der *Via Triumphalis* der Öffentlichkeit zugänglich gemacht.

In den darauffolgenden Jahrhunderten wurde die Peterskirche durch geschichtliche Ereignisse immer wieder beschädigt. So gingen beispielsweise im Jahre 846 durch den Angriff der Sarazenen zahlreiche Kunstschätze bei den damaligen Plünderungen verloren.

1506 erteilte Papst Julius II. den Auftrag zum Neubau des bereits baufälligen Gotteshauses. Während der Renaissance wurde dann heftig renoviert. 20 Päpste bastelten in 120 Jahren an der Hauptkirche. Das *Who is Who* der römischen Architekten war vertreten und Skandale und Rivalitäten blieben nicht aus. Bernini verpatzte den Bau der Glockentürme, die Risse in den Mauern verursachten und wieder abgerissen werden mussten. Und für den berühmten Thronhimmel, den Baldachin in der Kirche, sollte dem ausgebildeten Bildhauer ausgerechnet sein Erzfeind Borromini zeigen, wie man es richtig machte.

Der schon 72-jährige Michelangelo hingegen schuf die einzigartige Kuppel. Und doch zeigt sie sich in ihrer ganzen Schönheit, wenn man sie aus der Ferne betrachtet. Der Bus 982, der zur Villa Pamphili fährt, macht in der Via Piccolomini halt. Von dort eröffnet sich eine einzigartige Aussicht. *Mozzafiato*, übersetzt: die Ihnen den Atem raubt. Es ist kaum zu fassen – je weiter man sich von der Aussichtsplattform entfernt, umso größer erscheint die Kuppel!

Der über 14 km lange Irrgarten der vatikanischen Museen wartet mit unzähligen einflussreichsten Kunstwerken auf. Die Laokoon Gruppe, die Galerie der Landkarten und Michelangelos Fresken in der Sixtinischen Kapelle hinterlassen bleibende Eindrücke.

Schon Goethe und Johann Winckelmann konnten sich an dem Marmortorso Apollonios nicht sattsehen. Zweifelsohne kommt bei dem eiligen Vorüberziehen an den zahlreichen Sehenswürdigkeiten die Spiritualität zu kurz. Bei einem Besuch wird nur ein Bruchteil in Betrachtung gezogen. Hier sollte man sich schon vorher informieren, was man sehen möchte.

Wie viele Sixtinische Kapellen gibt es?

Drei! Papst Sixtus V. setzte nach der Plünderung Roms mit seinem schönen Kirchlein in der Basilika Santa Maria Maggiore ein weiteres Zeichen. Und sollten Sie einmal nach Savona kommen, besuchen Sie die Cattedrale di Savona mit einer weiteren reich dekorierten Kapelle – von Papst Sixtus IV. erbaut.

Nur wenigen Vatikanbesuchern ist das Appartamento Borgia im Nordtrakt bekannt. Es erinnert an den reichsten Kardinal aller Zeiten. 1492 wurde Rodrigo Borgia dank seiner finanziellen Mittel zum Papst gewählt. Das Appartement besteht u.a. aus zwei eindrucksvollen Räumen, die vom umbrischen Maler Pinturicchio ausgestattet wurden.

Ein Turm wurde auch noch für den neuen Papst angebaut. Trotz der Nachfolger, die irgendwann diese Räume bewohnen würden, ließ er seine Person an mannigfachen Stellen verherrlichen.

Man erkennt sein Wappenzeichen, den Stier, oder seine eigene Person mitsamt den vier Kindern, die er mit einer römischen Mätresse gezeugt hatte. Sein freizügiger Lebenswandel stieß schon in der Vergangenheit in der Kurie auf Widerspruch. Papst

Pius II. rügte den damaligen jungen Prälaten in einem Brief wegen seines Sexuallebens und der Dominikanermönch Girolamo Savonarola in Florenz vermeldete Borgia: »Ihr Kirchenführer ... nachts geht ihr zu euren Konkubinen und morgens zu euren Sakramenten.«

Der machtbesessene Papst versuchte, seine Tochter Lucrezia unter die Haube zu bringen, um durch die Hochzeit in weitere einflusseiche Kreise zu gelangen. Ehe Nummer 1 wurde wegen angeblicher Impotenz des Gatten annulliert.

Für den zweiten Ehegatten sollten härtere Mittel an den Tag kommen. Als die damals 20-Jährige auch seiner Person müde wurde, wurde dieser im Saal der Sybille vom Kammerdiener ihres Bruders Cesare erwürgt.

Le pape Formose et Etienne VII von Jean Paol Lauren, 1870

Warrior, Frankenstein, Zombie – Vergessen Sie es!

Suchen Sie richtig guten Horror? Da sind Sie hier genau richtig. Dass Päpste nicht immer heilig waren, berichten zahlreiche Überlieferungen. Kleinere Laster wie die Vetternwirtschaft bis hin zu hinterhältigen Morden und machtbesessenen Kriegen waren damals keine Seltenheit. In den Jahren 896 bis 916 – in dunkelsten Zeiten des heiß begehrten und blutig eroberten Heiligen Stuhls – fanden zahlreiche Stellvertreter Christi ihr frühes Ende in der Ewigkeit.

In nur 20 Jahren verschwanden ein Dutzend zum Papst aufgestiegene Gottesmänner in Kerkern, Klöstern oder unter der Erde. Der Einzige, der sich sieben Jahre auf dem Stuhl des Nachfolgers Petri hielt, war Papst Sergius III. (904-911). Dieser ging u.a. als Begründer der »Pornokratie« in die Geschichte ein, und ließ allein drei Vorgänger umbringen. Den Höhepunkt der schrecklichen Ereignisse in der Papsthistorie stellte jedoch das makabre Schauspiel der sogenannten Leichensynode gegen Papst Formosus dar. Der Prozess an einer exhumierten Leiche wurde selbst für die Römer, die bereits öffentlich zur Schau gestellte Grausamkeiten gewöhnt waren, ein Schock.

Wie sehr auch immer im Jahre 897 der aus Korsika stammende Pontifex Formosus gesündigt hatte, in seinem Sterbebett ließ man ihn nicht in *Frieden ruhen.* Zu Lebzeiten fiel der Papst den Machtintrigen des damaligen Kaisers Guido von Spoleto und seinem Sohn Lambert zum Opfer, als man ihm die unrechtmäßige Besitzergreifung des Papstthrons vorwarf. Der neue Papst Stephan VI. ließ nach neun Monaten die Leiche des Formosus wieder ausgraben, um seinen verhassten Vorgänger vor Gericht zu stellen.

Ferdinand Gregorovius (1821-1891) berichtet in seinen Erzählungen *Geschichte der Stadt Rom im Mittelalter*:

»...schändete Stephan die Geschichte des Papsttums durch eine Barbarei, wie sie niemals eine Zeit gesehen hat. Ein feierliches Gericht sollte über Formosus gehalten werden. Der Tote wurde in Person vor das Tribunal einer Synode geladen. Es war im Februar oder März 891.

Der Kaiser Lambert selbst war eben mit seiner Mutter nach Rom gekommen, wo er jetzt als Herr gebot. Die Kardinäle und Bischöfe und viele andere geistliche Würdenträger versammelten sich. Die Leiche des Papstes, ihrer Gruft entrissen, worin sie schon mehrere Monate geruht hatte, wurde mit den pontifikalen Gewändern bekleidet und im Konziliensaal auf einen Thron niedergesetzt

Der Advokat des Papsts Stephanus erhob sich, richtete sich gegen diese schauerliche Mumie, welcher ein bebender Diaconus als Anwalt zur Seite stand, hielt ihr die Klagepunkte entgegen, und der lebende Papst fragte den toten in irrsinniger Wut: »Warum hast du aus Ehrsucht den Apostolischen Stuhl usurpiert, da du doch zuvor Bischof von Portus warst?« Der Anwalt des Formosus brachte seine Verteidigung vor, wenn ihm Schauder zu reden erlaubte; der Tote ward überführt und verurteilt; die Synode unterschrieb sein Absetzungsdekret, sprach das Verdammungsurteil über ihn aus und bestimmte, daß alle diejenigen, welche Formosus ordiniert hatte, neu zu ordinieren seien.

Die päpstlichen Gewänder wurden der Mumie abgerissen, die drei Finger der rechten Hand, womit die Lateiner den Segen erteilen, abgeschnitten, und man schleppte den Toten mit barbarischem Geschrei aus dem Saal, schleifte ihn durch die Straßen und stürzte ihn unter dem Zulauf des heulenden Pöbels in den Tiberfluss.

Kein Blitz des Himmels, der doch so oft den Päpsten willfährige Wunder getan, fiel auf die »Synode des Entsetzens«, kein Märtyrer erhob sich zornig aus seiner Gruft, aber der Zufall, welcher bisweilen die Stelle der Vorsehung vertritt, fügte es, daß gerade in dieser Zeit die altersschwache Basilika des Lateran zusammenstürzte. Es wird nicht an Menschen gefehlt haben, welche in dem Einsturz der Haupt- und Mutterkirche der Christenheit eine Vorbedeutung des Sturzes des Papsttums selbst erkannten...«

Papst Stephan landete später selbst im Kerker, wo er ermordet wurde. Der geschändete Leichnam seines Vorgängers fand schließlich doch noch eine würdevolle Ruhestätte in der Peterskirche, denn seine getreuen Anhänger fischten Formosus wieder aus dem Tiber heraus. Im Jahre 898 wurde der geschändete Pontifex dann offiziell von der Kirche rehabilitiert. Sollten Sie nun darauf vertrauen, der Horror habe an dieser Stelle sein Ende gefunden, so irren Sie.

Unter Stephans Nachfolgern entbrannte nun ein erbitterter Kampf zwischen Anhängern und Feinden des Formosus. Keine zehn Jahre später wurde sein Kadaver ein zweites Mal ausgegraben! Der schon zu Anfang erwähnte grausame und nun amtierende Pontifex Papst Sergius III. schnitt auch noch die restlichen Finger der rechten Hand ab, ließ ihn enthaupten und erneut im Fluss versenken. Und da bekanntlich die Wege des Herren unergründlich sind, und sich die kopflose Leiche in einem Fischernetz verfing, konnte sie wiederum geborgen und diesmal endgültig bestattet werden.

Ende gut alles gut ...

Während die Massen schnellen Schrittes in Richtung Sixtinische Kapelle eilen, wird nur einen Katzensprung entfernt in aller Ruhe gearbeitet. Die Biblioteca Apostolica Vaticana, die reichste Bibliothek der Welt – bedenke man die hier deponierten Werke – darf man zu Forschungszwecken aufsuchen. Und noch einige Meter weiter schlägt das Herz des Archivio Segreto Vaticano, des päpstlichen Privatarchivs.

So geheim ist es nun auch nicht mehr, denn seit Dan Browns *Illuminati* werden hier Hunderte von Besuchsanfragen gestellt. »Bunker« wird das Archiv von den Angestellten genannt und birgt Schätze von unermesslichem Wert. Päpstliche Register, Briefe von Michelangelo oder Fakten, die die Welt veränderten, werden in luftdichten Kammern aufbewahrt. König Heinrich VIII. bat hier schriftlich um die Annullierung seiner Ehe an, und auf einer Schriftrolle lassen sich in verblasster Tinte die Protokolle der Prozesse (1307 bis 1312) erkennen, die zur Auflösung des Ordens der Tempelritter führten.

www.vaticanstate.va

Woher stammt der Name Borgo?

Im Borgo Pio, dem Stadtteil am Petersdom, an der Piazza della Città Leonina 1 lebte Joseph Ratzinger. Hier wohnte er 23 Jahre mit seinen Katzen, wo ihm die Schwestern der Barmherzigkeit den Haushalt führten. Die deutschen Pilger, die im Mittelalter nach Rom kamen, nannten das Stadtviertel aufgrund seiner Mauern Burg. Der Name wurde ins Italienische übernommen und somit entstand der Name des heutigen Stadtviertels Borgo.

Man diskutieret heute noch, zu welcher Zeit man sich am besten für die Vatikanischen Museen anstelle, ohne einen Nervenzusammenbruch zu erleiden. Das Schlimmste ist, dass die Schlangen auch im Museum nicht enden wollen. Touristen produzieren während ihres Aufenthaltes wohl jede Menge

Glückshormone und nehmen dies alles gerne in Kauf. Bei den Einwohnern ist die Leidensgrenze erheblich niedriger, denn an Schlangen mangelt es in Rom nicht.

Die österreichische Schriftstellerin Ingeborg Bachmann schrieb: *»Roms Massen haben ein Anrecht auf den Vatikan«*. Man versucht, die Besucherzahl zu beschränken, aber das Chaos hat sich noch nicht gemildert.

Am Mittwochvormittag marschieren Menschen aus aller Herren Länder auf den Petersplatz. Dort findet die Audienz vor dem Dom statt – oder in der kalten Jahreszeit in der Audienzhalle. Da ist vielleicht die berühmte Anstehschlange zu den Vatikanischen Museen um einiges kürzer. Ab 13 Uhr schlägt es dann ins Gegenteil um, wenn sich auch noch die Erleuchteten von der Audienz anstellen. *Bloß nicht* am letzten Sonntag im Monat. Da bieten die Museen nämlich Gratiseintritt und die Besuchermasse nimmt kein Ende.

Die Monate Oktober und November scheinen durchaus günstig für einen angenehmeren Besuch. Es empfiehlt sich, ein Onlineticket mit einer Führung früh morgens zu buchen. Dann hält sich die Masse noch in Grenzen, bevor das große Drücken und Quetschen beginnt. Wer es romantisch mag, kann für den Abend buchen. Von Mai bis Juli und September bis Oktober sind die vatikanischen Museen am Freitag bis 23 Uhr geöffnet. Wer Glück hat, wird mit einer kleinen Nachtmusik verwöhnt. Die abendlichen Besuche müssen vorab im Internet gebucht werden.

Sollten Sie heutzutage noch Postkarten schreiben, dann geben Sie diese im Postamt der Vatikanischen Museen auf. Sie kommen früher an.

Ein in Wiederkehren in den kleinsten Staat der Welt lohnt sich stets. Sei es allenfalls wegen der vatikanischen Gärten, in denen unser deutscher Papst täglich seinen frühabendlichen Spaziergang machte. Sie stellen eine gelungene und interessante Ergänzung dar, und man hat das Gefühl, sich unmittelbar im Vatikan zu befinden.

Ideal wäre die Reihenfolge Gärten – Museen – Petersdom. Wer nur auf die Kuppel will, sollte früh aufstehen.

www.museivaticani.va

Wer einen Ausweis und ein ärztliches, italienisches Rezept bei der Gendamerie gleich hinter der Porta Sant'Anna vorzeigt, darf in die Farmacia Vaticana, die meistbesuchte Apotheke der Welt! Der Andrang ist immer groß, denn die päpstlichen Pharmazeuten sind bestens mit Medikamenten ausgestattet, die »drüben« teilweise noch nicht vorhanden sind. Fast ein Dutzend Angestellte stehen hinter dem Tresen bereit und nun heißt es: Nümmerchen ziehen und Geduld bewahren. Das Warten zahlt sich nicht nur aufgrund des sehr gut ausgestatteten Sortiments aus. Sowohl Arzneimittel als auch Kosmetik sind bis zu 25 Prozent billiger als in Italien.

Den Römern ist der Papst heilig, besonders Karol Wojtyla wuchs ihnen ans Herz. *Umile* war er – im deutschen Vokabular eine Mischung aus bescheiden und menschlich. Rom und seine Einwohner fühlten sich von ihm geliebt und geachtet. Leider konnte der ehrenwürdige Joseph Ratzinger nicht an die Beliebtheit seines Vorgängers heranreichen.

Als *freddo,* kalt – aber dies liest man ja an jedem Wasserhahn – wurde der belesene und introvertierte Geistliche bezeichnet. Dem nicht genug, als er beispielsweise als Glaubenspräfekt den Inquisitionsprozess gegen Galileo Galilei als »vernünftig und richtig« einstufte, erhielt er zahlreiche Proteste, allen voran die Physikfakultät La Sapienza. Dank Papst Benedetto XVI. stiegen jedoch die Einnahmen aus dem Peterspfennig um fast 60% auf jährlich 100 Millionen Dollar in den leeren vatikanischen Kassen! »Schaffe Schaffe – Häusle baue« sagen da die Schwaben.

Was heißt denn hier Peterspfennig?

Hier handelt es sich um eine Geldsammlung, mit der die apostolische und karitative Arbeit des Papstes unterstützt werden soll. Die finanzielle Zuwendung Denarius Sancti Petri gilt als Ausdruck der Verbundenheit der Gläubigen mit dem Papst.

Am 11. Februar 2013 schlug auf der ganzen Welt die Nachricht wie eine Bombe ein: Papst Benedikt XVI. hatte angekündigt, sein Amt am 28. Februar 2013 niederzulegen. Den Kardinälen verlas er auf lateinisch seinen Rücktritt als Nachfolger Petri, mit dem Grund, es ginge ihm gesundheitlich nicht mehr gut. Nun wird das Volk jenseits der Vatikanischen Mauern wohl nie erfahren, warum er sich tatsächlich zurückzog. Zweifelsohne hatte er seine guten Gründe. Indes hat uns ein wohl bodenständiger und lächelnder Papa Francesco der Jesuiten erreicht. Er wünscht uns ein herzliches »*Buon pranzo*«, alle freuen sich und – wie geschmiert – ist der Kirchenapparat wieder in Betrieb.

Sollten Ihnen doch alle Schlangen zu lang sein, trösten Sie sich schlechthin mit dem pompösesten und größten Petersplatz, der zwischen 1656-1667 von Bernini gestaltet wurde. Nehmen Sie die Heiligenstatuen und die berühmte Fläche einmal genauer unter die Lupe. Die optische Täuschung der Säulen, die in vier Kolonnaden hintereinander aufgestellt sind, beeindruckt immer wieder. Sie scheinen zu einer einzigen Reihe zu verschmelzen, wenn man auf einer der kleinen runden Marmorplatten auf dem Boden links und rechts vor dem Brunnen steht.

Zwischen dem 20.-18. Jh. v. Chr. wurde der Obelisk erbaut. Er stürzte als einziger nie ein und dient seit 1817 auch als Sonnenuhr. Von ihm aus verläuft ein Granitstreifen auf dem

Steinpflaster zum Brunnen, den Carlo Maderno erschuf. Am Ende dieser Linie markieren zwei runde Marmortafeln die Stellen, an denen sich am Tag der Sommersonnenwende (im Zeichen des Krebses) und der Wintersonnenwende (im Zeichen des Steinbocks) um 12 Uhr der Schatten des Kreuzes abzeichnet.

Auf der anderen Seite zeigen weitere fünf Marmortafeln den Durchlauf der Sonne durch die anderen Sternkreiszeichen an, die jeweils als Paare auftauchen. Die Windrose unter dem Obelisken zeigt 16 Steine mit Angabe der Windrichtungen und der Mittelmeerwinde.

Weitere Plaketten erinnern an das Attentat auf Johannes Paul II. und an die beiden Tage im Jahr, an denen der lichte Tag und die Nacht gleich lange dauern: der 21. März und der 23. September.

Der Sockel des Obelisken wurde in den Jahrhunderten von den Päpsten immer wieder verändert. Sixtus V. schmückte ihn mit vier Löwen, die Teil seines Familienwappens waren. Und auf die Spitze setzte er die Bronzekugel, von der das Gerücht umgeht, sie enthalte die Asche Cäsars … *chissà.*

Was gibt es noch von dem gewaltigen Platz zu berichten? Die Besuchermenge zur Mittwochsaudienz nimmt zu, der Applaus nimmt ab – durch die vielen Handys in der Hand.

Suchen Sie eine Bank?

Dann setzen Sie sich doch hinter Roms hässliches Justizgebäude, denn als solcher wird der *palazzaccio* in Rom bezeichnet. Wieso man ihn so nennt? Aufgrund seiner protzigen Dimensionen und der Korruption, die dem 22 Jahre lang andauernden Bau anhaftete. So hässlich ist er auch nun wieder nicht, besonders wenn Sie das Glück haben, ein Sitzplätzchen inmitten von exotischen Palmen und ausnahmsweise einmal gepflegtem Rasen zu ergattern. Schatten findet man allerdings herzlich wenig. Am Abend trifft sich hier die Jugend.

Die *Passeggiata del gelsomino* beim Vatikan

Läuft man vom Gleis 1 der Bahnhofsstation San Pietro entlang weiter in Richtung Vatikan, eröffnet sich nicht nur eine Sicht auf die Petersdomkuppel, sondern auch auf den Festungswall und sein geschlossenes Tor, das den Durchlass für das einzige Einfahrtsgleis zum kleinsten Staat der Welt gewährt. Der Weg dorthin ist kurz, aber sehr idyllisch, denn er führt über ein 143 Meter langes ehemaliges Eisenbahnviadukt, das seit dem Jahr 2000 nicht mehr benutzt wird. Wir befinden uns oberhalb der verkehrsreichen Hauptstraßen, der Via Aurelia und der Via Gregorio VII. Er wird von den Jasminpflanzen, den immergrünen Kletterpflanzen, gesäumt, dessen Blüten sich im Sommer zu einer duftenden Blumenpracht entfalten.

Von Rittern und Freimaurern

Wer auf der Via della Conciliazione den Petersdom anzielt, um mit der Schar zu verschmelzen, die sich vornehmlich in Touristen, Pilger und Klerus aufteilt, sollte links bei der Hausnummer 33 einen Blick auf den Palazzo della Rovere werfen. Die Familie della Rovere war eines der bedeutendsten Adelsgeschlechter Italiens, dem Papst Julius II. angehörte. Im Palazzo della Rovere hat seit 1945 der Ordine equestre del Santo Sepolcro di Gerusalemme, der Ritterorden vom Heiligen Grab zu Jerusalem, seinen administrativen Sitz. Die Büros dieser Ordensvertretung liegen in prachtvollen Räumen der oberen Stockwerke, weitere Säle in diesem Palazzo können Sie in Begleitung eines Führers nach vorheriger Reservierung besichtigen.

Magistralvilla des Souveränen Malteserordens

Palazzo della Rovere

Der französische König »Karl der Freundliche« war von den Zimmern derart begeistert, dass er 1495 während seines Aufenthalts in Rom lieber inmitten der traumhaften Fresken von Pinturicchio nächtigte, bevor er mit seinem Feldzug in Süditalien fortfuhr, anstatt im Vatikan zu wohnen. Schon allein die Namen der Räume lassen die Fantasie spielen: der Saal der großen Meister, der Jahreszeiten, der Sternbilder, der Propheten, der Apostel und der staunenswerte Saal der Halbgötter.

Die Wurzeln des oben genannten Ritterordens gehen auf Godefroy de Bouillon im Jahr 1011 zurück, ein Heerführer beim ersten Kreuzzug nach Jerusalem. Als offizielles Gründungsjahr, so wie der Orden sich heute zusammensetzt, gilt jedoch erst das Jahr 1968. Weltweit gibt es 18.000 Grabesritter, aufgeteilt in 35 Statthaltereien auf der ganzen Welt. Juristischer Sitz des Ordens ist der Vatikanstaat, und die geistlichen Aktivitäten finden im Kloster neben der Kirche Sant'Onofrio auf dem Gianicolo statt. Großmeister nennt man das Oberhaupt, und ihm folgt in der Hierarchie der Prior.

Womit beschäftigt sich das heutige Rittertum? Wo läuft denn heutzutage noch ein Ritter herum? Nun, zunächst einmal steht die Hilfe der Bedürftigen im Vordergrund. Die Organisation leitet heute beispielsweise 44 katholische Schulen in Jerusalem, in denen circa 15.000 Christen und Muslime die Schulbank drücken. Die Grabesritter treffen sich regelmäßig in ihren Komtureien, den kleinsten Verwaltungseinheiten im Orden.

Hier diskutiert man nicht über die Restaurierung einer Hauswand oder etwa die Wahl eines neuen Vorsitzenden, sondern es werden erst einmal hochgeistige Vorträge über die katholische Lehre gehalten. Die Ritterorden mischen auch fleißig bei Regierungsentscheidungen mit, der eine oder andere Scheck wechselt dann den Besitzer. Alles dezent im Hintergrund natürlich.

Ein weiterer Orden, der ebenfalls seinen Hauptsitz in Rom hat, trägt einen noch außergewöhnlicheren Namen: Souveräner Ritter- und Hospitalorden vom Heiligen Johannes von Jerusalem von Rhodos und von Malta. Der vollständige Name gibt zu erkennen, dass die ehrenwerten Damen und Herren viel herumgekommen sind.

Der Orden der Cavalieri di Malta wurde im 11. Jahrhundert in Jerusalem gegründet und befindet sich hinter dem wohl bekanntesten Schlüsselloch der Welt auf dem Aventin. Von hier aus sehen Sie gleich drei Staaten auf einmal: den Vatikan, Italien und den Malteser Orden. Wie auch der erstgenannte Ritterorden vom Heiligen Grab zu Jerusalem stehen diese noblen Einrichtungen in einem besonderen Souveränitätsverhältnis zum Heiligen Stuhl. Und sie genießen nach eigenen Angaben die gleiche unmittelbare Anerkennung einer *Völkergemeinschaft, die stets als eigenes Subjekt der internationalen Rechtsgemeinschaft anerkannt ist.*

Und wie der Vatikanische Staat besitzen sie eigene Briefmarken und Münzen. Der Malteser Orden, der 13.500 Ritter zählt, leistet humanitäre Hilfe und ist beispielsweise Träger von Krankenhäusern.Vom Hauptsitz des Ordens, dem Magistralpalast in der Via Condotti, werden Gesetze aus der ganzen Welt entschieden. Die Magistralvilla auf dem Aventin dient hingegen zur Repräsentation.

Und wie wird man Mitglied? Sie werden ausgesucht! Früher konnte nur der Adel dem Orden beitreten, aber das hat sich schon lange geändert. Ein *von* oder *zu* im werten Nachnamen reicht nicht mehr aus, heute müssen Sie etwas geleistet haben und in anderen wichtigen Verbänden vertreten sein. Die Mitglieder sind einflussreiche Leute: Politiker, hochgestellte Beamte, Industrielle, Richter, Wissenschaftler oder Zeitungsverleger. Wer Rang und Namen in der Welt besitzt, hat sein Ordensgewand im Schrank hängen. Der Einfluss der heutigen Ritter besteht weiter, und wenn nicht in *Caput Mundi*, wo sonst sollten sie ihren Hauptsitz haben?

> Am Sonntagmorgen kurz vor 11 Uhr tauchen an der Piazza del Grillo die Mitglieder des Malteserordens in ihren Ritter-Roben zu einem Besuch ihrer Kirche San Giovanni Battista dei Cavalieri di Rodi auf. An der Messe darf auch das Fußvolk teilnehmen.

Da Sie jetzt so geduldig gelesen haben, seien Sie belohnt mit der Nachricht, dass auch Sie einmal hinter die Mauern des berühmten Schlüssellochs schauen dürfen – zumindest in den Garten und in die Kirche Santa Maria del Priorato. Sie müssen als eine Gruppe mit mindestens zehn Personen schriftlich anfragen oder in der Via Condotti persönlich mit Ausweis vorbeikommen.

Die Besichtigung findet meistens samstags morgens statt und dauert circa eine Stunde. In der Priorats-Kirche liegt das Genie Giovanni Battista Piranesi begraben. 1765 erneuerte der Architekt das nicht öffentlich zugängliche Gotteshaus im Auftrag des Malteserordens und gestaltete die Piazza dei Cavalieri di Malta vor dem Schlüsselloch.

Wer die Ritterburg zumindest von außen neidvoll erblickt, wird sich möglicherweise fragen, was man denn im Leben falsch gemacht hat, um nicht dieser noblen Gemeinde anzugehören. An dieser Stelle empfiehlt sich ein bedürfnisloses Picknick im verwunschenen Giardino degli Aranci, um auf den Boden der Tatsachen zurückzukehren und festzustellen, dass oft die kleinen Dinge im Leben zählen. Und das ist es, was Rom ausmacht!

Ordine di Malta www.orderofmalta.int
Magistralpalast: Via dei Condotti 68

Casa dei Cavallieri di Rodi: Piazza del Grillo 1

Ordine equestre del Santo Sepolcro di Gerusalemme
www.oessgsezioneroma.it * Via della Conciliazione 33

Santo Spirito in Sassia

Welche Menschenseele würde jemals auf die Idee kommen, ein Krankenhaus grundlos zu besuchen? Das Santo Spirito in Sassia in der Nähe des Petersdoms ist eine Ausnahme. Das ehemalige Hospiz zählte zu einem der größten Krankenhäuser und Forschungseinrichtungen. Gründer war 1189 Papst Innozenz III., bedeutender Papst des Mittelalters, mit der Leitung wurde der Tempelritter Guido di Montpellier beauftragt.

Machen Sie sich zu einer Museumstour durch das noch aktive Hospital auf. Mit etwas Pfadfindersinn schlagen Sie sich zu den Kreuzgängen, dem Chiostro dei Frati, dem Chiostro Giulia und dem Palazzo del Commendatore durch. Letzterer wurde von 1566 bis 1572 unter dem *Commendatore* – so wurden die Direktoren genannt – Monsignor Bernardino erbaut. Architekt war der berühmte Giovanni Lippi mit dem Künstlernamen Nanni di Baccio Bigio. Der quadratische Innenhof ist von zweistöckigen Loggien eingefasst und präsentiert sich mit dorischen und ionischen Säulen, sowie sehenswerten Fresken aus dem 16. Jahrhundert von Ercole Pelillo.

Den Innenhof schmückt ein zierlicher, aber sehr schöner Barockbrunnen. Früher zierte er den Vatikan, als Paul V. unter anderem auch der Gründer der päpstlichen Bank, Banco di Santo Spirito, war. Als Papst Alexander VII. dann ans Ruder kam, versetzte er den Brunnen an seinen heutigen Ort.

SPEZIERIA

In der Spezieria wurden zu früheren Zeiten Medikamente hergestellt und die Medizin gegen Malaria entdeckt. In den Regalen stehen noch alte Behälter und wertvolle Gemälde.

Eine seitliche Treppe führt in den ersten Stock zu einem beachtlichen Basrelief von Antonio Canova, welches eine Anatomielektion zeigt. Das Appartamento del Commendatore hingegen zieren die Gemälde all seiner Direktoren. Sie reihen sich wie ehemalige Könige in ihren Herrscherzeiten aneinander.

Eine ungewöhnliche Uhr aus dem Jahr 1827 thront hoch über dem Brunnen und weist nur einen Zeiger eines Salamanders mit Zifferblättern von eins bis sechs auf. Bis zur Mitte des 19. Jahrhunderts zählte man in »römischen Stunden«. Die Römer richteten sich nach der jeweiligen Jahreszeit. Der neue Tag begann stets mit dem Sonnenaufgang.

Die Glocken läuteten, wenn es dunkel wurde oder der neue Tag anbrach. Stand die Sonne am höchsten, war Mittagszeit und bei der Dämmerung wurde die Arbeit beendet. Weitere Zeitmesser dieser Art findet man auch am Turm des Quirinalspalastes oder an der Piazza del Popolo. Soweit zu den Uhren, die in Italien heute noch anders ticken.

Im ersten Stock befindet sich die 1714 gegründete Biblioteca Lancisiana. In ihren alten Bücherregalen finden wir das *Liber Fraternitatis Sancti Spiritus in Saxia de Urbe,* eine Sammlung mit Tausenden von Unterschriften, Siegeln und Stempeln von Päpsten, Königen, Adeligen und Künstlern, die über die Jahrhunderte hinweg zu Wohltätern des Hospitals wurden.

Wenn Sie das hauseigene und sehenswerte Museum, das Museo Storico Nazionale dell'Arte Sanitaria, besichtigt haben, werden Ihnen die heutigen Krankenhäuser wesentlich unangenehmer erscheinen. Bei einem Blick auf die alten Messer, mit denen damals Kranke ohne Betäubung aufgeschlitzt wurden, erfreut man sich der heutigen Versorgung. A proposito Krankenschutz: Italien bietet auch seine Vorteile. Beispielsweise drücken die Apotheker hier und dort ein Auge zu, wie z.B. bei einem fehlenden Rezept für Medikamente bei Blasenentzündungen oder Breitbandspektrum-Antibiotika.

Ein großer Teil des Krankenhauses ist heute ein Kongresszentrum. Momentan finden in den restaurierten, fast königlichen Sälen die weltbekannten Modeschauen statt. Wenn die Tür gerade offensteht, weil Lieferanten die Getränke liefern, huschen Sie einfach mal hinein. Soeben haben die Restaurierungsarbeiten begonnen. In etwa zwei Jahren soll hier ein Museumkomplex entstehen. Dann bezahlt man Eintritt!

Die Vielfalt des Sehenswerten an einem einzigen und historisch so wichtigen Ort will nicht enden: Tief unter der Erde schlummern die Reste der Villa von Agrippina Major, Großmutter von Nero und Gattin des Germanicus.

An der seitlichen Fassade des Außengebäudes werden Sie ein kleines vergittertes Fenster mit einer Holzwand dahinter entdecken: die erste Babyklappe Italiens (1189). Damals wurden ungewollte Kinder ausgesetzt oder in den Tiber geworfen! Um dies zu verhindern, konnten die Neugeborenen hier zumindest anonym abgegeben werden.

Museo Storico Nazionale dell'Arte Sanitaria * Lungotevere in Sassia 3

GIANICOLO

Der Gianicolo-Hügel mit seinem grandiosen Panoramablick auf die Stadt und die Albaner Berge zählt zu den begehrtesten Aussichtspunkten. Am frühen Abend wird die ganze Anhöhe noch romantischer, wenn man die Sonne im Rücken hat, und Rom in ein goldenes Licht getaucht wird. Nicht nur die Touristen, sondern auch die Römer selbst lieben ihre Aussichtsterrassen, wobei sich der platanengesäumte Gianicolo bestens für die Familien eignet. Die gesamte Sippschaft zelebriert dann ihre *passeggiata domenicale*, den Sonntagsspaziergang, inmitten von Porträtbüsten der italienischen Patrioten. Wer zum ersten Mal hier hochkommt, sollte die Schwester des Trevibrunnens, die Fontana dell'Acqua Paola, aufsuchen!

Machen Sie einen Abstecher in das kostenlose Museo della Repubblica Romana e della memoria an der edlen Porta San Pancrazio. Das Museum illustriert die Geschichte der Familie Garibaldi.

Neben der bekannten Garibaldi-Statue ist eine unausweichliche Sehenswürdigkeit das Reiterstandbild seiner brasilianischen Gefährtin Anita Garibaldi. Nur 100 Meter von ihrem Göttergatten entfernt reitet sie mit wehenden Haaren, einer Pistole in der Hand und ihrem neugeborenen Kind auf dem Arm. Sie unterstützte ihn leidenschaftlich und kompromisslos im Kampf für die Einigung Italiens und brachte nebenbei noch drei Kinder zur Welt! In der Nähe von Ravenna starb sie im Alter von nur 28 Jahren.

Unterhalb der großen Terrasse wird jeden Vormittag pünktlich um 12 Uhr aus einer alten österreichischen Kanone ein Schuss abgefeuert. Und so geht das hier schon lange. Eingeführt hat es

Papst Pius IX., damit die Römer nicht mehr aus dem chaotischen Geläute der Kirchenglocken die richtige Zeit erraten mussten.

Kaum zu glauben, wozu die Römer fähig waren ... Michelangelo (1475-1546) verdient mehr als nur Aufmerksamkeit, und es fällt schwer, nicht von seinen Werken geblendet zu sein. Er versuchte sich mit überdimensionalem Erfolg nicht nur als Maler, Architekt oder Bildhauer, wo er Unvergleichbares und von anderen nicht Erreichtes schuf, sondern auch als Dichter und Forscher. Während seiner Arbeiten an der Sixtinischen Kapelle und der Moses-Statue lebte er lange Zeit in Rom. Die Fassade des alten Hauses, in dem er im Zentrum residierte, wurde bei ihrem Abriss aufbewahrt und auf dem Gianicolo auf ein anderes Gebäude wieder aufgezogen! Das Haus liegt rechter Hand kurz vor dem Ausgang, der zur Porta San Pancrazio führt.

Villa Aurelia

Wo die Passeggiata del Gianicolo beginnt, wurde 1599 die Villa Aurelia für den Kardinal Girolamo Farnese erbaut. 1848 richtete Garibaldi sein Hauptquartier hier ein und seit 1909 ist das todschicke Anwesen in den Händen der American Academy (AA). Nur 100 Meter weiter besitzt die AA ein zweites Gebäude, das jedes Jahr circa 30 Stipendiaten aufnimmt. Die Künstler und Forscher betreiben zwölf Monate lang ihre Studien. Für die Öffentlichkeit werden interessante Tagungen, Lesungen und Ausstellungen veranstaltet. Erinnerungswürdig ist in der Akademie ein ganz besonderer Tag: Am 14. April 1611 präsentierte hier Galileo Galilei sein Teleskop. Die jungen begeisterten Akademiker zogen sich an diesem besonderen Abend nicht ins Schlafgemach zurück, sondern verbrachten die ganze Nacht damit, Saturn zu beobachten!

Via Angelo Masina 5 * www.aarome.org/it

Die **Scalinata Sant'Onofrio**, eine mittelalterliche Treppe, und die unweit entfernte Gasse, Salita Sant'Onofrio, führen Sie beide vom Lungotevere auf den Gianicolo hinauf. Sie enden an der Klosterkirche Sant'Onofrio.

Die Kirche Sant'Onofrio

An der Passeggiata del Gianicolo und in der Nähe eines der bedeutendsten Kinderkrankenhäuser Italiens, dem Ospedale Bambin Gesù, liegt die sehenswerte Kirche Sant'Onofrio. Bereits 1419 wurde das Kloster als Eremitage für den Hieronymiten-Mönch Nicola da Forca Palena erbaut, die Innenausstattung wurde bis ins 16. Jahrhundert durchgeführt.

Eine Tafel an der Außenwand ehrt Johann W. Goethe, der das Kloster besuchte. Über dem Seiteneingang erkennt man ein fünffaches Kreuz, das Abzeichen des Ritterordens vom Heiligen Grab zu Jerusalem. 1945 übernahm der Orden Kirche und Kloster. Das Wappen erinnert an die fünf Wunden, die Jesus am Kreuz zugefügt wurden. Die Farbe Rot soll das Leben symbolisieren, Stärke und Blut in Anlehnung an seine Wunden. Es könnte vorkommen, dass Sie in dem idyllischen Vorhof auf eine Nonne treffen, die dort auf den Steinen sitzt und ungestört liest. Trotz der vielen Besucher des angrenzenden Hospitals herrscht hier Ruhe und Frieden – *pace*.

Drei farbenfrohe Lünetten-Fresken von Cavalier d'Arpino aus dem Jahr 1600 schmücken die Außenfassade. Sie stellen das Leben des hl. Onophrius dar. Ein weiteres Fresko über dem Renaissanceportal zeigt eine Madonna mit Kind. Durch einen Portikus gelangen Sie in den Kreuzgang aus dem 15. Jahrhundert mit weiteren Kunstwerken.

Die Kirche wartet in ihrem Inneren mit bedeutenden Malereien auf – wie etwa dem Altarbild von Baldassarre Peruzzi mit dem Titel *Marienleben* und der *Geschichte des Hl. Hieronymus* von Domenichino über den Portikus-Lünetten.

Seine letzte Ruhe fand hier der berühmte italienische Dichter Torquato Tasso. Er hatte das Kloster wegen seiner Krankheit aufgesucht und ließ dort am 25. April 1595 sein Leben, genau einen Tag vor seiner Dichterkrönung. Das aufwendige Grabmonument erschuf der römische Bildhauer Giuseppe de Fabris (1790–1860). Das Kloster beherbergt ein kleines Tasso-Museum, in dem Manuskripte und frühe Druckausgaben seiner Werke gezeigt werden.

Tassos Glocke wird sie genannt, denn sie läutete den Tod des großen Dichters ein. 1849 sollten alle Glocken in Rom zerstört werden, um aus ihnen Kanonenkugeln zu gießen. Diese hier rettete Garibaldi im letzten Moment.

Piazza Sant'Onofio

Villa Lante

Von jedem Aussichtspunkt aus erkennt man die frei stehende Villa Lante als hellen Fleck inmitten der grünen Landschaft des Hügels. Sie entspricht alten Vorlieben, denn schon in der Antike genossen einige Berühmtheiten die angenehme Frische. Mit dem traumhaften Stadtpanorama vor Augen ließ sich die Elite ihre Häuschen dort oben bauen, wenn auch *nur* als Sommersitz.

Wer hat der hat – die Tradition der stadtnahen Villa im Grünen setzte sich auch während der Renaissance fort. 1518 wurde das kleine Anwesen von Giulio Romano im manieristischen Stil erbaut und zählt heute zu den besterhaltenen seiner Art. 1551 zog hier die Familie Lante ein. Auf Anordnung des Papstes Urban VIII. wurde der Garten verkleinert, um dort die Schutzwälle des Gianicolo durchlaufen zu lassen. Dem stimmte die Familie Lante jedoch gerne zu, denn als *kleine* Entschädigung beglückte der Pontifex sie mit der Villa Bagnaia bei Viterbo – allein der königliche Garten des geschenkten Anwesens ist einen Ausflug wert.

Die letzten Besitzer der Villa Lante waren der deutsche Archäologe Wolfgang Helbig und seine russische Frau, Prinzessin Nadine Schahawskoy. Fortan machten sie das elegante Häuschen zum Zentrum gesellschaftlicher Ereignisse. Alle kamen sie, Gabriele D'Annunzio, Tolstoj und Wagner. Von der Loggia aus mit ihren an Palladio angelehnten Serlianen lag ihnen Rom zu Füßen.

Heute residiert dort die finnische Botschaft am Heiligen Stuhl. Machen Sie einen Besuchstermin aus. Die kleinen hellen Räume sind mit stuckverzierten Gewölbedecken, Malereien von Raffaels Schülern, und weiteren neoklassizistischen Dekorationen des berühmten Architekten Valadier ausgestattet. Einige der sündhaft schönen Freskomalereien wurden wieder abgelöst und befinden sich heute im Konferenzzimmer des Palazzo Zuccari. Alles ist möglich!

Passeggiata del Gianicolo 10 * www.irfrome.org

Den **Botanischen Garten** kennen selbst die Römer kaum. Dieses grüne Paradies nennt die italienische Schriftstellerin Susanna Tamaro, die gleich um die Ecke wohnt, ihr liebstes Versteck. Kamelien, Iris, Orchideen, Teiche und sogar ein Bambuswald sind auf dem ausgedehnten Gelände zugegen.
Largo Cristina di Svezia 24

Il Faro

Ein Leuchtturm, genau. 1911 wurde er von nach Argentinien ausgewanderten Italienern gestiftet. Auf dem Kapitell steht geschrieben: *Für Rom – Hauptstadt der Italiener in Argentinien – 1911.* Früher konnte man auch hinaufsteigen. Von hier oben gaben sich jedoch Angehörige mit den Gefangenen des Gefängnisses unten Lichtzeichen. Daraufhin wurde der Faro wieder geschlossen. 1849 kämpften genau an dieser Stelle Giuseppe Garibaldi und seine Freiwilligen heldenhaft gegen französische Truppen. Letztere wurden von Papst Pius IX. zu Hilfe gegen die neu gegründete Römische Republik gerufen.

Piazzale del Faro

An einem weiteren Aussichtspunkt wartet die recht dunkle Kirche von San Pietro in Montorio zumindest in ihren Kapellen mit Lichtblicken auf: Gian Lorenzo Bernini, Daniele da Volterra und Giorgio Vasari brachten hier ihre Werke zum Ausdruck. An der Außenfassade erinnert eine Kanonenkugel an die genannten Kämpfe von 1849.

Tempietto di Bramante

Im Klosterhof des Franziskaner-Klosters von San Pietro in Montorio versteckt sich der Tempietto di Bramante. Da Sie vor dem Einschreiten tiefer stehen, erscheint Ihnen das Tempelchen durch das Tor beinahe imposant. Der kreisrunde Bau liegt in dem winzig kleinen Innenhof völlig deplatziert – und doch werden Sie völlig beeindruckt sein. Dieses Paradebeispiel der Hochrenaissance wurde dem antiken Tholos-Tempel nachempfunden und um 1500 im Auftrag des spanischen Königspaares Ferdinand und Isabella erbaut.

Hier handelt es sich um einen Peripteraltempel, die bekannteste und am weitesten verbreitete Form des griechischen Tempels. Jedes Detail wirkt völlig perfekt.

Architekt war Donato Bramante, der wenig später mit den Plänen für den Neubau des Petersdoms beauftragt wurde. 16 Säulen tragen nach dorischer Ordnung das mit einem typisch griechischen Fries aus Metopen und Triglyphen verzierte Gebälk. Muschelüberwölbte und rechteckige Nischen verzieren den Bau.

Die Kuppel über dem Gesims wird von einer barocken Laterne gekrönt. Das durchgehend weiß ausgestaltete Innere ziert auf nur zwei Quadratmetern ein Fußboden mit Marmorintarsien, die sich an Cosmatenarbeiten orientieren.

Die fantastische Kuppel selbst ist mit einem hellblauen Himmel ausgestattet. Ein Puppenhäuschen. So entzückend dieses kleine Wunderwerk auftritt, so brutal stellt sich jedoch seine Vergangenheit dar.

Der Legende nach wurde der Tempel genau an der Stelle errichtet, an der das Kreuz Petri gestanden haben soll. Und niemand hätte es besser und dramatischer ausdrücken können, wie die Familie Lucentini in ihrem kolossalen Rom-Werk:

»Heute wirkt die Piazza ruhig und poetisch; in der Antike war sie jedoch einer der makabersten Plätze in Rom, denn hier wurden Nichtrömer und Sklaven gekreuzigt, die des Mordes für schuldig befunden worden waren. Ehe Augustus etwas mildere Vorschriften erließ, war es den Angehörigen verboten, die Leichname abzunehmen, die daher an den Kreuzen verfaulten und von Krähenschwärmen gefressen wurden. Diese Myriaden von Vögeln galten als göttlich. Nach Ansicht vieler frühchristlicher Chronisten wurde an dieser Stelle der heilige Petrus hingerichtet (falls dies tatsächlich in Rom geschah). Dieser Platz wäre wohl der angemessene gewesen, da er kein Römer war und weil er, laut den Alten, nicht nur dafür verurteilt worden war, dass er die christliche Lehre predigte, sondern auch des Mordes für schuldig befunden worden war, da er den Sturz und Tod Simons, des fliegenden Magiers, verursacht hatte.« (ROM, Wege in die Stadt, 2000)

Via di San Pietro in Montorio

Welche Sehenswürdigkeiten verbergen sich im eleganten Vier-Sterne-Hotel Donna Camilla Savelli?

In der Via Garibaldi 27 treffen wir auf ein umfunktioniertes Kloster, das 1642 von Borromini mitentworfen wurde. Sollte Ihnen das nötige Kleingeld für die Übernachtung fehlen, dann dürfen Sie gerne in dem aparten Albergo einen Rundgang machen. Die ehemalige Krypta, eine wunderbare Aussichtsterrasse und die von Borromini entworfene Treppe sind es wert.

TRASTEVERE

Trastevere, Roms ältestes Dorf jenseits des Tiber, *trans Tiberim*, ist den Nichtgeistlichen erst einmal für seine urigen Lokale bekannt.

Etwas einsam thront vor der Tiberinsel der Ponte Emilio, Roms erste Mauerbrücke. Die Römer nennen sie *ponte rotto*, die kaputte Brücke. Gelangt man auf die Insel in Richtung Trastevere muss man vor dem großen Turm linker Hand pausieren. Denn von hier aus kann man eine antike Frauenbüste in der Turmfassade erkennen – weshalb sie sich dort befindet ist unklar.

Farmacia Santa Maria della Scala

In deutschen Landen hätte man viele Einrichtungen und Gebäude schon abgerissen. Einige zu Recht, wenn Häuser fast schon zusammenfallen, in anderen Fällen handeln wir jedoch manchmal zu schnell. Nehmen wir einmal diese alte Apotheke gleich bei der gleichnamigen Kirche. Draußen auf dem Gebäude erkennt man noch in riesiger Schrift ihr altes Namensschild *Santa Maria della Scala*.

Seit 60 Jahren sind ihre Türen verschlossen. Mitte des 17. Jahrhunderts wurde der Arzneiladen gegründet, als in Rom noch die Pest herrschte. Die Einwohner aus Trastevere kamen hierher, um Heilmittel für Krankheiten oder Schmerzen zu erhalten. Übersetzt bedeutet *Antica Spezieria* »alter Gewürzladen«, welcher sich inmitten des Klosters befand. Die Kräuter wuchsen direkt hier im Garten, denn die Mönche hatten die Aufgabe, Pflanzen anzubauen und deren Heileffekte zu studieren. Die Apotheke war erst einmal ausschließlich für die Ordensangehörigen bestimmt. Es sprach sich jedoch schnell herum. Ein antikes Kräuterbuch von S. Basilio führt noch in diese Zeit zurück.

Via della Scala 23

Warum kann der Äskulap-Tempel auf der Tiberinsel als das erste Krankenhaus bezeichnet werden?

Weil die Kranken sich an diesem 289 v. Chr. erbauten Ort um eine Äskulap-Statur versammelten und eine mysteriöse Kur erhielten. Während der Nacht soll den Schlafenden der Gott der Heilkunst erschienen sein. Jedem Patienten verordnete er – wohl im Geiste – seine Therapie.

Villa Farnesina

Vielleicht konnten Sie bereits in der pompösen Villa Farnesina das Deckenfresko *Amor und Psyche* von Raffael bewundern. Das prachtvolle Gebäude wurde 1508-1511 von Baldassare Peruzzi für den Bankier Agostino Chigi erbaut. Bedeutende Künstler wurden mit der Ausschmückung der Villa Farnesina verpflichtet. Die prunkvoll ausgestatteten Räume lassen einmal wieder den Reichtum der damaligen Oberschicht erahnen.

Via della Lungara 230 * www.villafarnesina.it

Wenn Sie den Tiberfluss im Rücken haben, dann besuchen Sie die linke Seite des Viale Trastevere. Hier ist nichts von der Hektik der Großstadt zu spüren, und zu bestimmten Zeiten kommt man sich fast verlassen vor. Zahlreiche mittelalterliche Bauten verleihen der Gegend ein besonders Flair, besonders am Abend.

Wo findet man den kleinsten Glockenturm der Stadt?

Hinter dem Kirchlein San Benedetto in Piscinula direkt am gleichnamigen Platz. Seine Glocke hat einen Durchmesser von nur 45 Zentimetern und zählt zu den ältesten.

Das Excubitorium – die antike Feuerwehr

Mitte des 19. Jahrhunderts wurden in einer Tiefe von acht Metern Räumlichkeiten entdeckt, die sich als einer der Sitze der antiken römischen Feuerwehr entpuppten. Die Ausgrabungen wurden bedauerlicherweise wieder unterbrochen, welches verheerende Konsequenzen für die Konservierung mit sich brachte. Erst 100 Jahre später wurde ein Dach errichtet, um die Überreste zu schützen.

Die Feuerwache, die sogenannte 7. Kohorte, muss wohl um das 2. Jh. n. Chr. im Inneren eines Privathauses errichtet worden sein. Den *vigiles* oblag der Brandschutz, aber darüber hinaus waren sie auch bis zu einem bestimmten Grad für die öffentliche Ordnung zuständig: eine Art Polizei, die mit Knüppeln bewaffnet war und gerufen wurde, wenn nicht die Prätorianer einbezogen werden mussten. Jede Kohorte war für je zwei augusteische Stadtviertel zuständig. In einem lag der Hauptsitz, im anderen die kleinere Variante, das »Wachhaus«. Ein Kontingent der *vigiles* war übrigens nach Ostia entsandt, wo es eine gut erhaltene Feuerwehrkaserne gibt.

Über eine moderne Treppe gelangt man zu einem großen Saal, den ein sechseckiges Becken schmückt. Eine weitere Tür führt zur Kapelle. Andere Räume zeigen Reste von Terrakotta-Böden sowie ein *Dolium*, das zur Aufbewahrung von Wein und Öl diente.

Auf Mosaikböden erkennt man zwei Tritonen mit jeweils einer brennenden und einer erloschenen Fackel in der Hand. Nur wenige der Zeugnisse der ersten Ausgrabungen sind noch zu erkennen. Den größten Verlust stellten die 100 Fresken aus den Jahren 215-245 n. Chr. dar. Sie zeigten die tägliche Arbeit der Feuerwehrmänner und wurden von ihnen eigenhändig auf die Mauern gemalt. Einen kleinen Trost spendet ein gut erhaltenes Fresko mit einem Engelchen und einem Seepferdchen auf einem Türsturz.

Via della Settima Coorte * Tram 3, 8 * Tel. 060608

Vicolo dell'Atleta

Der Vicolo dell'Atleta verbindet die Salamistraße, Via dei Salumi, mit der Via dei Genovesi. Den Namen erhielt das Gässchen von einer berühmten Marmorstatue, die 1844 in Trastevere gefunden und daraufhin in die vatikanischen Museen gebracht wurde: eine römische Kopie des griechischen Apoxyomenos, des Athleten mit einer *Strigilis*.

Mit diesem antiken Instrument wurden nach sportlichen Aktivitäten oder einem Besuch des Schwitzbades Öl, Schweiß und Staub vom Körper geschabt! Bevor diese kleine Straße jedoch nach dem antiken Sportler ernannt wurde, hieß sie schlichtweg Vicolo delle Palme.

Und dies führt uns zu dem eigentlichen Thema:

An der Hausnummer 14 befindet sich ein mittelalterliches Haus aus dem 13.-14. Jahrhundert. Zu früheren Zeiten sollen Palmen davor gestanden und weitere diese Straße geziert haben. Die exotische Pflanze stellt ebenso ein Symbol von Judäa dar, denn an Ort und Stelle befand sich zuvor eine alte Synagoge.

Genau in dieser Gegend siedelte sich die erste jüdische Gemeinschaft in Rom an. Gründer war der Lexikograf Nathan Ben Jechiel (1035-1106). Es wird angenommen, dass er genau dort lebte, wo heute das Haus steht. In der Loggia kann man an noch hebräische Zeichen erkennen.

Vicolo dell'Atleta 14

San Giovanni Battista dei Genovesi

Diese katholische Kirche in Trastevere, zwischen 1481-1492 erbaut, besticht durch ihren wunderschönen Kreuzgang! Der adelige Meliaduce Cicala verfügte in seinem Testament darüber, ein Krankenhaus für Angehörige der Marine und eine Kirche zu gründen. Der Kreuzgang wurde erst in der zweiten Hälfte des 15. Jahrhunderts erstellt und geht auf Baccio Pontinelli zurück. Heute widmet sich die Brüderschaft den Bedürftigen. Leider ist die Kirche nur an zwei Tagen in der Woche geöffnet.

Via Anicia 12 * www.confraternita-sgbg.it

S. Cecilia – Die musizierenden Engel und die Märtyrerin

Diese elegante Kirche begrüßt ihre Besucher mit einem mittelalterlichen Glockenturm und wunderbaren Innenhof, der im Frühling durch seine Blüten zu einem farbigen Gemälde wird. Im Innenraum beeindruckt die Skulptur der Santa Cecilia aus dem Jahre 1600 von Stefano Maderno. Die Schutzheilige der Musik soll 230 n. Chr. gestorben sein. Man sieht ihr Gesicht nicht, aber ihre Haltung, ihr Körper und ihre grazilen Hände vermitteln ein

Bündnis von Frieden und Schönheit. Die Kirche soll sich an der Stelle ihres damaligen Wohnhauses erheben. Ihre Attribute stellen die Orgel oder die Geige, das Schwert als Attribut des Martyriums und die Rose dar.

Ihre Geschichte hat stets Aufsehen erregt, denn nicht nur um ihr Leben und ihren Tod, ja auch um ihr Grab bildeten sich zahlreiche Legenden.

Wen wundert es: Der Überlieferung nach versprach sich die Jungfrau, die im 3. Jahrhundert n. Chr. in Rom gelebt haben soll, Jesus Christus. Ihre Eltern verheirateten sie jedoch mit dem heidnischen Jüngling Valerianus, mit dem sie eine Josefsehe führte und ihn zum Christentum bekehrte. Cäcilia beteiligte sich an der verbotenen Bestattung hingerichteter Christen und wurde daraufhin selbst ins Gefängnis geworfen und hingerichtet. Nachdem ihre Peiniger ohne Erfolg versucht hatten, sie durch Verbrühen zu töten, versuchte man, die Heilige zu enthaupten. Und auch hier will die Überlieferung sie weitere drei Tage am Leben erhalten haben, nachdem es dem Henker nicht gelang, den Kopf abzutrennen.

Im 4. Jahrhundert errichtete man an der Stelle ihres einstigen Wohnhauses eine erste Kirche. Doch Cäcilias Überreste waren unauffindbar. Erst 820 n. Chr. wurde der mutmaßliche Leichnam in den Calixtus-Katakomben unversehrt geborgen. Daraufhin ließ Papst Paschalis I. die Kirche neu aufbauen und dort die Gebeine der Heiligen beisetzen. Im 13. Jahrhundert schmückte Pietro Cavallini die Kirche mit Fresken und Mosaik-Arbeiten aus. 1283 gestaltete Arnolfo di Cambio den marmornen Altaraufbau. Das frühromanische Mosaik in der Apsis der Kirche stammt noch aus dem 9. Jahrhundert. In einer Kapelle befinden sich die musizierenden Engel und gegen Entgelt wird Ihnen die Krypta geöffnet. Das Kloster gibt nur auf Anfrage die sehenswerten Fresken von Cavallini zur Besichtigung frei. Unter der Basilika befinden sich u.a. Mauern der ersten Kirche aus dem 4. Jahrhundert sowie Überreste einer römischen Gerberei.

Piazza Santa Celilia * Tram 8

Auch an der Piazza dei Mercanti werden Sie unmittelbar in das Mittelalter zurückversetzt. Pittoreske Häuser präsentieren sich mit alten Vasen und Holzrädern vor der Tür und eignen sich perfekt als Postkartenmotiv. Wären hier nicht einige Autos vor dem Touristenlokal mit seiner hölzernen Eingangstür geparkt, so würde herzlich wenig an das heutige Jahrhundert erinnern. Dieser bedeutende Platz gliedert sich an den antiken Porto di Ripa Grande an, einen Naturhafen, der Jahrhunderte dem Handel diente. Hier trafen sich die Seeleute oder Waffenhändler, die am Hafen anlegten, um ihre Ware an den Mann zu bringen. Später gründete man eine Einrichtung für Bedürftige namens San Michele. Unweit liegt der Complesso monumentale di San Michele a Ripa Grande, ein weiteres archäologisches Kleinod der Stadt. Momentan bleibt es noch der Öffentlichkeit vorenthalten. Zeitweilig stehen die Türen offen und führen Sie zu einem malerischen Innenhof.

Antonello Venditti

Kehren wir einen Augenblick in die Gegenwart zurück. Mit Trastevere sollte ebenso ein waschechter römischer Musiker verbunden werden, denn zweifelsohne gehört die Musik wie das Kolosseum und die Vespa zum kulturellen Erbe Italiens. Direkt an der Piazza dei Mercanti, gleich gegenüber dem o.g. Restaurant Meo Patacca residiert einer der bekanntesten italienischen Liedermacher. Antonello Venditti – *Romano d'eccellenza!* Seine Songs *Buona Domenica* und *Grazie Roma* trillerten in den 80er-Jahren auch in den deutschen Radios. Noch heute füllen seine Konzerte die Stadien, und obwohl er recht kühl auf dem Bildschirm erscheint, kennt man ihn als *una persona alla mano*, also einen keineswegs hochnäsigen, und auch recht bodenständigen Menschen.

Wenn er das Haus verlässt, grüßt er freundlich seine Fans und schwingt sich in seinen Smart. In seinen unverkennbaren Liedern setzt er sich unentwegt mit seiner Heimatstadt Rom auseinander. Aber auch *le cose della vita*, die Dinge des Lebens, beschreibt er in seinen Texten. Eines seiner unbekannten Lieder *Le ragazze di Monaco*, »die Mädchen aus München« erzählt von den deutschen, mehr oder weniger hochnäsigen Mädels aus Bayern und ihrer Italien-Sehnsucht.

Venditti wurde 1949 im Quartiere Trieste geboren, wo er das berühmte klassische Gymnasium Giulio Cesare besuchte. Er studierte Jura und Philosophie. Ende der 60er-Jahre begann er mit einem weiteren Großen, Francesco De Gregori, im *Folkstudio* zu spielen. Das Lokal wurde in einem Keller in der unweit gelegenen Via Garibaldi gegründet, wo schon Bob Dylan auftrat. Von dort aus startete Venditti gemeinsam mit De Gregori sein erstes Album, und danach ging es nur noch aufwärts. Seinen 50. Geburtstag feierte er in der Universität La Sapienza.

Er hat der Stadtverwaltung vorgeschlagen, ein Gedenkschild für seinen verstorbenen Freund, Liedermacher Lucio Dalla, anzubringen. Dieser hatte sich in den 80er-Jahren ganz nahe seiner Wohnung im Vicolo del Buco 60 eingenistet. Venditti mit seiner vibrierenden Stimme wird ebenso in die Geschichte als *cantautore* (Liedermacher) eingehen, der nie das Sonnenbrillen-Modell wechselte. Und er ist ein treuer Fan des Fußballklubs AS Roma, dem er mehrere Lieder widmete. Ohne geht's nicht!

Kirchen und Kurioses

Im Petersdom müssen die Ordner inmitten der endlosen Menschenmassen dafür sorgen, dass unwissende Touristen nicht während der Messen in den Seitenkapellen fotografieren und diese mit »*Silenzio per favore!*« zur Ruhe aufrufen, sobald der Priester die Hostie zur Wandlung in die Höhe hält. Die eigentliche Figur Christus bleibt in dem Tumult erst einmal außen vor. Doch glücklicherweise bietet Rom insgesamt gut 600 Kirchen, in denen es *Gott sei Dank* beschaulicher und besinnlicher zugeht.

Kennen Sie den? »Der liebe Gott schuf keine öffentlichen Toiletten in Rom, weil sonst kein Platz mehr für seine Gotteshäuser geblieben wäre«. Schon allein im Zentrum finden Sie um die 320! Und nennen Sie einmal eine einzige, die nicht in irgendeiner Art und Weise beeindruckt.

Selbst religiöse Analphabeten stehen respektvoll vor den imposanten Außenfassaden oder begutachten neugierig die innere Seele der facettenreichen Gotteshäuser. Anmutige Malereien und Fresken vermitteln mannigfache Geschichte aus der Vergangenheit. Nur wenige Pfarrer lassen sich einen Besuch ihrer Krypten oder die Besichtigung besonderer Malereien bezahlen.

Nehmen Sie doch einmal an einer der Sonntagsmessen teil und mischen Sie sich unter die Römer. Einige Messefeiern werden zu bestimmten Zeiten in englischer Sprache gehalten wie etwa in der Kirche San Giovanni dei Fiorentini.

Andere gestalten sich vielseitig: Es werden Schwangere, Halsschmerz-Leidende oder Tiere gesegnet – angefangen von den geliebten Hunden bis hin zu Kaninchen. Hier sind nur einige:

Bernini-Kapelle in der Kirche San Pietro in Montorio

In der Vergangenheit durften sogar Pferde – zwar nicht in die Messe – aber sich zur *benedizione,* zur Segnung, anstellen. Was jedoch überhandnahm. Der Andrang der reichen Tierbesitzer in früheren Zeiten wurde zu einem Riesenspektakel, das selbst Goethe erlebte.

Vom damaligen Transportmittel, dem Pferd, zum Auto! Selbst Roms heutige Raser versammeln sich am 9. März jeden Jahres in der Via dei Fori Imperiali und auf der Piazza del Colosseo. Sie versuchen so nah wie möglich an die Kirche Santa Francesca Romana heranzukommen, denn hier werden *sie* dann im Namen der hl. Francesca gesegnet. *Tutto è possibile.*

Segnung von Schwangeren: Kirche Santa Caterina della Rota Piazza Caterina della Rota * Sonntags nach der 11.30 Uhr-Messe Wenden Sie sich direkt an den Priester.

Segnung von Haustieren: Um den 17.-19. Januar in den Kirchen Sant'Eusebio, (Piazza Vittorio Emanuele II.) und San Giovanni dei Fiorentini (Piazza dell'Oro 1).

Segnung des Halses: Am 3. Februar nach der Messe in den Kirchen Madonna del Divino amore (Vicolo del Divino Amore 12), Messen um 7.30, 8, 9, 10, 11, 12 und 12.30 Uhr

San Biagio degli Armeni (Via Giulia 63)

Kirchen in Rom

Der Petersdom ist das erste Besucherziel, gefolgt von seinen sechs Pilgerkirchen San Giovanni in Laterano, Santa Maria Maggiore, San Paolo fuori le Mura, Basilica San Lorenzo al Verano, Santa Croce in Gerusalemme und San Sebastiano. Die unbekannteren Kirchen sind direkt in den jeweiligen Kapiteln untergebracht. Für den Fall, dass Ihnen das eine oder andere bekannte Gotteshaus entgangen ist – hier sind nur *einige:*

SS. Domenico e Sisto – *La grande bellezza*

Im schönen Stadtviertel Monti inmitten des Largo Angelicum thront die elegante Kirche mit ihrem einladenden Treppenaufgang. In ihrem Inneren verschmelzen Barock und das Mittelalter miteinander. SS. Domenico e Sisto diente unter anderem als Schauplatz des Films und Oskargewinners *La grande bellezza*. Wandbekleidungen und Säulen aus Marmor schmücken die elegante Kirche.

Largo Angelicum 1 * Metro Cavour, Colosseo

San Clemente – Geschichte auf drei Ebenen

Waren Sie noch nicht dort, dann holen Sie es bald nach. Auf den Grundmauern eines antiken römischen Wohnhauses mit einem Mithräum aus dem 3. Jh. wurde schon 385 eine Kirche errichtet, auf der wiederum nach der Zerstörung durch die Normannen der heutige Bau mit einem schönen Cosmatenboden entstand. Der doppelte Abstieg in die alten Gewölbe ist ein Erlebnis! Die erste *parolaccia*, das erste Schimpfwort, hat sich hier auch verewigt. Mehr dazu wird an dieser Stelle nicht verraten.

Via Labicana 95 * Metro: S. Giovanni

> Die zweithöchste Kuppel trägt Sant'Andrea della Valle. Sieger bleibt der Petersdom.

San Lorenzo fuori le Mura

Die altehrwürdige Basilika liegt gleich am Friedhof Campo Verano, dem Eden aller Friedhöfe. Der Bildhauer Giacomo Manzù und Alcide de Gasperi, einer der Gründer der

Europäischen Gemeinschaften, liegen in der beeindruckenden Pilgerkirche begraben. Kaiser Konstantin errichtete hier auf den Reliquien des ersten Märtyrers Laurentius die Kultstätte. Bedeutende Cosmatenarbeiten und das älteste Ziborium der mittelalterlichen Marmorkunst in Rom (1148) sowie der mosaikgeschmückte Triumphbogen aus dem 6. Jh. gehören zu den Highlights der Kirche. Über die Sakristei erreicht man den Kreuzgang.

In der Vorhalle der Kirche hängen Gemälde aller Päpste, Petrus inbegriffen.

Piazzale San Lorenzo * Metro: Policlinico
www.basilicasanlorenzo.it

San Luigi dei Francesi

In der Contarelli-Kapelle der zwischen 1518 und 1589 errichteten französischen Nationalkirche – König Ludwig IX. von Frankreich geweiht – sind drei Gemälde von Caravaggio zu sehen. Die Orgel über dem Hauptportal aus dem Jahr 1879 stammt vom deutschen Orgelbauer Joseph Merklin.

Piazza di San Luigi de' Francesi * Metro: Spagna
www.saintlouis-rome.net

Basilica San Pietro in Vincoli – Moses und die Ketten

442. n. Ch. soll die Kaiserin Licinia Eudossia diese Basilica errichtet haben, um die *vincoli* (Ketten) von Petrus aufzubewahren. Man muss von der Metro Stufen hinaufsteigen, doch die Moses-Statue, die wohl bedeutendste Bildhauerarbeit von Michelangelo, ist den gefühlten Treppenaufstieg wert.

Die Legende besagt, dass Michelangelo, der Jahrzehnte für die Erschaffung dieses Werks in Anspruch nahm, am Ende so entzückt von dem fast echten Moses war, dass er ausrief: »Warum sprichst du nicht?« Dabei soll er ihm mit dem Hammer einen Schlag auf das Knie verpasst haben. Die Kirche beherbergt eine Sammlung von Kunstwerken aus der Romanik, Gotik und Renaissance.

Piazza San Pietro in Vincoli 4a * Metro: Cavour

S. Crisogono

Dem römischen Märtyrer Chrysogonus geweiht, der unter Kaiser Diokletian enthauptet wurde. Schon im Jahre 499 n. Chr. befand sich dieses Gotteshaus auf antiken Mauerresten und wurde zwischen 1123 und 1129 neu erbaut. Im 17. Jahrhundert gestaltete man die antike Kirche im Barockstil. Bemerkenswert sind 22 noch erhaltene antike Granitsäulen und die großen Porphyrsäulen aus Vulkangestein, die die Triumphbögen tragen. Die Cappella del SS. Sacramento rechts neben der Apsis hat Maestro Bernini errichtet. Spüren Sie einen der schönsten Cosmatenböden unter den Füßen. Die Sakristei führt zu einer Treppe, nachdem Sie um ein Eintrittsgeld gebeten wurden. Hier befinden sich die Grundrisse einer früheren Kirche aus dem 5. und 8. Jh. sowie Reste von Wandmalereien.

Sie reichen vom 8. bis in das 11. Jh. hinein. Auf einigen Fresken des 11. Jahrhunderts lassen sich Pantaleon, der Heilige Benedikt und Katharina von Alexandrien erkennen. Über die Erbauer weiß man wenig: S. Crisogono, Friedrich von Lothringen, der spätere Papst Stephan IX. und andere kommen in Frage.

Piazza Sidney Sonnino 44 * Tram 8

Santa Prassede

Der Legende nach wohnte der Apostel Petrus während seines Romaufenthaltes beim Senator Pudens und taufte dessen Töchter Pudenziana und Praxedis, denen jeweils zwei Kirchen gewidmet wurden: Santa Pudenziana und Santa Prassede. Diese frühmittelalterliche Titelkirche befindet sich auf dem Esquilin. Die drei Schiffe werden von mächtigen Granitsäulen getragen. Zu den herausragenden Kunstwerken zählt die überragende Dekoration aus dem 11. Jahrhundert, die das ganze vordere Kirchenschiff einnimmt. Und die kleine *Cappella San Zenone* mit herrlichen Mosaiken im rechten Schiff der Kirche!

Via Santa Prassede 9A * Metro Cavour

Dont' miss!
Nach einer aufwendigen Restaurierung kann endlich die eindrucksvolle Kirche Santa Kirche Maria Antiqua am Fuß des Palatin besichtigt werden. Eine der wenigen Monumente, die auf das byzantinische Rom hinweisen. Zutritt zur Kirche erhält man momentan mit einem Ticket für das Kolosseum, das Forum Romanum oder den Palatin.

Santa Maria in Trastevere

Im malerischen Viertel Trastevere, an einem schönen Platz mit Brunnen, befindet sich der vermutlich älteste Sakralbau Roms, die Marienkirche Santa Maria di Trastevere. Die Mosaikarbeiten von Pietro Cavallini, besonders im Altarraum, und der dreischiffige Innenraum mit den Säulen aus den Caracallathermen machen sie zu einer der schönsten Kirchen Roms. Die 22 Granitsäulen des Mittelschiffs stammen noch aus den Ruinen altrömischer Bauwerke. Acht Lampen brennen, die die Jungfräulichkeit symbolisieren sollen. Nur Wenige schenken allerdings den beiden kleinsten und ältesten Mosaikwerken aus dem 1. Jh. Beachtung. Sie verstecken sich in der rechten Wand des Vestibüls der Sakristei und zeigen Wasservögel und Fischerszenen.

Piazza Santa Maria in Trastevere * Tram 8

San Giovanni in Laterano – die Mutterkirche

Die älteste und ranghöchste der vier Patriarchalbasiliken Roms kann dem Vergleich mit dem Petersdom ohne Weiteres standhalten. Zudem ist das großartige Bauwerk weit weniger überlaufen. Auf der Inschrift der monumentalen Fassade ist *Mater et caput omnium ecclesiarum urbis et orbis* zu lesen: »Mutter und Haupt aller Kirchen der Stadt und des Erdkreises«. Die Kirche gilt als eines der Hauptwerke der römischen Cosmatenkunst. Viele wertvolle Kunstwerke, sehenswerter Kreuzgang!

Piazza di Porta San Giovanni 4 * Metro: S. Giovanni

San Paolo Fuori Le Mura – die päpstliche Basilika

Eine der vier päpstlichen Basiliken in Rom. Die Kirche wurde 324 n. Chr. über dem Ort errichtet, wo der Apostel Paul begraben wurde. Ihr jetziges Aussehen verdankt man dem Architekten Pasquale Belli, der gemeinsam mit anderen Architekten die Kirche nach einem tragischen Brand zwischen 1825 und 1854 wieder errichtete. Die zweitgrößte Kirche Roms beeindruckt mit einem fünfschiffigen Innenraum und 80 monolithischen Granitsäulen. Wunderschöner Kreuzgang, Souvenirshop und Cafeteria.

Via Ostiense 186 * Metro: Garbatella, Marconi
www.basilicasanpaolo.org

Santa Maria Maggiore – die prachtvolle Marienkirche

Die einzige Basilika Roms mit ursprünglicher Form. Unter den etwa 80 Marienkirchen Roms ist diese prachtvoll geschmückte Basilika aus dem Jahr 432-440 unweit des Hauptbahnhofs besonders sehenswert. Ihr Innenraum besticht mit einem feinen Cosmatenboden und einer imposanten vergoldeten Kassettendecke. Der Glockenturm ist 75 Meter hoch. Gian Lorenzo Bernini liegt hier begraben.

Don't miss!
Gleich in der Nähe liegt das exzellente römische Museum im Palazzo Massimo alle Terme.

Piazza di Santa Maria Maggiore 42 * Metro: Cavour

Santo Stefano Rotondo – die Horrorgemälde

Hier geht's tatsächlich rund, und der kreisrunde Kirchenbau entpuppt sich auch noch als Gruselkirche! In diesem architektonischen Kunstwerk werden auf zahlreichen Abbildungen Märtyrern u.a. die Bäuche aufgeschlitzt. Am Eingang ist in deutscher Sprache zu lesen, dass Santo Stefano Rotondo die Titularkirche des Alterzbischofs von München und Freising, Friedrich Kardinal Wetter, ist.

Via di Santo Stefano Rotondo * Metro: S. Giovanni
www.santo-stefano-rotondo.it

Sant'Agostino in Campo Marzio

Die Kirche befindet sich auf einem Grundstück, das seit dem Jahr 1286 dem Augustinerorden gehört. Sie zählt zu den ersten römischen Kirchen im Stil der Renaissance. Ein Teil des Baumaterials, der Travertin, für die streng gegliederte Fassade entstammt dem Kolosseum. Hier schuf Raffael das Fresko des Propheten Jesaja und Caravaggio sein berühmtes Gemälde *Madonna der Pilger*.

Piazza di Sant'Agostino * Metro: Spagna

Sant'Ignazio di Loyola in Campo Marzio – die nicht vorhandene Kuppel

Als 1622 der Gründer des Jesuitenordens Ignatius von Loyola heiliggesprochen wurde, errichtete man vier Jahre später ihm zu Ehren diesen großen Barockbau. Bei seinem himmlischen Innenleben war wieder Jesuitenbruder Andrea Pozzo, der schon in der Trinità dei Monti arbeitete, am Werk. Das Fresko gibt scheinbar gigantische Säulen vor, die in Wirklichkeit nur wenige Zentimeter lang sind. Die Kuppel ist nur hin gemalt! Entfernt man sich von der Marmorscheibe in der Mitte des Fußbodens, erkennt man das illusionistische Meisterwerk.

Piazza Sant'Ignazio

Die wundersame Welt der Reliquien

Es gab Zeiten, da hätten die Reichen für einen Knochen ihr Hab und Gut verpfändet …

Reliquien, also die Reste von Verstorbenen – sei es ein Körperteil oder ein Besitz eines verstorbenen Heiligen – gingen im Mittelalter weg wie warme Semmeln. Dies hatte mehrere Gründe. Durch ihre energische und spirituelle Kraft sollten sie Wunder vollbringen. Man nahm an, dass die Begabung des Heiligen, wenn auch tot, sich fortsetzte. Zudem wurden dem neuen Besitzer dadurch möglicherweise die Sünden erlassen. Mit einem steigenden Interesse begann der Schwarzmarkt der Knochen – echt oder nicht. Alles Mögliche wurde gehandelt, von den Hörnern des Moses bis hin zu den Federn des Erzengels Michael!

Nehmen wir einmal *a caso* den heiligen Blasius, Helfer bei Halsleiden, dem verschiedene Wunder zugeschrieben werden. Beispielsweise soll er einen Jungen, der eine Fischgräte verschluckte, durch seine Gebete vorm Ersticken gerettet haben. Und vielleicht kennen Sie ja das Sprichwort »St. Blasius ist auf Trab und stößt dem Winter die Hörner ab«. Mag dies der Grund sein, dass Halsweh schon in der Vergangenheit ein allgemeines Leiden darstellte; dieser Heilige hinterließ wohl die meisten Reliquien in ganz Italien. Schenkt man allen Glauben, besaß er mehr als 100 Arme. Sein Körper hingegen soll sich entweder in Süditalien oder in Rom befinden. Und sein Kehlknochen wird ebenfalls in Rom in der Kirche San Biagio e Carlo ai Catinari aufbewahrt. Maria Magdalena wurden acht Körper zugeordnet! Europa zählt ungefähr 50.000 Reliquien von 5000 mehr oder weniger Heiligen. Einige von ihnen wurden mittlerweile wieder entheiligt.

Spitzenreiter unter den Besitzern dieser so begehrten Überreste war Friedrich III. von Sachsen. Leidenschaftlich sammelte er Reliquien – über 19.000, darunter 42 vollständig erhaltene

Körper. Mit dem Gegenwert also von rund zwei Millionen Jahren Ablass! Um die Jahre zu verrechnen, hätte man ganz Rom erlöst.

An der Spitze standen natürlich die ersehnten Reliquien von Jesus, Inschriften und Kreuze inbegriffen. Im Petersdom thront auf der linken Seite vor Berninis Baldachin die ebenfalls von Bernini erschaffene Statue des hl. Longinus. Das Johannes-Evangelium erzählt von dem Soldaten Longinus, der Jesus am Kreuz mit einer Lanze aufschlitzte, um sich seines Todes zu überzeugen. Auch das Wiederauffinden dieser heiligen Lanze stand im Mittelpunkt zahlreicher Auseinandersetzungen.

Im Jahre 615 wollte man die begehrte Reliquie in Konstantinopel gesehen haben, wo sie 1244 Balduin II. an König Ludwig verkaufte. Dieser brachte die Lanze zusammen mit der Dornenkrone in Notre Dame unter. Andere Lanzen tauchten wiederum in Jerusalem, Krakau, Budapest, Wien, Armenien und nochmals in Konstantinopel auf. Im Tresor des Petersdoms soll ein Stück davon hinterlegt sein. Der wesentliche Teil des Schwertes bleibt wohl ein Geheimnis.

In der Kirche Santa Croce in Gerusalemme liegt eine Inschrift vom Kreuze Jesu aus. Diese soll Helena, die Mutter von Konstantin dem Großen 325 n. Chr. aus dem Heiligen Land mitgebracht haben. Von nun an tauchten an mehreren Stellen weitere Reliquien des Kreuzes auf. Wie etwa Ende des 4. Jh. n. Chr. In Jerusalem oder im 13. Jh. in Paris. Vor 15 Jahren haben Wissenschaftler im Radiokohlenstoffverfahren die Inschrift von Santa Croce di Gerusalemme analysiert. Sie stammt wohl aus dem Jahre 1012 …

Es kommt noch besser. Ganz heiß im Rennen war die Vorhaut von Christus. In der Abtei des Örtchens Coulombs in Frankreich wurde diesem kleinen Teilchen die Fähigkeit zugeschrieben, sterile Frauen fruchtbar zu machen und zu einer komplikationslosen Geburt zu verhelfen. Katherina von Valois, die Ehegattin von Heinrich V. von England und guter Hoffnung, ließ sich die Vorhaut Christi zubringen, um einer leichten Entbindung entgegenzublicken.

Wie aus dem Boden gestampft tauchten 15 heilige Vorhäute auf, von denen die römische den höchsten Bekanntheitsgrad besaß. Sie stellt ein Hochzeitsgeschenk der Irene von Byzanz dar und soll vom Papst in die Sancta Sanctorum des Laterans geliefert worden sein, wo sie auch heute noch aufbewahrt ist.

Gleich nebenan in der Mutterkirche kommt Ihnen die Nabelschnur von Jesus vor die Pupille. Und weitere *Zentimeter* davon findet man in der Kirche Santa Maria del Popolo.

»*Per venire a capo*«: Die Häupter der Apostel Petrus und Paulus bewahrt die Kirche SS. Salvatore della Scala Santa auf, während der Kopf von Johannes dem Täufer in der englischen Kirche San Silvestro in Capite in einem wunderschönen Reliquiar ausliegt! Und wenn Sie einen Teil des Schädels vom hl. Dominikus sehen möchten, dann sollten Sie die Schwestern in der Kirche S. Maria del Rosario bitten. Die Hand der hl. Katharina von Siena wird ihnen dann vielleicht auch noch gezeigt.

SS. Salvatore della Scala Santa – die Heilige Treppe auf Knien

Die verbliebenen Teile des Papstpalastes befinden sich in der Kapelle Sancta Sanctorum. Um dieses Juwel mit seinen zahlreichen Werken bedeutender Künstler zu besichtigen, müssen Sie sich jedoch richtig anstrengen. Zum Gedenken an die Leiden Christi werden die 28 Marmorstufen, heute mit Holz verkleidet, von den Gläubigen nur kniend und betend zurückgelegt.

Die Schlange ähnelt an manchen Tagen dem Stau vor den Vatikanischen Museen. Auf der Inschrift steht *Non est in toto sanctior orbe locus* – »Es gibt keinen heiligeren Ort auf dem ganzen Erdkreis«.

Der Überlieferung nach geht diese gigantische Reliquie auf den Palast des römischen Statthalters von Judäa Pontius Pilatus zurück, der Jesus zum Tode durch das Kreuz verurteilen ließ. Jesus soll diese Treppe bestiegen haben, um sein Urteil zur Kreuzigung zu erhalten. Nach der Verurteilung wusch sich Pontius Pilatus seine Hände, woher wohl der Ausdruck »seine Hände in Unschuld waschen« rührt.

Durch das Oratorium des hl. Silvester erreicht man die Kapelle des hl. Laurentius – seit dem 12. Jh. Kapelle Sancta Sanctorum genannt. Auf der Südseite der Kirche befindet sich das Leonische Triclinium, der ehemalige Speisesaal des Papstes. Die Kapelle Sancta Sanctorum ist täglich außer Mittwochvormittag und Sonntag zu besichtigen.

Piazza San Giovanni in Laterano 14 * Metro S. Giovanni www.scala-santa.it

SÜDLICHES ROM

Aventino, San Saba und die Legenden

Welch merkwürdige Hand übersieht wohl jeder Besucher am Circo Massimo?

In der Via dei Cerchi 87 thront auf der flachen Spätbarock-Fassade eines antiken Gebäudes der »gehobene Zeigefinger« – *La mano di Cicerone.* Die Römer überliefern aus dem 16. Jahrhundert, dass der Finger den Preis eines Weines anzeigte:

1 baiocco a fojetta. Warum sie jedoch auf *Cicerone,* Marcus Tullius Cicero, Anwalt und Politiker, verweist, bleibt ein Rätsel. Der berühmte Redner im alten Rom wohnte am Palatinhügel, sei's drum. »*Fare da Cicerone*« hingegen beschreibt jenen so unentbehrlichen Erdenbürger, der Sie durch die Stadt führt oder Ihnen Sehenswürdigkeiten zeigt. Gleich hinter dem Zeigefinger befinden sich die farnesinischen Gärten, die zu den ersten botanischen Gärten in Europa zählten.

Wer sich zum Orangengarten mit seiner traumhaften Aussicht auf Rom und den Tevere begibt, lässt den Lärm und die Hektik der Stadt hinter sich. Schon allein der Weg ist erhebend. Man hat mehrere Möglichkeiten, den Aventin-Hügel zu erreichen. Im Mai sollte unbedingt der Rosengarten durchquert werden. Da öffnen sich die Tore dieser romantischen Grünanlage. In der Nachkriegszeit wurde sie von der römischen Stadtverwaltung an der Stelle des ehemaligen jüdischen Friedhofs angelegt. Während auf der Spanischen Treppe ab Mitte April die Azaleen blühen, bieten hier über 1100 verschiedene Rosen ein Spektakel. Wie es leuchtet und duftet! Hinzukommt der Blick auf den Circus Maximus.

Alternativ bietet sich der kurze aber eindrucksvolle **Clivo di Rocca Savella** an! Sie folgen rund hundert Meter der stark befahrenen Via di Santa Maria in Cosmedin – zu Ihrer rechten haben Sie den Tiberfluss – bis zu einer unauffälligen Abzweigung. Hier können Sie links einen gepflasterten und mit wenig Gras bewachsenen kurzen Weg hinaufgehen. Über viele Jahrhunderte stellte er den Hauptzugang zum Aventin dar. Die mittelalterlichen Mauern schützten die Reste des Schlosses Savella, in dem Papst Honorius IV. aus der Savelli Familie Hof hielt.

Oben angekommen lädt die Mauer des idyllischen Orangengartens aufs Neue zu einer überwältigenden Aussicht auf die Stadt und ihren Tiber ein. Ein kostbares Überbleibsel aus der Gründungsphase der angrenzenden Kirche Santa Sabina ist die afrikanische Zedernholztür mit 18 Reliefbildern biblischer Szenen. Holzschnitzereien aus dem Jahre 432 zeigen Szenen aus dem Alten und Neuen Testament!

An der Piazza Cavalieri di Malta stehen die Touristen bekanntermaßen am Schlüsselloch Schlange, um den einmaligen Blick auf die »drei Staaten« zu erhalten. Pinien, Palmen und Zypressen tauchen im Hintergrund auf und auf den Steinbänken platzieren sich Verliebte und Touristen. Einziges Trauerspiel bietet eine Imbissbude auf vier Rädern, die in das Gesamtbild des grandiosen Platzes einbricht. An dieser Stelle fragen wir uns: Welchen Teufel hat dieses Mal die Stadtverwaltung geritten?

Der Platz trägt seinen Namen vom Ritterorden, der sich hinter den Mauern befindet. 1765 wurde er von dem genialen Architekten und Kupferstecher Giovanni Battista Piranesi – auch Giambattista genannt – entworfen. Das Multitalent gehörte der Accademia di San Luca an und war unter anderem für seine Malereien, die *Vedute di Roma* bekannt. Hier oben brachte er allerdings Obelisken zum Einsatz und vermischte Siegessäulen mit den

Wappen des Ritterordens. Ein Gedenkstein ist Kardinal Giovanni Battista Rezzonico gewidmet, Prior des Ritterordens. Er war es, der Piranesi mit der Gestaltung des Platzes und der Prioratskirche Santa Maria hinter den Mauern auf dem Gebiet des Ritterordens beauftragte, wo der Künstler auch begraben wurde.

Giovanni Battista Piranesi in der Prioratskirche

Weiter geht es zu einer der ältesten Titelkirchen, Santa Prisca. Sie befindet sich direkt über einem noch vollständig vorhandenen Mithräum. Jeder Stein, jeder Mauerritz riecht hier noch nach frühester Antike. Momentan ist die Einrichtung in Händen des zuständigen Ministeriums, der Soprintendenza speciale per i Beni Archeologici di Roma. Die Besichtigungen finden jeden Samstagmorgen statt und dauern circa eine Stunde.

Via di Santa Prisca 11 * www.santaprisca.it

Roseto Comunale (Rosengarten)
Via di Valle Murcia 6/7 * Metro: Circo Massimo

San Saba

Wenn Sie die Via di Santa Prisca vom Aventin hinunterlaufen, überqueren Sie die Hauptstraße Viale Aventino. Nun schleppen Sie sich den anderen Hügel auf der gegenüberliegenden Seite wieder hinauf. Das schaffen Sie auch noch. Sie haben San Saba erreicht, ein weiteres architektonisches Kleinod im Süden Roms. An seinem Fuße wurden im 3. Jh. die Caracalla-Thermen errichtet. Den orientalischen Namen trägt San Saba von der gleichnamigen sehenswerten Kirche, die dem Mönch Sabas gewidmet wurde. Der Einsiedler war der Gründer des ältesten Klosters in Palästina.

In der Antike war die Gegend jedoch unter dem Namen Remuria aufgrund der Legende von Remus und Romulus bekannt. Hier oben auf dem »*piccolo Aventino*«, so wird das Viertel volkstümlich genannt, soll Remus das *auspicium*, das Vogelflugorakel, zur Gründung Roms befragt haben. Dem Mythos nach wurden bekanntlich die Zwillinge Romulus und Remus von einer Wölfin gesäugt und gerettet. Sie wuchsen heran und beschlossen, gemeinsam die Stadt zu gründen. Es kam zum Streit, wer von ihnen denn das Herrschaftsvorrecht ausüben durfte, und sie überließen den Göttern die Entscheidung. Sie vereinbarten, die damals übliche Vogelschau durchzuführen. Wer von ihnen zuerst eine Adlerschar sehen würde, durfte Bauherr und damit der Namensgeber der Stadt werden. Remus sah sechs Adler und Romulus zwölf. Als Remus die von Romulus zur Gründung der Stadt gezogene heilige Furche missachtet und übersprungen hatte, tötete Romulus seinen Bruder und wurde so zum Gründer Roms.

Vielleicht steht bei Ihnen ja eine wichtige Entscheidung an. Und sollten Sie abergläubisch sein, dann suchen Sie nicht gleich die Wahrsagerinnen rund um die Piazza Navona auf, sondern machen Sie es wie die beiden Brüder, ohne sich gleich umzubringen. Achten Sie auf die Omen aus der Luft! Für den Fall, dass Sie eine Taube auf den Kopf „bescheren" sollte, so bringt dies in Italien Glück, auch wenn Sie hineintreten!

Wie schon der Aventin ist das ruhige und grüne Viertel eine teure Wohngegend. Dies war nicht immer so. Als im Jahre 420 Alarichs Westgoten über Rom herfielen, plünderten sie besonders die vornehmen Villen auf den beiden Hügeln. San Saba war dann fast völlig unbewohnt mit Ausnahme von einigen Kirchen und Weingärten.

Erst als 1871 Rom zur Hauptstadt des Königreichs Italien wurde, begann die Wiederbesiedlung. Heute liegt hier inmitten von kleinen pittoresken Villen aus den 20er-Jahren die Piazza Gian Lorenzo Bernini. Vormittags findet immer ein Markt statt. Nachmittags toben sich Kinder aus, die *anziani* spielen auf einem Autokofferraum Karten und jeder kennt jeden. Seit vielen Generationen leben die Einwohner hier und erzählen sich Spannendes aus der Vergangenheit. Setzen Sie sich auf eine Bank und genießen diese Atmosphäre. Vielleicht widmen Sie auch einige Sekunden dem grandiosen Maestro Bernini. Dann machen Sie der schönen Kirche San Saba Ihre Aufwartung.

Kirche San Saba

Auf den Resten eines Oratoriums, das die Heilige Silvia, Mutter von Papst Gregor dem Großen gegründet haben soll, wurde im 6. und 7. Jh. San Saba errichtet. Der Ort diente in dieser Zeit wohl als Zufluchtsort für einige Mönche aus dem Orient. Die schöne Kirche wurde immer wieder umgestaltet.

1054 ging sie dann in den Besitz der Benediktiner über. Mitte des 15. Jahrhunderts übergab Gregor XIII. dem Collegium Germanicum et Hungaricum das Kloster und die Kirche. Anfang des 19. Jahrhunderts wurden beide restauriert und 1932 schließlich den Jesuiten übergeben.

Am Eingang befinden sich Spolien und ein antiker Sarkophag. Im Inneren der schlichten aber eleganten Kirche tragen 14 antike Säulen die Arkaden-Bögen. Bemerkenswert sind Teile des Fußbodens, ein Bischofsstuhl, die im rechten Seitenschiff vermauerten Chorschranken in Cosmatenarbeit und der offene Dachstuhl. Im unterirdischen Oratorium der hl. Silvia befindet sich eine kleine Apsis aus dem 4. oder 5. Jahrhundert mit Fresken aus dem 7. bis zum 10. Jahrhundert.

Auf den Malereien linker Hand erkennen wir drei nackte Frauen in einem Schlafzimmer: *San Nicola di Bari e le tre zitelle*, Nikolaus und die drei Jungfrauen. In dieser Legende wirft der Heilige den Unbekleideten eine Tasche mit Geldmünzen entgegen, damit sie mangels Mitgift nicht zu Prostituierten werden mussten. Wie auch in Deutschland gilt der Heilige Nikolaus als eine großzügige Persönlichkeit. Gefeiert wird er am 6. Dezember in der Stadt Bari in Apulien.

Verbringen Sie noch einige Minuten in der sakralen Stille des Gartens, bevor Sie Ihren Spaziergang fortsetzen.

Piazza Gian Lorenzo Bernini 20

Kirche Santa Balbina

Circa 500 Meter weiter über die Viale Giotto und eine sehr schöne antike Straße an Mauern entlang, der Via Santa Balbina, gelangen wir zur frühchristlichen Chiesa Santa Balbina. Selten wird sie in den Reiseführern erwähnt. In der Antike stand hier das Haus von Lucius Fabius Cilo, einem römischen Senator und guten Freund des Kaisers Septimius Severus. Im Innenhof des anliegenden Klosters erkennt man noch Reste des alten Gebäudes.

Erste Dokumentationen der Kirche Santa Balbina tauchen im Jahre 595 auf. Es folgten im Laufe der Jahrhunderte zahlreiche Umbauten und das Kirchlein fiel immer wieder zusammen. Im Mittelalter wurde der gesamte Komplex wie auch die nicht weit entfernte Kirche Santi Quattro Coronati zu einer Festung umgewandelt. Heute erwähnt der Vicarius die Santa Balbina nur noch als Kultort.

Im Inneren ist die Apsis mit vier Fenstern und Fresken von Anastasio Fontebuoni aus dem Jahre 1599 und einem sehr schönen Bischofsthron in Cosmatenarbeit ausgestattet. Die Holzdecken hingegen stammen aus dem Jahre 1449. Die romanische Wirkung wurde erst beim letzten Umbau in den 1920er Jahren wieder hervorgehoben. Unter dem *altare maggiore* befinden sich unter anderem die Reliquien der Heiligen Märtyrerin Balbina.

Der Tempel der Bona Dea – ein Mysterium

Tief unter der Erde der Kirche Santa Balbina befand sich im 3. Jahrhundert vor Christus der geheimnisvolle und heute noch umstrittene Tempel der Bona Dea, der Göttin der Fruchtbarkeit, Heilung und Jungfräulichkeit. Überlieferungen berichten von einem faszinierenden Hort der römischen Heilkunst mit einem großen Kräuterdepot.

Schöne Frauen und Priesterinnen rekelten sich im Garten und Schlangen zogen wie Haustiere harmlos im Tempel herum. Hauptgrund seiner magischen Anziehung jedoch war ein weiteres Detail: Männern war der Zutritt verboten! Ein schier unfassbares Unding, bedenkt man die Zeit. Selbst Abbildungen oder gar männliche Tiere hatten keine Daseinsberechtigung.

Zweimal im Jahr fanden feierliche Riten und berauschende Feste mit Wein, Musik und Tanz ohne das starke Geschlecht statt. Überlieferungen berichten darüber hinaus vom ersten „Sexgate" aller Zeiten: Im Dezember 62 v. Chr. schlich sich der Politiker Clodius, Sohn von Cecilia Metella, heimlich in Frauenkleidern in das Haus Caesars ein, wo die Bona Dea-Mysterien gefeiert wurden, um fröhlich mitzufeiern. Clodius wollte gleich zweimal von dem verbotenen Apfel kosten, denn zudem hatte er ein Verhältnis mit Caesars Frau Pompeia.

Der anschließende Skandal führte zur Scheidung zwischen dem Gehörnten und obersten Wächter des altrömischen Götterkults, Caesar, und seiner zweiten Gattin. Clodius, der Eindringling in die verbotene Frauenwelt wurde in einem groß aufgelegten Prozess der Unzucht angeklagt, dem er jedoch durch Bestechung entkam. Die Aussage Marcus Tullius Cicero gegen Clodius machte die beiden Männer zu Erzfeinden.

Eine Legende will auch Hercules verärgert haben, der während einer Festlichkeit mal auf ein Glas vorbeikommen wollte. Auch ihm wurde der Zutritt verweigert. Aus Rache soll dieser die Frauen von den Feiern und Opfern an der Ara Maxima ausgeschlossen haben. Livia Drusilla, die Frau des Augustus, soll den Tempel umgebaut, und unter Hadrian im 2. Jh. n. Chr. eine weitere Restaurierung stattgefunden haben. Ab dem 5. Jh. entstand darüber dann die Kirche.

Fragen Sie heute den Pfarrer über die Bona Dea aus, hält er sich dezent zurück: »*No, no, non c'è niente sotto*«. Die Kirche hat schließlich genug mitgemacht, als durch erneute Arbeiten belästigt zu werden. Zudem müsste man sich erst einmal mit der römischen Bürokratie auseinandersetzen. Für die oberen Erdschichten wäre wohl die Kirche zuständig. Je weiter Sie hinuntergehen, desto komplizierter wird es. Hier tritt dann das zuständige Ministerium an - oder der Vatikan. Konkrete Beweise lassen also auf sich warten. Ob unsere Generationen die Ausgrabungen noch erleben, bleibt also fraglich. Und doch fasziniert allein die Vorstellung eines antiken und wohl mächtigen Frauentempels! Justament empfielt es sich, die Viale Baccelli hinunter zu schreiten und sich von oben herab des Blickes auf Roms antikes Badeparadies zu erfreuen!

Piazza Santa Balbina 8

Don't miss!
Mitten im Herzen von Testaccio gleich beim Scherbenberg überrascht unter dem überdachten Markt in Testaccio das Emporio, ein antikes Amphorendepot. www.mercatoditestaccio.it

Die Cestiuspyramide – von innen

Als der spätere Kaiser Augustus 31. v. Chr. Ägypten eroberte, kam die ägyptische Kultur bei den Römern so richtig in Mode – auch wenn es durchaus schon früher begann – und in Rom entstanden vier Pyramiden. Vielleicht waren es auch mehr. Zwischen 18 und 12 v. Chr. wurde diese aus dem Rahmen fallende Grabstätte des römischen Politikers Caius Cestius erbaut. Die schimmernde Marmorverkleidung und ihre perfekte Geometrie machen sie zu einem herausragenden Punkt am lebhaften Kreisverkehr im Stadtteil Testaccio.

Mit einer Höhe von 36 Metern reicht das Ziegelbauwerk gerade einmal an ein Viertel der Cheopspyramide. Eine kleine Pforte leitet Besucher in einen engen und langen Gang, der zu einer Grabkammer von 4 x 6 und einer Höhe von 4,80 Metern führt. Hier lassen sich jedoch nur noch noch die Reste von einstmals prächtigen farbenfrohen Wand- und Deckendekorationen erkennen, welche im sogenannten 3. ornamentalen Stil der römischen Wandmalerei ausgeführt wurden. Auf den Wänden erkennt man weibliche Gestalten. Sie lesen oder halten Gefäße und Flöten in den Händen, während vier Siegesgöttinnen an den Decken schweben. Das war's auch schon. Das Museo della Via Ostiense in der Porta S. Paolo organisiert Führungen.

Piazzale Ostiense * Metro Piramide

Cimitero Acattolico – der nichtkatholische Friedhof

Ein Besuch des wunderschönen Friedhofs gleich hinter der Pyramide darf auf keinem Sightseeingprogramm fehlen. Gleich hinter der Pyramide erwartet Sie ein kleines grünes Gräberfeld. Mandelbäume schmücken diese Oase und eine schöne Wiese

verlockt zum Entspannen. Illustre Persönlichkeiten wie der englische Lyriker John Keats oder Goethes Sohn August wurden in dieser himmlischen Umgebung bestattet. Lassen Sie es sich nicht entgehen, hier zu verschnaufen, und auch Ihrer Seele werden in diesen römischen Minuten Flügel verliehen.

Via Caio Cestio 6 * Metro: Piramide * www.cemeteryrome.it

Ipogeo di Via Dino Compagni

Erst 1955 fand man in einer Tiefe von circa 16 Metern eines der unglaublichsten Familiengräber der Stadt. Das sogenannte Hypogäum, ein unterirdisches durch ein Gewölbe gesichertes Grab, eröffnete sich bei Bauarbeiten im Stadtteil Appio Latino der heutigen Menschheit. Eine der wenigen Grabstätten Roms, deren Besitzer unbekannt sind. Die Bilder lassen deutlich erkennen, dass es sich um christliche und auch heidnische Grabkammern handelt.

Die Schönheit dieser Stätte ist unbeschreiblich. Als man hier ein neues Wohngebäude errichten wollte, wurde der sensationelle Fund erst einmal geheim gehalten. Der korrekte Deutsche – sei auch nicht alles Gold, was in deutschen Landen glänzt – hätte die Entdeckung vermutlich umgehend gemeldet.

Bleibt zu erwähnen, dass zu dieser Zeit viele neue Bauten entstanden. Investitionen wurden getätigt, die aufgrund neuer antiker Funde den Bach hinuntergeflossen wären. Dem Bauunternehmer war wohl erst einmal das Hemd lieber als die Hose. Und überhaupt, aus welchem Grunde gerade in dieser für ihre antiken unterirdischen Schätze bekannten Gegend Neukonstruktionen genehmigt wurden, bleibt ein anderes Thema.

1956 meldete der Ingenieur Mario Santa Maria dann doch das Hypogäum. Das Kind war jedoch teilweise schon in den Brunnen gefallen, denn bei den Bauarbeiten wurden zahlreiche Strukturen und Malereien zerstört. Trotz der erheblichen Schäden beschreiten Sie ein *paradiso sotterraneo*: ein unterirdisches, auf mehrere Ebenen und Gänge verteiltes Paradies.

Die Nischen sind mit Abbildungen, Stuckarbeiten und anderen Dekorationen verziert. Malereien aus dem 4. Jh. zeigen Bilder aus dem Neuen und Alten Testament und aus der klassischen Mythologie. Es handelt sich hier um eine außergewöhnliche Enthüllung von spätrömischen Malereien. Um diesen *noch* geheimen Ort zu besuchen, sollte man mindestens 20 Tage im voraus bei der Päpstlichen Kommission für Sakrale Archäologie anfragen.

Via Dino Compagni/Via Latina 258 * Metro Furio Camillo

www.pontificiacommissionediarcheologia.sacra.com

DER REGIONALPARK DER VIA APPIA

Das Leben in Rom gleicht unfertigen Romanen. Darsteller, Orte und Situationen treffen aufeinander. Jede Seite reiht sich an die vorherige und bekräftigt oder dementiert sie wieder.

312 vor Christus: Die *Regina Viarum*, die Königin der Straßen, wurde nach dem Appius Claudius, römischer Zensor, benannt. Gewiss sind Ihnen das holprige antike Straßenpflaster der Via Appia Antica und das Mausoleum der Cecilia Metella (14) in Erinnerung geblieben.

Oder der Maxentius-Zirkus (12), das Casale Rotondo (49) mit seinem Häuschen obendrauf, die mit Orchideen umringte Villa dei Quintili (44)! Die hohen Schirmpinien, die Oleanderalleen und die Kapelle Santa Maria in Palmis, wo Jesus dem Apostel Petrus erschienen sein soll (5), bleiben weitere Besonderheiten in Rom. Nur wenige Anzeichen auf das moderne Leben!

Die einstige Verkehrsader hat sich in eine zeitlose und ländliche Idylle verwandelt. Antike, Natur und Mutter Erde! Das gigantische Schutzgebiet des heutigen Regionalparks erstreckt sich über den südöstlichen Teil Roms bis nach Marino aus der Stadt hinaus. Die angrenzenden grünen Lungen halten noch zahlreiche Monumente bereit. Man könnte Wochen hier verbringen. Wo andere in den bayrischen Wald reisen, bietet sich dieser fantastische Naturschutzpark als Naherholungsgebiet an. Mittlerweile stehen gute Fahrradwege und dazugehörige Touren zur Verfügung. Genaueres hierzu erfahren Sie auch im Kapitel *Das grüne Rom*.

Für Erstbesucher, die nur einige Tage in Rom verweilen, eignet sich eine Führung, um in kurzer Zeit die wichtigsten Sehenswürdigkeiten zu besuchen.

Die altertümliche Straße auf eigene Faust zu erkunden, bleibt jedoch ein unvergessliches Erlebnis!

Bei einem gemütlichen Spaziergang inmitten von Natur und Antike vergisst man schnell Zeit und Sorgen. Die Zeitmaschine katapultiert Sie unwillkürlich in die Antike zurück. Wenn zum ersten Mal das Basalt-Pflaster freiliegt, ist nur noch lokaler Autoverkehr gestattet. Außer sonntags, da ist Fahrverbot und die Appia wird zur Fußgängerzone.

Die Verwaltung des Parks rät davon ab, mit dem Auto zu kommen. Sollte dies anders nicht möglich sein, dann finden Sie bei der Via Appia Antica 57 einen Parkplatz, dort wo die Via della Caffarella beginnt. Der Bus 218 oder 118 hält u.a. an der Haltestelle Via Appia (Domine Quo Vadis) unweit des Informationsbüros des Parco Regionale dell'Appia Antica an der Via Appia Antica 60 (3).

Hier erhalten Sie eine aussagekräftige und gut illustrierte Broschüre, die auch in deutscher Sprache verfügbar ist, und können ein Fahrrad (3 Euro die Stunde) ausleihen. Führungen in deutscher Sprache sind mindestens eine Woche vorher anzufragen.

Die Webseite des Infocenters informiert Sie über sechs Laufpfade und fünf Fahrradstrecken. Außerdem stehen die Route der

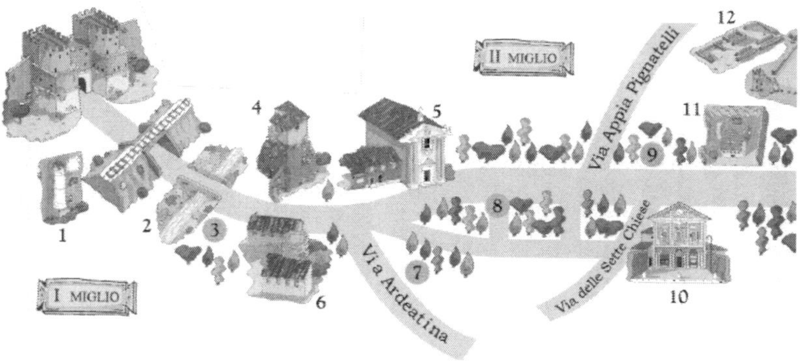

der Aquädukte und zwei Touren durch den Caffarella-Park zur Verfügung. Nun stellt sich die Gretchenfrage: Mit oder ohne Fahrrad? Wer für deftige Radfahrerkost ist, hat seine Entscheidung getroffen. Das holprige Pflaster von Cecilia Metella bis zum Casale Rotondo ist nicht immer einfach zu befahren. Wenn Sie immer nach unten schauen müssen, werden Sie die Gegend nicht genießen können. Abgesehen davon schreibt die Parkordnung vor, an einigen Stellen vom Rad zu steigen. Auf der anderen Seite spart man viel Zeit. Es liegt in Ihrem Ermessen. Die Gegend vom Infocenter bis zur Cecilia Metella und in die andere Richtung zum Mauermuseum ist für römische Verhältnisse relativ gut befahrbar.

Parco Regionale dell'Appia Antica * www.parcoappiaantica.org

Andiamo! Wenn Sie vor dem Informationscenter stehen, laufen Sie zuerst nach links. Nach circa 200 Metern auf der anderen Straßenseite, wo der Caffarella-Park angrenzt, versteckt sich an der Gabelung die Cappella di Reginald Pole. Sie wurde 1539 vom englischen Kardinal Reginald Pole errichtet. Bekannt wurde dieser als Gegner der Reform seines

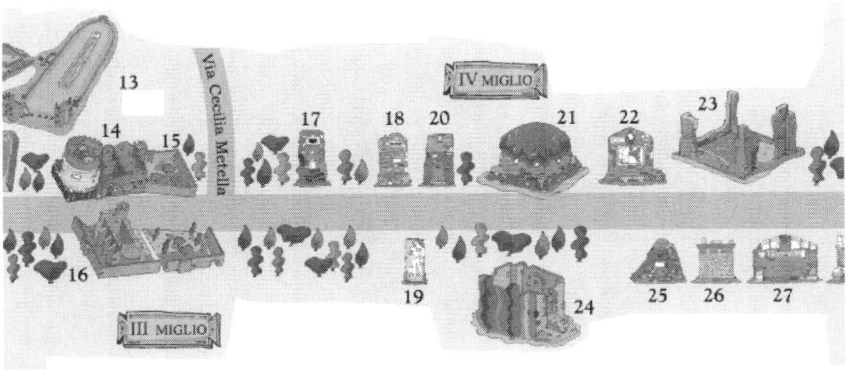

Vetters König Heinrich VIII. Die Kapelle inspirierte sich an den damaligen römischen Konstruktionen und ist mit einer kleinen Kuppel aus Ziegelstein bedeckt. Hier handelt es sich um einen Votivbau.

Wenn Sie wenig Zeit haben, lassen Sie sich mit einem Minicar die Via Appia zeigen.

Gesäumt wird die Via Appia bekannterweise von zahlreichen Resten römischer Grabmonumente, in denen sich die vornehmen Familien bestatten ließen. Das Gesetz schrieb vor, Tote nur außerhalb der Stadt zu beerdigen. Ab der Porta San Sebastiano war die Straße bei den Römern der exklusivste Bestattungsort.

Ipogeo di Vibia

Das hochinteressante Hypogäum wurde als *Ipogeo delle Monachelle* bekannt, das »Grab der kleinen Nonnen« aufgrund dort vorhandener Abbildungen mit sechs verschleierten Individuen. Wir treffen hier auf Katakomben von Christen und Heiden. Ihren ursprünglichen Namen trägt die Grabstätte von Vibia, der Ehefrau des Vincentius, Priester eines orgiastischen Kultes. Sie haben richtig gelesen: Hier fanden Orgien statt.

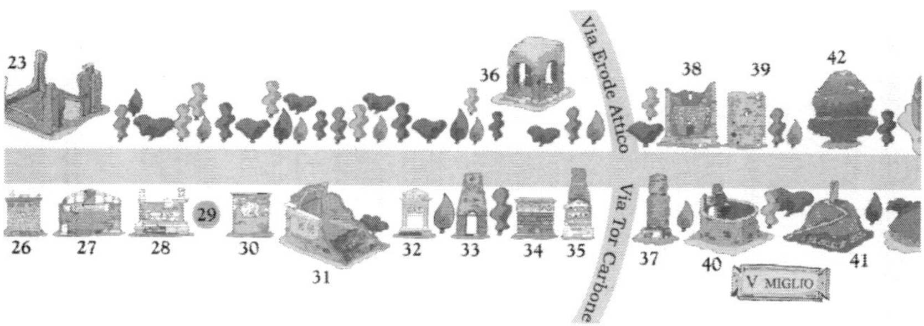

Die Grabkammern wurden erstmals im 18. Jh. vom Gelehrten und Theologen Giovanni Bottari im mittelalterlichen Casale della Torretta vor den Calixtuskatakomben aufgefunden. Der gesamte Komplex geriet wieder in Vergessenheit, bis 1847 der Jesuit und Archäologe Giuseppe Marchi die Grabstätte wieder entdeckte. Er erregte ein hohes Maß an Aufsehen, denn bis zu diesem Moment hätte kein Archäologe die Theorie akzeptiert, dass sich in einer Grabstätte Christen zusammen mit Nichtchristen befanden. Erst Mitte des 20. Jahrhunderts stellte man bei weiteren Ausgrabungen fest, dass hier in Wirklichkeit zwei private Katakomben aus verschiedenen Epochen verbunden waren.

Das Hypogäum gehört zu einem kleinen privaten Friedhof und die Grabstätte ist auf drei Ebenen verteilt. Die verschiedenen Schichten gehen auf das 3.- 4. Jh. zurück. In der ersten befinden sich acht unterschiedliche Grabkammern. Die untere Ebene beherbergt das gut erhaltene Grabmal der Vibia, ein Arkosol-Grab: ein Grabdenkmal mit einer bogenförmig überspannten Nische. Die Fresken in den Bogenfeldern zeigen u. a. Vibia, die von einem Engel in die *campi Elisi*, die Insel der Seligen aus der griechischen Mythologie, geführt wird. In anderen Fresken wird Vibias Tod in drei Szenen beschrieben. Mitunter erkennt man den *Raub der Proserpina* aus der römischen Mythologie. Weitere Arkosol-Grabmäler und Fresken zeigen die Szenen der Mysterien des Mithras-Kultes.

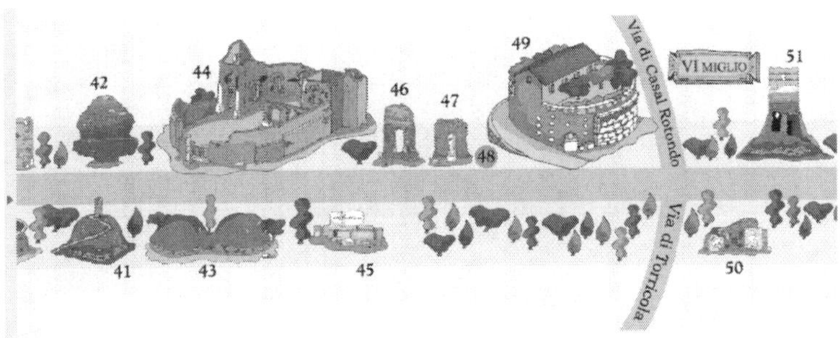

Das Hypogäum bleibt bis heute ein Rätsel. Eine Anmeldung ist bei der Verwaltung der Pontificia Commissione Archeologica Sacra möglich.

Via Appia Antica 101

Le catacombe di Vigna Randani (9)

Kommen wir zu den fantastischen jüdischen Katakomben an der Hausnummer 119. Auch hier gilt es, sich rechtzeitig anzumelden – am besten schon aus Deutschland. Die Grabmäler wurden 1859 entdeckt und gehen auf das 3. Jahrhundert zurück. Einzigartig in ihrer Art – auf 720 Quadratmetern in einer Tiefe von zehn Metern sind Nischen, Grabkammern und Freskomalereien mit jüdischen Symbolen und Motiven verteilt. Hier treffen wir auf die *Kokhim*, die für die jüdische Kultur kennzeichnenden Schiebegräber. Sie entstanden bereits im zweiten Jahrhundert vor Christus. Man vermutet, dass sie als Vorbild für alle nachfolgenden Katakomben dienten.

Via Appia Pignatelli 4/Ecke Via Appia Antica 119A www.parcoappiaantica.org

Was besagt die zehnte Tafel des Zwölftafelgesetzes aus dem Jahre 450 v. Chr.?

Die Zwölftafelgesetze galten als die ersten schriftlichen Grundlagen Roms. Ohne die zehnte Tafel würde beispielsweise die Via Appia heute nicht ihre herrschaftlichen Grabstätten präsentieren: *Hominem mortuum in urbe ne sepelito neve urito* – Den Leichnam eines Menschen soll man in der Stadt weder begraben noch verbrennen.

Kirche San Sebastiano fuori le mura – Bernini ... und der Heilige Sebastian (10)

Unbekannt ist die Pilgerkirche San Sebastiano fuori le mura nicht. Doch wurde 2001 in einer Nische des angrenzenden Klosters ein wichtiger Fund gemacht. Kunsthistoriker wollen eines der letzten Werke von Gianlorenzo Bernini entdeckt haben. Die Marmorskulptur befindet sich rechter Hand in der Barockkirche und stellt den *Salvator Mundi*, den Heiland, dar. Pier Filippo Bernini schrieb 1680 in der Biografie über seinen Vater, dass dieser das Werk sich selbst gewidmet und »*den Marmor bis ins 81. Lebensjahr bearbeitet und aus Frömmigkeit heraus erschaffen hatte*«.

Links neben der Büste in der Reliquienkapelle befinden sich der berühmte Stein mit dem vermeintlichen Fußabdruck von Jesus und der Pfeil des Märtyrers Sebastian. Auf der linken Seite in der Kirche hingegen hatte ein unverkennbarer Schüler von Bernini, Antonio Giorgetti, die Skulptur des heiligen Sebastian inmitten seiner Pfeile erschaffen.

Der Überlieferung zufolge verurteilte im 3. Jahrhundert Kaiser Diokletian den Hauptmann Sebastian zu Tode, weil er sich öffentlich zum Christentum bekannte und notleidenden Christen half. Er wurde von numidischen Bogenschützen erschossen und im Glauben, er sei tot, liegen gelassen. Jedoch lebte er noch, und eine fromme Witwe, die heilige Irene, pflegte ihn gesund.

Ein zweites Mal wurde er mit Keulen im Zirkus erschlagen und dieses Mal sein Leichnam in die Cloaca maxima geworfen, Roms größten Abwasserkanal in der Nähe des Tibers. Und auch hier fanden ihn Christen, denen er im Traum den Ort gezeigt hatte. Dann soll er endgültig hier in den Katakomben beerdigt worden sein.

Die Kirche wurde im 4. Jahrhundert errichtet. Ihr heutiges Aussehen verdankt sie unter anderem einer Restaurierung durch den Kardinal Scipione Borghese (1576-1633). Die Fassade stammt aus dem 18. Jahrhundert.

Via Appia Antica 136

Villa Capo di Bove (17)

Das riesige zylindrische Grabmal von Cecilia Metella zeigt als einzigen Schmuck einen Fries mit Rinderschädeln. Dieser gab der ganzen Gegend den Namen Capo di Bove (Rinderkopf). Nicht weit entfernt davon hat man auf dem Grundstück der ehemaligen privaten Villa Capo di Bove weitere prächtige Thermen aus dem zweiten Jahrhundert entdeckt. Die Ausgrabungen dauerten von 2002 bis 2005. Noch heute sind sich die Archäologen nicht einig, ob es sich um eine öffentliche Badeanlage oder eines der zahlreichen Besitztümer von Herodes Atticus und seiner Frau Annia Regilla handelte. Eine dort gefundene Inschrift, die auf seine Gattin hinweist, lässt letztere Vermutung zu und ist heute noch im Museum zu begutachten. Sehenswert sind vor allem die schönen Mosaik-Fußböden. Die Ausgrabung ist tagsüber frei zugänglich. Sie sollten jedoch mehr darüber erfahren, wie die Römer diese fantastische Anlage errichteten. Buchen Sie eine Führung im Touristencenter.

Im Museum ist das vollständige Archivio di Antonio Cederna aufbewahrt: das Archiv eines der bekanntesten Umweltschützer der Stadt. Weitere Informationen hierzu stehen im Kapitel *Das grüne Rom*.

Via Appia Antica 222

Anna Regilla und Herodes Atticus

Die Via Appia Pignatell führt an der Via Annia Regillia (rechts) und auf gleicher Höhe an der Via Erode Attico (links) vorbei. Annia Regilla und Herodes Atticus waren auch in der Antike liiert. Von Romeo und Giulia kann hier jedoch keine Rede sein. Der Konsul Herodes Atticus, seinerzeit eine der herausragenden Persönlichkeiten, war ein griechisch-römischer Redner, Politiker und Mäzen sowie Lehrer des späteren Kaisers Mark Aurel. Von seinem Vater Tiberius Claudius Atticus Herodes erbte er ein unheimliches Vermögen, das angeblich aus einem Schatzfund stammte. Dieses ermöglichte ihm eine überaus regsame Stiftertätigkeit: Schenkungen von Thermen, Aquädukten oder Nymphäen brachten ihm einen hohen Einfluss.

Annia Regilla stand ihm in Nichts nach, sie stammte aus einer aristokratischen römischen Familie und ist heute noch als Stifterin eines der bedeutendsten Nymphäen der Antike in Olympia bekannt. Die beiden heirateten im Jahre 140 n. Chr. und lebten in Griechenland und Italien. Der gemeinsame Reichtum war unermesslich. Anna bekam fünf Kinder, wollte man mehr vom Leben? Wohl dem bekannten Motto zufolge »Geld allein macht nicht glücklich« näherte sich bald das bittere Ende.

Annia wurde nur 35 Jahre alt, man erschlug sie brutal, als sie mit ihrem sechsten Kind schwanger war. Ihr Bruder Appius Annius Atilius Bradua klagte den galligen und eifersüchtigen Herodes an, einen Freigelassenen mit ihrer Ermordung beauftragt zu haben. Dies wurde jedoch nie geklärt und Herodes wieder freigesprochen. Es besteht die Annahme, dass ihm dabei Mark Aurel Beistand leistete.

Annia und Herodes hinterlassen zahlreiche Grundstücke und Monumente im gesamten Naturschutzpark der Appia Antica. Im glanzvollen Tempio del Dio Redicolo befindet sich Annia Regillas Grabmal. Mit Pago Triopio hingegen sind die Reste der titanischen Villa von Herodes im schönen Caffarellapark gemeint. Nach dem Tode seiner Gemahlin widmete er ihr – wohl aus Sühne – einen Bacchus-Tempel, die heutige Kirche Sant'Urbano. In der Villa Capo di Bove fand man eine lateinische Inschrift, heute noch im Museum zu lesen: »Annia – Licht meines Lebens«. *Forse si, forse no….*

Am XI. Miglio triumphiert der gigantische **Casale Rotondo** (49). Sein Kern ist zylindrisch wie der des Mausoleums des Augustus und jenes des Hadrian, der heutigen Engelsburg. Das Grab stammt aus republikanischer Zeit und wurde in der Kaiserzeit restauriert. Später richtete sich dann so ganz gemütlich ein Bauer auf der Plattform mit Haus und Garten ein. An dieser Stelle machen viele Appia-Besucher schlapp – *Coraggio*! Sie erwarten weitere antike Meilen ...

Ein römischer Miglio entspricht 1,482 Kilometern. Der erste Meilenstein (Original im Kapitol) befindet sich zwischen der Porta San Sebastiano und dem Touristencenter.

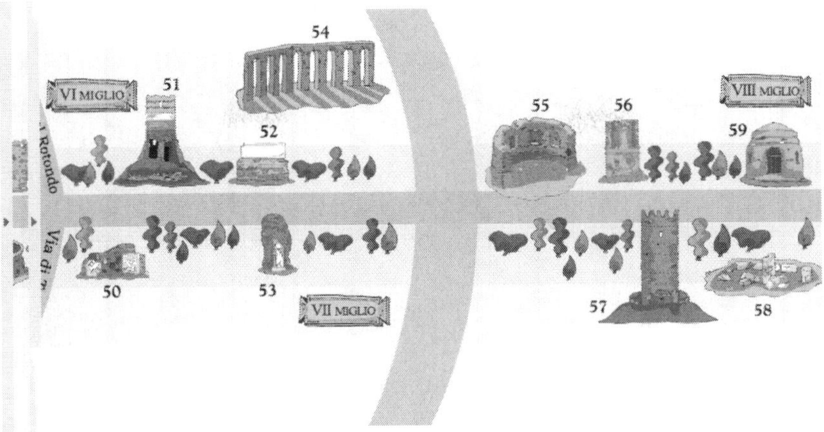

Nehmen wir als Ausgangspunkt wieder das Informationsbüro. Nun geht es in die andere antike Richtung. An den Hausnummern 42/50 der Cartiera Latina (2) restaurierte man die Gebäude einer ehemaligen Papierfabrik, die heute dem regionalen Amt des Parks zur Verfügung stehen. Einige Hallen wurden wieder schick aufgemacht, um Ausstellungen oder andere Veranstaltungen zu organisieren. Direkt dahinter erstreckt sich der **Hortus Urbis**, der von den Einwohnern nach antikem Modell angelegte Garten.

Um ins interessante **Mauermuseum** (museo delle mura) zu gelangen, würden Sie von hieraus circa 400 belanglose Meter erwarten – den sogenannten Clivo di Marte aufwärts an fahrenden Autos vorbei. Einzige Attraktion wäre linker Hand die oben genannte Kopie des ersten Meilensteins (1). Wer hier Energie sparen möchte, könnte den Bus oder ein Fahrrad benutzen.

Man gelangt direkt zur Porta San Sebastiano, die den 18 wunderbaren Stadttoren in Rom angehört. An dieser Stelle führten die Aurelianischen Mauern die Via Appia Antica aus der Stadt hinaus. Das größte und zusammen mit der Porta San Paolo an der Pyramide besterhaltene Stadttor gleicht fürwahr einer Festung. Es hat seinen Zustand wie in der Zeit seiner Errichtung um das Jahr 270 bewahrt. Jedoch wurde die Durchfahrt im 6. Jahrhundert vom Feldherrn Belisar, der Rom gegen die Goten verteidigte, von zwei auf einen Bogen reduziert.

Nach dem 2. Weltkrieg wurden in den inneren Räumen Büros eingerichtet und 1989 entstand im Turm das **Museo delle Mura**, ein kleines mehrstöckiges Museum. Hier wird über die Geschichte und Entstehung von Roms imposanten Toren und Mauern berichtet.

Ein wahrlich besonderes Erlebnis bietet hier das Wandern inmitten der antiken Mauern! Ganz oben von der Terrasse aus eröffnet sich eine Sicht auf den Park der Appia Antica und die Castelli Romani im Hintergrund. Trächtige Wolken mit klaren Konturen hängen über den Bergen – sollte das Wetter auch mal schlecht sein. Dann und wann bewegt sich eine von ihnen am Himmel, und in der Luft liegt etwas ganz Besonderes: das schwere Parfum der weiten und doch unbekümmerten Abendlandnatur.

Der **Drususbogen**, den Sie von der anderen Seite des Aussichtspunkts unter sich erblicken, gehörte zum Aquädukt Acqua Marcia. Sein monumentales Äußere verleitet möglicherweile dazu, ihn als Triumphbogen anzusehen. Rechts daneben versteckt sich ein luxuriöses Grundstück mit einem großen Pool.

Mauermuseum und Drususbogen

Hier residierte zu Lebzeiten der italienische Schauspieler Marcello Mastroianni, Inbegriff der Dolce Vita, während hundert Meter weiter der Regisseur Roberto Benigni einen seiner Wohnsitze hat. *La vita è bella!*

Museo delle Mura * Via di Porta San Sebastiano 18 * Bus 218

Wann entstanden die Aurelianischen Mauern?

259 n. Chr. fielen germanische Stämme nach Norditalien ein, und Kaiser Aurelian ließ Rom von einer 19 km langen, sechs Meter hohen und 3,5 Meter tiefen Mauer umgeben, um sein Volk zu schützen. Es sollte jedoch weitere 200 Jahre dauern, bis tatsächlich die Barbaren vor der Mauer erschienen.

Die Villa des Kardinal Bessarion

Machen wir einen kurzen Abstecher weiter geradeaus in Richtung Circo Massimo. In der Via di Porta San Sebastiano 8 wurde kürzlich die Casina del Cardinal Bessarione, ein seltenes Beispiel einer Renaissance-Villa, restauriert. Der Grundbau stammt aus dem 2. Jahrhundert und im 15. Jahrhundert schuf sich Basilius Bessarion seinen Zweitwohnsitz. Er war 1449 der Kardinalbischof von Sabina, 1468 von Tusculum in Frascati. In den darauffolgenden Jahren wurde aus dem Gebäude ein kleines Krankenhaus, später ein Kloster und ab Mitte des 18. Jahrhunderts eine Osteria. Der Fantasie waren keine Grenzen gesetzt. Mittlerweile gehört das Anwesen zur Stadtverwaltung, die dort Kongresse oder Konferenzen für die High Society veranstaltet. Hin und wieder öffnen sich die Türen de Normalsterblichen. Informationen zu Besichtigungen erhält man direkt bei der Stadtverwaltung – auch in deutscher Sprache.

www.060608.it

Das Grab der Scipionen

Seit kurzer Zeit steht nun auch wieder das Sepolcro degli Scipioni der Öffentlichkeit zur Verfügung. Die Familie Scipioni stammt von den Patriziern und Corneliern ab, beide alteingesessene Familien aus der Oberschicht des antiken Roms.

Das sogenannte Kammergrab, eines der ältesten Grabtypen an der Via Appia, hat immer wieder Aufmerksamkeit von Archäologen und Kunsthistorikern auf sich gezogen. An den Inschriften der Sarkophage lässt sich gut erkennen, in welchen sozialen Verhältnissen die römische Aristokratie aus der Zeit der Republik stand. Bemerkenswert sind die sogenannten Scipionenelogien. Sie zählen zu den ältesten bekannten lateinischen Texten, die in Versen verfasst sind.

Der romantische Rebell Wilhelm Friedrich Waiblinger schrieb während seines Romaufenthaltes von 1826 bis 1829 das Gedicht *Das Grab der Scipionen.*

Aber auch antike römische Schriftsteller schrieben darüber wie der bereits erwähnte *Cicerone*, Marcus Tullius Cicero:

»*Wenn du aus der Porta Capena heraustrittst und die Gräber des Calatinus, der Scipionen, der Servilier, der Meteller siehst, hältst du sie etwa für unglücklich?*« Oder Livius: »*In Rom befinden sich außerhalb der Porta Capena im Grabmal der Scipionen drei Statuen, von denen zwei die des Publius und Lucius Scipio sein sollen, die dritte die des Dichters Quintus Ennius.*«

Grab der Scipionen

Via di Porta Sebastiano 9 * Tel. 060608 * www.060608.it

In der Antike wurden die Buchstaben oft mit roter Farbe nachgezogen, damit die Kurzsichtigen sie besser erkennen konnten.

Die drei Kolumbarien der Vigna Codini und das Grab des Pomponius Hylas

Zurück zur Porta San Sebastiano: wir biekgen nun links in die Via delle Mura Latine ein und erreichen nach nur zehn Minuten die drei Kolumbarien der Vigna Codini und das Grab des Pomponius Hylas. Ein Gittertor gewährt Zugang zu privaten Wohnhäusern. Dort treffen wir auf nur einige dieser majestätischen Gräber der Stadt. Hunderte davon waren früher vorhanden.

Man brachte die Urnen der Verstorbenen hierher, die bestimmten Personenkreisen oder Innungen angehörten. Die Aschenkrüge wurden in einzelne Nischen verteilt, durch Schilder gekennzeichnet oder in selteneren Fällen mit einem Bild versehen.

Es wird angenommen, dass es sich um das älteste Kolumbarium handelt, welches für die Freigelassenen der Kaiser Tiberius und Claudius bestimmt war. In der zweiten, circa sieben Meter tiefen Grabkammer sind unter anderem die Grabstätten der Mitglieder einer Musikschule und einer Innung von Blumenhändlern untergebracht. An einigen Stellen erkennt man Teile von Wandmalereien in unglaublich lebendigen Farben. Auch das Gewölbe ist reich dekoriert.

Das Grab von Pomponius Hylas aus dem 1. Jahrhundert hingegen befindet sich in dem angrenzenden öffentlichen Park. Wir wissen kaum etwas über den Verstorbenen und seine Ehefrau Pomponia, zweifelsohne waren sie gut situiert: üppige Dekorationen wie Basreliefs aus polychromem Stuck, Gemälde und Mosaiken zieren dieses aufwendige Familiengrab. Diese bis auf wenige Ausnahmen noch sehr intakte Stätte vermittelt den Eindruck, in zwei Jahrtausenden habe sich nichts geändert. Sehenswert!

Kolumbarien: Via delle Mura Latine 14 * Grab des Pomponius Hylas: Via Latina 10 * Besichtigung nur mit Voranmeldung möglich bei der Kommunaldirektion der Schönen Künste. Tel. 060608 * www.060608.it oder über die zahlreichen kulturellen Vereinigungen

Chiesa di San Giovanni in Oleo

Sie haben bereits gelesen, dass die Vergangenheit zahlreiche bizarre Geschichten auftischt. *Eccone un'altra!* Die Cappella di Giovanni Battista in Oleo stellt ein kleines Oratorium dar. So idyllisch sich dieser kleine Tempel ins Blickfeld vor die Porta Latina schiebt, sein berühmter Namensgeber Johannes soll Mannigfaches erlebt haben. Der Überlieferung nach erlitt der Apostel im Jahre 92 ein Martyrium in siedendem Öl und überlebte. Das Öl, in das er eingetaucht wurde, verwandelte sich in erfrischendes Wasser und nach diesem Wunder wurde der Apostel nach Patmos verbannt. Auftraggeber im ersten Jahrhundert war wieder einmal der blutrünstige Kaiser Domitian, der schon den heiligen Sebastian misshandeln ließ.

1509 ließ der französische Prälat Benoit Adam der Sacra Rota das Bauwerk errichten. Die Inschrift weist auf das Pontifikat von Papst Julius II. hin. Eine weitere Markierung von 1658 nennt Papst Alexander VII. als Auftraggeber der Restaurierung. Die Ausführungen sollen Donato Bramante und Antonio da Sangallo verrichtet haben.

Erst einmal ohne Kuppel erbautl, die im selben Jahr Francesco Borromini hinzufügte. Ebenso das Innere des Bauwerks vollbrachte der große Meister, während die Fresken von Lazzaro Baldi ausgeführt wurden. Heraldische Figuren des Wappens der Chigi schmücken das Ostportal. Im Westportal ist die Inschrift von Benoit Adam angebracht: *Au plaisir de dieu*: Gott gefallend.

Eine letzte Restaurierung fand im Jahre 1716 statt. Das Gebäude ist normalerweise nicht zugänglich, aber was ist schon normal in Rom. Interessierte dürfen sich an den Pförtner des Rosmini-Kollegiums in der Via Porta Latina 17 wenden.

Ein italienischer Journalist ließ sich kürzlich über die heiße Legende aus. *L'Evangelista fritto – Der frittierte Evangelist* lautete der Titel über den heute noch umstrittenen Johannes, den *ersten* (Apostel) und *letzten* (Täufer), und in der Mitte weitere uns unbekannte Legenden.

Santi Nereo e Achilleo

Und auch hier werden Sie nicht verschont ... Wenn Sie nun zu den Caracallathermen laufen, erblicken Sie links davor die Kirche Santi Nereo e Achilleo aus dem 4. Jahrhundert. Hier soll Petrus bei seiner Flucht aus Rom seinen Fußverband verloren haben. Im Inneren des mit Baumaterial aus den Thermen errichteten uralten Baus zeigen die Fresken mit grausam detaillierten Darstellungen, wie der Apostel seinen Tod fand. Von kunstgeschichtlichem Interesse ist das karolingische Mosaik über dem Triumphbogen.

Viale delle Terme di Caracalla 28

Hier endet unsere Appia-Tour.

Weitere Sehenswürdigkeiten liegen abgelegener, sind aber problemlos mit öffentlichen Mitteln zu erreichen.

Die Kirche Sant'Urbano – das Waisenkind

Die Via Appia Pignatelli führt von der Via Appia Nuova direkt zur Via Appia Antica. Auf halber Strecke übersieht man beinahe den Vicolo Sant'Urbano, einen der Eingänge zum Caffarellapark. Auf dem Straßenschild steht *strada privata* geschrieben, was so viel bedeutet wie »Eintritt verboten«. *Nessun problema* – no Problem. Selbst der kleine Parkplatz ist für die Jogger und Einwohner gedacht, die sich hier an der traumhaften altertümlichen Natur ergötzen. Gleich zu Anfang erkennt man ein privates Grundstück. Nun spazieren Sie erst einmal den ersten Pfad hinunter, um zur Rückseite des Anwesens zu gelangen. Sie werden den Weg schon finden, denn vielleicht haben schon andere das Gras an dieser Stelle platt getreten. Es geht dann etwas aufwärts, geben Sie acht, dass Sie nicht abrutschen!

Hinter einem Zaun auf dem privaten Grundstück inmitten von Kinderdreirädern, Wäscheleinen und Apfelbäumen spürt man wieder Heiliges auf.

Auf den Resten eines Tempels aus dem 2. Jahrhundert, dem Tempio di Cerere e Faustina, wurde im 4. Jahrhundert eine Kirche gebaut. Der römische Tempel war der Annia Regilla gewidmet. Namensgeber war der heilige Bischof Sant'Urbano, der 230 n. Chr. als Märtyrer starb. Durch die Jahrhunderte hindurch verwahrloste die Kirche, wurde neu restauriert, verfiel dann wieder. Sowie im Jahre 1862 – anfänglich nahm sich die reiche Familie Barberini ihrer an, um nach einigen Jahren das Schmuckstück abermals ungeachtet zu vernachlässigen.

War St. Urbano zu abseits gelegen? Aus den Augen aus dem Sinn, zweifelsohne bewegen sich die phlegmatischen Römer nur ungerne. Warum sich aus der heimischen Gegend entfernen, wo man doch alles vor der eigenen Tür hat. Und Kirchen gibt es weiß Gott an jeder Ecke.

1964 kam zum Gotteshäuschen ein privates Grundstück hinzu. Der Pförtner des Gebäudes wohnte lange Zeit in der Kirche und richtete sich richtig häuslich ein.

Zur Kirche selbst: Aus dem Mauerwerk, das 1634 unter Sant'Urbano III. angelegt wurde, schauen die vier mächtigen griechischen Marmorsäulen heraus. Im Inneren stoßen wir auf Fresken aus dem 11. Jahrhundert, die unter anderem die Geschichte von Jesus, Sant'Urbano und Santa Cecilia zeigen.

Auf dem Fries erkennt man Rüstungen, Waffen und Schilder. Eine kleine Treppe führt zur Krypta. Sie wurde im Mittelalter erbaut, um einige Reliquien der Heiligen aufzunehmen. Die Malereien zeigen die *Madonna con Bambino fra i Santi Giovanni e Urbano.*

Vor einigen Jahren hatte sich die Stadt Rom der St. Urbano angenommen und das Grundstück mit Kirche verpachtet. 2013 wurde der gesamte Komplex beschlagnahmt, denn die Pächter gehörten der *Banda della Maranella* an, einer kriminellen Organisation! Nun hat sich hier ein Event-Veranstalter eingekauft. Wenn Sie so richtig schön feiern möchten, inmitten dieser fantastischen Natur mit Blick auf die Cecilia Metella und das Caffarella-Tal, dann können Sie die Kirche buchen. Vergessen Sie nur Ihr Mückenspray nicht.

Die angrenzenden Einwohner des *Parco regionale dell' Appia Antica* haben heute verschiedene Ausschüsse gegründet, die unter anderem der Erhaltung von Monumenten für die Öffentlichkeit dienen. Eines ihrer Projekte ist die Kirche des St. Urbano. Die Sonntagsmessen sind in Planung.

Fortsetzung folgt …

Via Appia Pignatelli 65/Vicolo Sant Urbano * Bus 118 * Eine Besichtigung ist momentan nur mit Voranmeldung bei der Kommunaldirektion der Schönen Künste möglich * Tel. 060608 www.060608.it

Tombe di Via Latina – die kleine Appia Antica

Entlang der 500 Meter langen antiken Via Latina befinden sich weitere sehr gut erhaltene Gräber aus dem 2. Jh. n. Chr. Zu den bekanntesten an der mit schwarzen Basaltquadern gepflasterten Straße zählen das Sepolcro Barberini, das Sepolcro dei Valeri, die Tomba dei Pancrazi sowie das Sepolcro dei Calpurni. Weitere Informationen findet man direkt auf der Webseite der Appia Antica.

Via dell'Arco di Travertino 151 * Metro A Arco di Travertino

Würde man auch noch die etwas unbekannteren Stätten auflisten, entstünde an dieser Stelle ein eigenes, umfangreiches Buch. Informationen über den Park der Aquädukte und das Caffarellatal, die ebenso zum Regionalpark gehören, folgen im Kapitel *Das grüne Rom*.

Von den Mitarbeitern in der Touristeninformation erhält man unverzichtbare Hinweise. Die aufschlussreiche Webseite gibt unzählige Informationen und steht vereinzelt in englischer und deutscher Sprache zur Verfügung. Um dort weitere Touren aufzurufen, klicken Sie auf *Visitare i parco*.

www.parcoappiaantica.it

Der OSTEN der Stadt

CELIO

Nur 800 Meter vom Kolosseum entfernt, unweit der spannenden Kirchen Basilica San Clemente und Santo Stefano Rotondo, liegt das kaum wahrnehmbare Stadtviertel Celio. Man erreicht es über die Via Claudia, die direkt vom Kolosseum wegführt. Das Viertel ist reich an altertümlichen Schätzen und ruht auf dem Caelius, der zu den klassischen Sieben Hügeln Roms gehört.

In der Antike zierten ihn wichtige öffentliche Einrichtungen wie der Tempel des Kaisers Claudius und die Castra Peregrina, Sitz der militärischen Kasernen des einstigen Imperiums.

Clivo di Scauro

Die Castra wurden für ein ausländisches Truppenkontingent der kaiserlichen Leibgarde erbaut, und das größere und wichtigere Militärlager befand sich im Castro Praetorio. Hier an der Piazza Celimontana steht noch heute das Militärkrankenhaus. Über die Via Claudia erreichen Sie die Via della Navicella zum pompös-barocken Eingang der anmutigen **Villa Celimontana**.

Zentrum des Parks bildet das sogenannte Casino im Renaissancestil, das auf einer weiten Terrasse errichtet ist. In lauen Sommernächten finden hier fantastische Konzerte statt. Die Wege durch den Park sind dann mit zahllosen Kerzen beleuchtet – ein Traum! Klein aber fein ist die Anlage im Gegensatz zu ihren gigantischen Schwestern Villa Borghese, Villa Ada oder Villa Pamphili. Und doch herrscht hier ein ganz besonderes Flair. In Richtung Süden reicht der Blick bis auf die Caracalla-Thermen. Leuchtende Orangenbäume lachen hinter den Mauern hervor, Steineichen, Trauerweiden und hohe schlanke Palmen schmücken das grüne Kleinod. Die Einheimischen lesen auf den Bänken und genießen einfach nur das römische Klima.

Im Jahre 1553 erwarb der römische Adelige Giacomo Mattei den Park, damals nur ein Stück Erde. Später entstand ein Weinberg. Gegen Ende des Jahrhunderts wurde der Ort dann in eine großartige, glänzende Anlage verwandelt. Exotische Anpflanzungen, elegante Statuen und Monumente wurden angelegt. Es entstand das Casino, auch Palazzetto Mattei genannt, und für die Brunnen wurde Gian Lorenzo Bernini zu Rate gezogen. Diese sind heute nicht mehr vorhanden.

Die grüne Oase wurde Raststelle vieler Reisenden aus dem Ausland. Die Gäste des Parks versorgte man mit einer *merenda*, einer Pausenmahlzeit aus Brot, Wein und Käse, einem Ei, zwei Äpfeln. 1582 schenkte der Senat dem Grafen Ciriaco Mattei den Obelisco Matteiano wie man ihn heute nennt. Das Bruchstück des ägyptischen Obelisken geht auf die Zeit Ramses II. zwischen 1304 und 1237 v. Chr. zurück.

Ein Jammer, dass ein paar Jahrhunderte später nichts mehr von diesem Garten Eden übrig blieb. Die Erben der großzügigen Familie wurden arm und mussten ihren Besitz verkaufen. Das Erscheinungsbild des Parks und die Eigentümer wechselten dann ständig. Letzter war der bayrische Baron Richard Hoffmann, bevor die Grünfläche dem Staat und im Jahre 1926 der Stadtverwaltung übergeben wurde.

Im Casino hat heute die Società Geografica Italiana ihren Sitz. Die Institution bewahrt einige der wertvollsten Landkarten Italiens auf. Ein Teil des Geländes wird heute von der städtischen Gärtnerei eingenommen. Während Ausgrabungen wurden wertvolle Fundstücke geborgen. Viele davon befinden sich heute in den Vatikanischen Museen. Die Doppelbüsten von Seneca und Sokrates hingegen werden im Pergamonmuseum in Berlin aufbewahrt. Vor kurzem hat man diese traumhafte Anlage wieder in ihren Originalzustand gebracht. Eine Pausenmahlzeit gibt es leider keine mehr.

Villa Celimontana * Piazza della Navicella

Laufen Sie wieder zurück zum Haupteingang, wo rechter Hand die **Basilica Santa Maria in Domnica alla Navicella** liegt. Die antike Bezeichnung Dominicum bedeutet so viel wie christlicher Kultplatz. In der Apsis ist ein prachtvolles Mosaik zu bewundern.

Den zweiten Beinamen verdankt die Kirche dem Brunnen in Form eines antiken Schiffchens *navicella*. Es plätschert gleich vor der Kirche und soll römischen Matrosen als Votivgabe an das Heiligtum der Isis gedient haben.

Wenn Sie vor sich das Schiffchen und die Kirche im Rücken haben, lässt sich links vor Ihnen etwas verlassen die Ruine des im Gotenkrieg zerstörten Aquäduktes von Claudius erkennen.

Wo sich heute beim Wort ISIS die Haare sträuben, verehrten die alten Römer bis in die christliche Zeit hinein die ägyptische Mythologie. Isis verkörperte nicht nur die Göttin der Geburt, der Wiedergeburt und der Magie, sondern sie galt auch als Totengöttin.

Linker Hand an der Servianischen Mauer passieren wir nun den Bogen Arco di Dolabella. Und auch hier erwartet uns heilige Ruhe. Wo sind die zahlreichen Touristen hin? Vor uns liegt die antike Gasse **Clivo di Scauro**! Vorbei an Kapernsträuchern, die sich auf den Mauern großzügig ausbreiten, eröffnet sich bald der Blick auf sechs altertümliche Strebebögen. Sie überflügeln die alten Pflastersteine und halten perfekt als Kulisse für Hochzeitsfotos her. Aus diesem Grund wird auch vornehmlich in der anliegende Kirche SS. Giovanni e Paolo geheiratet.

Deren älteste Bauten stammen aus dem 2. Jahrhundert. Die Basilika wurde unter anderem 1154 umgestaltet. Das Innenleben ist Geschmacksache, jedoch imponieren die gigantischen Kronleuchter. Und die goldene und ruhende Gestalt des bekannten italienischen Mystikers Paolo della Croce, Paul vom Kreuz, erzielt beim Fotografieren ebenfalls mystische Effekte. An der Außenseite der Apsis erkennt man die zauberhafte Zwerggalerie aus kleinen quergestellten Tonnengewölben und dem schönen Würfelfries.

Ihren Namen trägt die Kirche übrigens nicht von den Aposteln Johannes und Paulus, sondern von zwei römischen Beamten, die zu Zeiten des christenfeindlichen Kaisers Julian in ihrem hier gelegenen Wohnhaus ermordet wurden. Während der Restaurierungsarbeiten von 1099–1118 gesellte sich der *campanile* dazu, der anliegende Glockenturm in maurisch-byzantinischem Stil. Allerdings erbaute man erst einmal die ersten beiden Schichten, um das Jahr 1150 wurden die letzteren aufgesetzt. Das Meisterwerk romanischer Architektur ruht sich auf den Grundbauten des Tempio del Divino Claudio aus. Der Tempel wurde 54 n. Chr. von Agrippina erschaffen und von Nero teilweise zerstört, um dort ein Nymphäum für seine Domus Aurea zu errichten. Ursprünglich stand der Turm frei und wurde später – zumindest optisch – mit dem Gotteshaus verbunden.

Zwischen den Gemäuern erkennt man noch die Reste des Tempels und Spolien an den seitlichen Wänden. Gleich neben der Kirche erwarten uns die außergewöhnlichen Ausgrabungen der **Case romane del Celio**. Über zwanzig unterirdische, mit Fresken geschmückte Räume aus dem 2. bis 4. Jahrhundert n. Chr. geben einen Einblick davon, wie die Römer der Upperclass vor 1500 Jahren in ihren Häusern lebten. Offene antike Läden zur Straße hin, dahinter Magazinräume und Wohnräume, die wohl für das Personal bestimmt waren, lassen die Vergangenheit aufleben. An den Wänden Darstellungen von Girlanden und Tieren oder täuschend echt aussehenden Marmorierungen, während das Nymphäum mit Fresken aus kräftigen Blautönen beeindruckt. An einigen Abenden wird ein Ancient Aperitiv mit einem altrömischen Büffet dazu angeboten!

Wieder ein paar Schritte weiter und linker Hand an seinem Klostergärtchen vorbei begrüßt uns majestätisch auf einer Anhöhe die **Basilica Santi Andrea e Gregorio al Monte Celio**. Streng und gleichzeitig harmonisch erscheint die Travertinfassade von Giovanni Battista Soria. Das Besondere an ihr ist, dass es sich noch nicht um die eigentliche Kirchenfassade handelt, denn die liegt hinter der Schauwand. Die Kirche wurde in den Jahrhunderten mehrmals umgestaltet.

Heute treffen wir in diesem Komplex neben der Kirche sowohl auf drei Oratorien als auch auf das Kamaldulenserkloster und die römische Filiale der Missionarinnen der Nächstenliebe, von Mutter Teresa von Kalkutta gegründet. Um 580 wurde hier ein Benediktinerkloster von Papst Gregor I. erbaut und dem heiligen Andreas geweiht. Die Fassade der Kirche stammt aus der Romanik. Der helle Kirchenraum wartet mit sehr schönen Böden, Fresken und Kunstwerken auf. Links der Apsis befindet sich die Cappella Salviati und der aus Marmor errichtete Altar von Andrea Bregno aus dem Jahr 1469.

Rechts der Apsis fügt sich die Cella di San Gregorio an. Man vermutet, dass der dort befindliche Thron der Bischofsstuhl des Heiligen Gregor war. Das schöne Medaillon *L'invio di Sant'Agostino di Canterbury presso gli angli* erinnert an den Heiligen Augustinus von Canterbury. Im Frühjahr 596 trat er von hier aus seine missionarische Reise nach England an.

Sir Edward Arne, der sich zwischen 1529 und 1533 in Rom aufhielt, hat hier seine ewige Ruhe gefunden. Bekannt wurde er als Gesandter von Heinrich VIII., um für ihn die Annullierung der Ehe mit Katharina von Aragon zu fordern.

Das Oratorio di Sant'Andrea wartet mit zwei recht unterschiedlichen und enormen Fresken auf. *Der Apostel Andreas wird zur Stätte seiner Hinrichtung geführt* war 1608 das erste Werk von Guido Reni unter Mithilfe von Giovanni Lanfranco. Auf der gegenüberliegenden Seite schuf Domenichino zeitgleich das Fresko *Die Geißelung des Heiligen Andreas*. Die Biblioteca di Papa Agapito I. hingegen liegt hinter dem Oratorium.

Das Oratorio di Santa Barbara war als Speiseraum für die Armen (*triclinium pauperum)* gedacht. Erwähnenswert ist ein massiver, aus antiken Spolien angefertigter Marmortisch. Der Legende nach speiste Gregor hier täglich mit zwölf Bedürftigen. Einmal soll sich ein dreizehnter Gast, ein Engel, eingefunden haben, dessen Sitzplatz heute noch gekennzeichnet ist. Direkt unter dieser Kapelle erwarten uns die Reste des Kryptoportikus, eines unterirdisch gelegenenen Gewölbegangs. Die einstige Wohnung aus dem 3. Jahrhundert verteilt sich auf mehrere Stockwerke.

Das dritte Oratorium Santa Silvia ist der Mutter Gregors gewidmet, deren Statue über dem Altar zu sehen ist. Es wurde im Jahre 1603 von Cesare Baronio errichtet und von Kardinal

Scipione Borghese gegen 1609 zu Ende geführt. *Insomma* – ein prall mit Sehenswürdigkeiten gefülltes Heiligtum.

Piazza di San Gregorio 1

Der Palatin-Hügel soll es sein. Ein Spazierweg auf der anderen Straßenseite von der Via di San Gregorio vorbei an ausladenden Schirmpinien zu einem schönen Ausblick auf das Plateau der malerischen Ruinen der Kaiserpaläste! Die eigentliche Geburtsstätte Roms wurde Jahrhunderte später das Zentrum eines Weltreichs. Für die Zunft der Archäologen ist noch kein Ende der Feldarbeit abzusehen.

Basilica dei Santi Quattro Coronati

Wenn Sie die Via di Santo Stefano Rotondo von der Villa Celimontana immer geradeaus laufen, biegen Sie links ab in die Via dei Santi Quattro Coronati. Am Ende der Straße erwartet Sie eine versteckte Perle, die Basilica dei Santi Quattro Coronati. Von außen gleicht sie einer Festung und die ersten Bauarbeiten gehen auf das Jahr 311–314 zurück. Schon Ettore Franz Roesler verewigte im 19. Jahrhundert diesen herrlichen Ort in seinen Aquarellzeichnungen. Das Augustinerkloster hat im Laufe der Jahrhunderte immer wieder von sich reden gemacht. Während des Zweiten Weltkrieges hoben die Ordensschwestern ihre Klausur auf, um Juden vor den Nazis zu verstecken.

Die Besichtigungszeiten sind sehr kurz, denn die Nonnen sind im Gebet, und oft muss man klingeln. Die Kapelle San Silvestro befindet sich gleich am Vorhof.

Sie werden um eine Spende für die Besichtigung der fantastischen, sehr gut erhaltenen Fresken aus dem 13. Jahrhundert gebeten

Die Kirche und der Kreuzgang in Cosmatenarbeit, zu dem man direkt in der Kirche linker Hand durch eine unscheinbare Tür Zugang hat, haben einen sehr urigen Charme. Man beachte die eingeritzten römischen Kardinalzahlen und geometrischen Zeichen im Gemäuer gegenüber der Eingangstür.

Hier handelt es sich um ein altes Brettspiel, denn auch Geistliche sollten schließlich ihren Spaß haben. Man warf einfach Kugeln oder Kreisel auf die Felder an der Wand. Ja näher man die Figuren traf, desto mehr Punkte erzielte man. Fraglich ist noch, ob und welche Preise die Gewinner erhielten, man hatte ja alles.

Weiter geht es zur Cappella di S. Barbara, der *Stanza del calendario* und dem *Sala delle Pentafore* aber der wahre Ritterschlag lässt noch auf sich warten ... Andreina Draghi ist die Direktorin des Museo Nazionale di Palazzo Venezia. 1995 machte sie durch puren Zufall gemeinsam mit der Restauratorin

Francesca Matera in einem Bekleide- und Bügelzimmer des Klosters die Entdeckung des Jahrhunderts: die Aula Gotica.

Dieses Zimmer, im 13. Jahrhundert vom Kardinal Stefano Conti errichtet, liegt im Torre Maggiore und ist 17 Meter lang und 9 Meter breit. Ein mittelalterliches Schauspiel, das seinesgleichen sucht. Sagenhafte Fresken, Jahreszeiten, Sternzeichen und Konstellationen der Himmelskörper stellen sich zur Schau. Jahrhunderte ruhte dieser Schatz hinter den verputzten Wänden. Nachdem finanzielle Mittel gefunden wurden und nach Jahren die Restaurierungsarbeiten endeten, weihte im Jahre 2006 der damalige Bürgermeister Rutelli feierlich den kulturhistorisch wertvollen Fund ein.

Dummerweise riegelten kurz darauf die Schwestern den spektakulären Raum wieder ab. Erst hieß es, dass eine abgetrennte Tür fehlte, die der Vatikan genehmigen musste, um die Nonnen nicht bei der Klausur zu stören. Es vergingen weitere Jahre mit Protesten seitens der Archäologen und Kunsthistoriker, die diesen Schatz der Welt mitteilen wollten.

Experten sprechen heute von der »Sixtinischen Kapelle des Mittelalters.» *Insomma* die Nonnen wollten ihre heilige Ruhe. Erst seit kurzer Zeit gibt es wieder feste Besichtigungstermine über einen einzigen Verein. Vielleicht hat man auch Glück bei einer der barmherzigen Augustiner-Chorfrauen, die einem diesen so begehrten Ort offenbaren könnte – greifen Sie in diesem Fall doch einfach tief in den Geldbeutel.

Via dei Santi Quattro 20 * Metro: S. Giovanni
www.aulagoticasantiquattrocoronati.it

Porta Maggiore

Porta Maggiore? Genau. Dieser verkehrstüchtige und chaotische Zentralpunkt, eine der größten und antiken Bus- und Straßenbahnhaltestelle Roms, zieht wohl kaum Touristen an. Hier treffen die drei recht unattraktiven Hauptstraßen, Via Casilina, Via Tiburtina und Via Prenestina aufeinander. Und doch liegen Sie falsch, wenn Sie noch nicht hier gewesen sind. 52 n. Chr. schuf Claudius die imposanten Bögen der Porta Maggiore.

Mitte des 3. Jh. wurden sie dann in die Aurelianischen Mauer integriert. Acht von damals elf Aquädukten in Rom führten an diesem Meisterwerk vorbei. Beim genauen Hinsehen erkennt man oberhalb des Stadttores noch unterbrochene Wasserleitungen und Reste von Fresken in einigen Bögen.

Am 4. Juni 1944 zogen an der Porta Maggiore die Amerikaner ein, geführt von General Mark Wayne Clark, der bei ihrer Ankunft einen Priester fragte: »*Dov'è il campidoglio?*« »Wo ist das Kapitol?«

Im benachbarten Stadtviertel San Lorenzo versteckt sich eine der besten Stehpizzerien Roms mit dem vielsagenden Namen *Come la manna dal cielo*, »wie das Manna vom Himmel.« Vor kurzer Zeit verstarb der Inhaber des Lokals. Er war bekannt für seine köstliche Pizza, die allein beim Lesen das Wasser im Mund zusammenlaufen lässt: *Pizza con pesce spada*, Pizza mit Schwertfisch belegt, *Calzone con straccetti di manzo*, gefüllte Pizza mit Rindfleischfilet-Streifen oder seine *Pizza con crema di arancia*, Pizza mit Orangencreme! Bleiben da noch Wünsche offen? Seine Webseite widmete er u.a. der Tomba del panettiere…

Das Grab des Bäckers Eurisace aus dem 1. Jh. v. Chr. befindet sich an der Rückseite der Porta Maggiore. Auf den ersten Blick erinnert es beinahe an die Patriziergräber aus der Via Appia. In Wirklichkeit stehen die Reihen zylindrischer Löcher für die Knettröge von Brotlaiben! Am oberen Fries werden die Szenen der Brotherstellung illustriert. In Latein steht geschrieben: *Dies ist das Monument des Bäckers Marco Virgilio Eurisace, Bäcker, Freigelassener und Unterbeamter.* Der ehemalige griechische Sklave arbeitete hart und konnte sich und seiner Ehegattin Atistia zuletzt dieses imposante Denkmal errichten.

Erst 1838 kam das Monument wieder ans Licht, als die damaligen Wachtürme eingerissen wurden. Im Inneren des Grabes fand man die Marmorskulptur des römischen Paares mit einer Gedenktafel: *Atistia war meine Gattin. Sie war eine wunderbare Frau, dessen sterbliche Reste im Brotkorb aufbewahrt sind.* In der Tat kann man heute die Urne in Form eines Backtroges im Museo delle Terme besichtigen. Die Moral von der Geschichte? Seit jeher konnten auch Pizzabäcker durch anständige Arbeit zu Reichtum gelangen!

Samstagabends fährt gegen 21 Uhr von der Porta Maggiore eine historische Straßenbahn mit Livemusik und Abendessen durch die Straßen der Stadt. Der ganze Spaß dauert in etwa bis Mitternacht. www.tramjazz.com

Die Inschriften an der Porta Maggiore erinnern an ihre damaligen Herrscher. Linker Hand der Tomba von Eurisace erkennt man noch die Reste der Porta Onoriana aus den Zeiten des Kaisers Honorius. Papst Gregor XVI. ließ sie bei weiteren Restaurationsarbeiten abreißen. Eine der Inschriften weist eine historische Kuriosität auf, denn dort ist noch der Name des römischen Heermeisters Flavius Stilicho (Stilicone) zu erkennen.

Im Gegensatz zu Gedenkstätten existierte in Rom auch die sogenannte Verdammung des Andenkens – *Damnatio memoriae*. Also die demonstrative Streichung des Namens einer Person wie kkdas Beispiel von Kaiser Nero zeigt. Sein Name wurde von allen Gedenktafeln wieder abgeschliffen und aus sämtlichen Annalen getilgt. Besagter Stilicone wurde 408 im Krieg gegen den Westgoten Alarich wegen Mitwisserschaft und Verrat verurteilt. An der Porta Tiburtina wurde sein Name entfernt, hier blieb er jedoch erhalten.

Auf der gegenüberliegenden Seite an der Piazza Labicana verbirgt sich hinter dem großen Eisentor eine unterirdische Kultstätte aus dem 1. Jahrhundert: die Basilica Sotterranea di Porta Maggiore. Sie soll aus der Zeit von Tiberius oder Claudius um die 14-54 n. Chr. stammen und wurde möglicherweise von Neopythagoreern, Angehörigen einer religiös-philosophischen Schule errichtet.

Auch in diesem Fall wurde die Struktur erst bei Bauarbeiten vom Eisenbahnviadukt am 23. April 1917 enthüllt. Die elegante Ausschmückung und der organische Aufbau der Gebäude waren typisch für diese Epoche. Größtes Beispiel hierfür ist die Domus Aurea von Nero. Die Inneneinrichtung besteht unter anderem aus Malereien der klassischen Mythologie. Vögelchen und Blumengirlanden dekorieren die Eingangshalle. Die Basilika steht dem Publikum nicht zur Verfügung. Es heißt, dies ändere sich *bald*. Das »bald« ist italienisch – *pazienza* also, Geduld!

Piazza di Porta Maggiore * Metro Manzoni

Die Porta Tiburtina – auch Porta San Lorenzo genannt –, mit ihren noch gut erhaltenen Türmen ist auch nicht weit. Ein Tourist hält hier wohl nie, denn sie liegt mitten im Verkehrsgetümmel.

Viale di Porta Tiburtina

Piazza Santa Croce di Gerusalemme

Noch einige Schritte weiter, an den lauten und stinkenden Autos vorbei, erreichen wir die Palastanlage des Comprensorio archeologico di S. Croce in Gerusalemme. Schon aus der Ferne erkennt man die Pilgerkirche, die dem Anwesen ihren Namen gab. »Jesus von Nazareth, König der Juden« – in einer Kapelle soll sich neben bedeutenden Reliquien eine Tafel mit der Inschrift vom Kreuz

Jesu befinden. Helena, die Mutter von Konstantin, der sich als erster römischer Kaiser zum christlichen Glauben bekannte, brachte sie aus dem Heiligen Land mitgebracht. Hinter der Kirche liegen die Thermen der Helena, das Amphitheater und der Circus Varianus. Nach dem Sieg beim Ponte Milvio (312 n. Chr.) soll auf dem Gelände die Domus Elena, die Residenz für Helena, entstanden sein.

In dem achttausend Quadratmeter großen Garten hingegen haben es sich die Mönche gemütlich gemacht. Hier haben sie eine Oase zur Selbstverpflegung erschaffen und das schon seit 500 Jahren! *Broccoli, Peperoni, Melanzane* – alles was das Gemüseherz begehrt. Am Samstag und auch am Mittwochmorgen ist momentan Verkauf für die Nichtheiligen.

Zu dem Komplex gehört auch noch das hochinteressante Museo Nazionale degli Strumenti Musicali. Es zeigt eine Sammlung von 800 Musikinstrumenten aus aller Welt. Das älteste deutsche Clavicembalo wurde 1537 von Hans Müller aus Leipzig gebaut.

Piazza Santa Croce in Gerusalemme 9A * Tram 3
Musikinstrumente-Museum: www.museostrumentimusicali.it
Klostergarten: telefonisch auf Reservierung

Domus Elena * www.coopculture.it

Don't miss!
Die Katakomben von Marcellino und Pietro und das Maosoleum der Heiligen Helena. Via Casilina

www.santimarcellinoepietro.it

DER NORDEN

Pflastermüde? Dann ruhen Sie sich hier auf den zahlreichen Grünflächen aus. Die atemberaubenden Parks heißen allesamt *Villa*, denn inmitten der traumhaften Grünanlagen stehen noch immer die ehemaligen Wohnsitze römischer Adelsfamilien. Im noblen Wohnviertel Parioli – von den Einheimischen *La Roma bene* (»das vornehme Rom«) genannt – könnte man beim Anblick der *palazzi* vor Neid schier erblassen. Die Gegend gilt als eine der teuersten Adressen der Stadt.

Die eleganten Straßen rings um den Zoo warten mit Luxushotels und bedeutenden Museen auf. Besonders im Norden der Stadt mischen sich das moderne und alte Rom. Unweit der etruskischen Villa Giulia präsentiert die imposante Galleria Nazionale d'Arte Moderna zeitgenössische Kunst. Im Sommer sollte man deren Edelrestaurant – wenn auch nur auf einen Drink oder sonntags zum Brunchen – wegen der sündhaft schönen Atmosphäre im Grünen aufsuchen. Der Service ist schlecht, aber beim Brunchen bedienen Sie sich ja selbst.

Außerhalb der Stadt (Prima Porta) befinden sich die Reste der **Villa Livia**, Residenz der dritten Ehefrau des Kaisers Augustus. Tel. 060608 * www.060608.it

Porta Pia

Die Via Venti Settembre endet an der Porta Pia. Der feine, klar gegliederte Tonbau von Michelangelo wurde auch seine letzte architektonische Arbeit. Am 20. September 1870 durchdrangen nordwestlich des Tores die *bersaglieri,* die Scharfschützen, die

Mauer. Sie marschierten in die Hauptstadt des damaligen Kirchenstaates ein und vollbrachten somit die Einigung Italiens.

Piazzale di Porta Pia * Metro: Castro Pretorio

Die Via Nomentana

Die ruhmreiche Vergangenheit Roms hat uns auch außerhalb des Zentrums unzählige Sehenswürdigkeiten beschert. Im Nordosten, weit ab von den einschlägigen Wahrzeichen, gelangen wir zu weiteren verborgenen Winkeln der Stadt.

Die verkehrsreiche Via Nomentana ist eine der Ausfallstraßen Roms, schöne Kirchen und Klöster werden von Zypressen, Palmen, Schirmpinien oder Oleander gesäumt. Botschaften verstecken sich hinter schützenden Mauern, und bedeutende Institutionen haben hier ihren Sitz. Im Gegensatz zu anderen Stadtvierteln sind die Plätze relativ sauber und gepflegt. Nur einen Steinwurf entfernt trifft man in ihren kleinen reizenden Seitenstraßen auf ein ruhiges Ambiente und vergisst sehr schnell das belebte Rom.

Das Grab des Heiligen Nikomedes – der Weg ist das Ziel

Wie man schnell erkennt, ist die Via Nomentana ein reiches Viertel. Sie beginnt an der Porta Pia, und die alten Mauern lassen wir jetzt hinter uns. Schräg gegenüber auf der rechten Seite ruhen in den Kellern des heutigen Transportministeriums weitere ungeahnte Schätze. Der Ursprung bereits gefundener Begräbnisstätten gibt uns jedoch noch viele Rätsel auf.

Seit Jahrhunderten suchte man in der Gegend nach der Grabstätte des römischen Priesters und Märtyrers Nikomedes, der Legende nach Jünger des heiligen Petrus. In zahlreichen Quellen wurde von seinem Grab berichtet. Der *Liber Pontificalis*, die spätantike Sammlung von Papstbiografien, liefert beispielsweise zwei Anhaltspunkte: die Biografie von Papst Bonifatius V. (7. Jh.)

berichtet von der Errichtung einer Basilika über dem Grab des San Nicomede, und die Biografie des Papstes Hadrian (8. Jh.) von einer Restaurierung dieser Kirche. Die Straßen in der Gegend unweit der Villa Torlonia sind auch ohne den Besuch des Grabes ihren Weg wert. Diese traumhaften Villen, auch wenn wir vor Neid erblassen, bieten uns wieder einmal einen fantastischen Einblick auf die facettenreiche Schönheit der Stadt.

Zurück zu der Suche nach der Grabstätte des Nikodemes. Im 16. Jh. berichtet der Archäologe Antonio Bosio in seinem Buch *Roma sotterranea* von der Entdeckung eines Hypogäums rechts der Porta Pia, das er detailliert als die Katakombe des heiligen Nikomedes benennt, jedoch bleibt die Suche danach erfolglos.

Erst im 19. Jh. stößt der Archäologe G.B. De Rossi in der damaligen Villa Patrizi auf zwei zusätzliche Hypogäen. Von dem kleineren ist heute keine Spur mehr vorhanden. Das größere hingegen identifiziert er als die »Reste der Basilika des Heiligen Nikomedes«. Er veröffentlicht seine Berichte und fortan glaubt man, das Grabmal gefunden zu haben.

Erst als zu Beginn der 20er-Jahre das Transportministerium gebaut wird, kommen 30 unterirdische Galerien, auf zwei Ebenen verteilt, ans Licht. Weitere werden in den Folgejahren entdeckt, und wieder überzeugen sich die Archäologen, den »Friedhof des Heiligen Nikodemes« gefunden zu haben. Schade nur, dass diese unter den neuen Strukturen verlorengehen. Der Vorgang wird ad acta gelegt.

Die Gänge erstrecken sich vom Transportministerium bis zur Via dei Villini, einem Viertel mit eleganten Gebäuden im Jugendstil, gleich neben der Via di Villa Patrizi, wo auch die Schweizer und die französische Schule ihren Sitz haben. In der Via dei Villini 32/34 des Ordens der *Figlie del Sacro Cuore di Gesù* liest man an einer Tür *Catacombe di Nicomede*, die wie oben erwähnt G.B. De Rossi entdeckte. Die einzige Gruft, die man besichtigen konnte, ist im Moment auch unzugänglich, und den Schlüssel zur Tür hat der Vatikan. Zuständig ist die Päpstliche Kommission für Sakrale Archäologie. Besagte Institution, die sich im Palazzo della Cancelleria befindet, wurde 1852 unter Papst Pius IX. genau von dem Mann gegründet, der auch diese ersten Grabkammern entdeckte, dem römischen Archäologe Giovanni Battista De Rossi. *Allora?* Wie geht es nun weiter? Jetzt machen wir erst einmal nichts und dann warten wir ab.

Eingang: Via dei Villini 32

> Das Villino Ximenes an der Piazza Galeno ist das erste Gebäude, das im Jugendstil in Rom erbaut wurde. Auch die Inneneinrichtung ist intakt geblieben.
> Via Bartolomeo Eustachio 2

Zurück zur Via Nomentana, sie führt uns vorbei an Gebäuden aus verschiedensten Epochen. Die Villa Torlonia liegt rechter Hand. Die kleine Villa Paganini, linker Hand, ist heute ein Hundepark.
Zu den wohl bekanntesten Einwohnern der Via Nomentana gehören die Mussolini-Nachkommen. Die Politikerin Alessandra Mussolini ist Benito Mussolinis Enkelin. Ihre Mutter Anna Maria Villani Scicolone, Halbschwester der Schauspielerin Sofia Loren, war mit Romano Mussolini, dem vierten Sohn Mussolinis, verheiratet. Die Mussolini-Urenkel besuchen teure Privatschulen in dieser Gegend.

Villa Torlonia, Mussolini und … der Bunker

Hat man also einmal die Porta Pia überschritten, dann ist es nicht mehr weit über die Via Nomentana zur eleganten Villa Torlonia. Politiker gehen hier mit ihren Kindern oder Enkeln spazieren und Paare liegen auf der Wiese. Auch dieser Park wird von mehreren Nobelvierteln eingeschlossen. Das 1797 von Giovanni Torlonia erworbene Grün schmücken flache Hügel und exotische Pflanzen. Später erweiterte der berühmte Architekt Giuseppe Valadier das Anwesen.

Für lange Zeit wurden die Häuser und Villen im Park vernachlässigt, bis sich Fürst Torlonia endlich dazu überwinden konnte, alles wieder in Ordnung zu bringen. Ein wahrer Augenschmaus ist heute wieder die *casina delle civette*, das Eulenhäuschen in Jugendstilarchitektur. Im Casino nobile hingegen (s. Fotos S. 221) finden sommerliche Konzerte statt, und die Ministadt Technotown bietet Kindern in einem 3D-Kino eine virtuelle Zeitreise in das antike Rom. Aus dem damaligen Gewächshaus für Zitronenbäume, ist heute das Restaurant *La Limonaia* geworden, das man einmal am Abend aufsuchen sollte, schon allein wegen der Lage!

In die Lokalchronik ist das Casino nobile als »Mussolinis Haus« eingegangen. Der Diktator Benito Mussolini residierte hier zwischen 1929 und 1943 mit seiner Frau Rachele und den fünf Kindern. Als dieser verstand, dass seine Zeiten nicht besser werden würden, ließ er sich hier einen Bunker und zwei unterirdische Zufluchtsorte bauen. Der erste Luftschutzkeller wurde 1940 unter dem trockengelegten Fucino-See in den Abruzzen und ein weiterer Luftschutzraum im Untergeschoss des Casino Nobile 1941 errichtet. Beide wurden bis 1943 benutzt. Mit dem Bau eines weiteren Bunkers wurde Ende 1942 begonnen. Er wurde jedoch nicht vollendet. Wäre er fertiggestellt worden, hätte

es sich um den sichersten Bunker Italiens gehandelt, allerdings nur für eine Person! Eine Besichtigung ist mit Voranmeldung möglich..

2004 stieß man bei Umbauarbeiten am **Casino nobile** auf einen unterirdischen Raum, der einem Etruskergrab ähnelt. Die Funktion des kreisförmigen Raums bleibt jedoch noch ungeklärt.

Via Nomentana 70

Zurück zur Via Nomentana, sie führt uns vorbei an Gebäuden aus verschiedensten Epochen. Die Villa Torlonia liegt rechter Hand. Die kleine Villa Paganini, linker Hand, ist heute ein Hundepark.Weiter geht es, und nach circa 700 Metern, an der Ecke Via Carlo Fea, vorbei an der Via Antonio Bosio, gelangen wir rechter Hand zur **Villa Mirafiori**. Der gesamte Komplex wurde im Stil der Neurenaissance erbaut und ist dem Verfall preisgegeben. Im Augenblick besuchen (noch) die Studenten die Fakultät für Philosophie den ehemals so schönen Ort. Schade.

An der Hausnummer 216 hingegen, nach etwa 850 Metern, vor den iranischen und libyschen Botschaften, wurde die **Villa Blanc**, ein eklektisches Bauwerk aus dem Jahre 1896, wieder fein herausgeputzt. Soeben ist hier die private Universität Luiss eingezogen. Die Einwohner und Umweltschützer kämpfen jedoch seit Jahren um die Erhaltung des anliegenden öffentlichen Parks. Das Rom der Reichen ist unendlich. Nach circa 200 Metern erwartet uns ein weiteres Kleinod der Antike.

Sant'Agnese fuori le mura – Eine Sehenswürdigkeit ersten Ranges

Hierzu gehören die Ruinen der frühchristlichen Basilika, das Mausoleum der Constantina und die Kirche Sankt Agnes vor den Mauern. Der gesamte Komplex hat eine beeindruckende Vergangenheit und steht dennoch im Schatten der vielen Kirchen der Stadt. Nehmen Sie sich eine Zeitschrift oder ein Buch mit und genießen Sie die Ruhe im Garten. Hier treffen wir auf gleich zwei bedeutende Frauen der Vergangenheit: Constantina, die Tochter von Konstantin dem Großen, und die Heilige Agnes. Was führt diese beiden zusammen? Die Überlieferungen berichten, dass Constantina bereits im Jahre 337 bis 351 n. Chr., als sie hier am Grab der Heiligen Agnes betete und daraufhin von einer Krankheit geheilt wurde, ihren Vater gebeten hatte, an dieser Stelle eine große Basilika zu errichten. Die wunderbaren Reste dieser Außenmauern sind noch heute erhalten geblieben.

Die Legende der Heiligen Agnes

Am 21. Januar, dem Gedenktag der heiligen Agnes, segnet der Papst Lämmer, deren Wolle zum Weben der erzbischöflichen Pallien verwendet wird – ein Brauch, der die enge Verbundenheit zwischen Hirten und Herde bildlich zum Ausdruck bringt. Im Alter von 13 Jahren wurde Agnes hier beerdigt. Unsicher ist das genaue Datum ihres Martyriums aus der Zeit der Christenverfolgung (möglicherweise während der Regierungszeit des Kaisers Decius (249-251), des Kaisers Valerian (257-260), oder aber des Kaisers Diokletian (303-305).

Die damals Zwölfjährige, aus einer römischen Adelsfamilie stammend, wurde dem Sohn eines Präfekten von Rom zur Ehe versprochen. Als sie sich jedoch zur Ehelosigkeit um Jesus Willen bekannte, wurde sie vor Gericht gestellt. Jedoch auch die Drohungen des Richters vermochten nicht, sie von ihrem Gelübde abzubringen.

Das römische Recht verbot die Hinrichtung von Jungfrauen, und Agnes sollte in aller Öffentlichkeit entkleidet und anschließend vergewaltigt werden. Und hier geschah das erste Wunder: Der Herr ließ ihr Haar so dicht wachsen, dass es ihren gesamten Körper bedeckte.

Vergewaltigen sollte sie der Sohn des Präfekten, er wurde jedoch von einem Dämon heimgesucht und starb. Die barmherzige Agnes rief ihn durch ihr Gebet ins Leben zurück und wurde aufgrund dessen als Hexe bezeichnet. Nun wollte man sie auf dem Scheiterhaufen verbrennen, jedoch scheiterte auch dieser Versuch. Selbst das Feuer wich von ihr zurück. Erfolg hatte letztendlich ein römischer Soldat, der ihrem Leben mit einem Schwert ein Ende setzte, so "wie man Lämmer tötet" (Agnus = das Lamm), indem er ihr den Hals durchschnitt. Wie man an den Abbildungen in der Kirche erkennt, wird sie mit einem Lamm im Arm dargestellt. Die römische Kirche Sant'Agnese in Agone an der Piazza Navona steht der Überlieferung nach an der Stelle, an der Agnes das Martyrium erlitten haben soll.

S. Agnese fuori delle mura

Die Kirche S. Agnese fuori delle mura an der Via Nomentana 349 wurde im 7. Jahrhundert unter Papst Honorius errichtet, als die erste Basilika der Constantina verfiel. Sie hat eine erstaunliche Inneneinrichtung, wie etwa die antiken Säulen aus Spolien, das Apsismosaik der heiligen Agnes und die vergoldeten Holzdecken. Das ganz Besondere stellen jedoch die Emporen dar, eine erhöhte Galerie (*matronaeum*). Von hier oben nahmen die Frauen an den Zeremonien teil. Nur noch eine weitere Kirche in Rom, San Lorenzo fuori le mura, zählt auch zu den Emporen-Kirchen.

Mausoleum Santa Costanza - das kleine Pantheon

Dieses prächtige Mausoleum, in den Jahren 340-345 erbaut, wurde 1254 von Papst Alexander IV. als Kirche geweiht. Dem Mausoleum gibt der Lichteinfall das besondere Etwas und man hat das Gefühl, sich in einem der berühmten Kirchenthriller zu befinden. Bei den Kapitellen der Granitsäulen treffen wir auf Spolien, die aus älteren Gebäuden hierher verbracht wurden. Sehr gut lässt sich noch am Mosaikschmuck erkennen: Pflanzen, Blumen und Vögel, Trauben, die beinahe auf einen Bacchustempel hindeuten, gehen auf die heidnische Tradition zurück. Ein bedeutendes Zeugnis der frühchristlichen Kunst. In den weitläufigen Katakomben, die sich unter der ganzen Anlage befindet, findet man auch das Grabmal der Hl. Agnes, dieses soll sich genau unter dem Altar der darüberliegenden Kirche befinden.

La ***sedia del diavolo*** wird er genannt, der Stuhl des Teufels. Inmitten des kleinen, aber stark besuchten Parkplatzes gehen die Ruinen des Grabmals von Elio Callisto beinahe unter. Tempelähnliche Grabstätten dieser Art waren im 2. Jahrhundert in Mode, wie man auch am Grab der Annia Regilla im Caffarellapark erkennt. Von Elio Callisto weiß man herzlich wenig, zweifelsohne zählte er zu der *upper class*. Dort, wo es die Häuser heute fast erdrücken, stand das Grab in der Antike einsam auf einem Hügel der römischen Landschaft und wurde, nachdem es einen großen Teil seiner Fassade verloren hatte, zu einem Fluchtort für Hirten. Den Namen gab ihm das Volk schließlich, als nachts seine Besetzer in seinem Inneren Feuer anzündeten, und das rote Aufleuchten der Flammen ein teuflisches Schauspiel aus der Ferne darstellte.

Piazza di Elio Callisto

Nach etwa vier Kilometern auf der Höhe der Hausnummer 384, links ist die Guardia di Finanza, geht es rechts hinunter in die alte Via Nomentana 404. Hier treffen wir auf eine alte pittoreske Steinbrücke aus dem 2. Jahrhundert, den **Ponte Nomentano**. Jede andere Stadt wäre schon allein wegen ihr – oder besser gesagt *ihm*, denn ponte besitzt in der italienischen Sprache den männlichen Artikel – eine Attraktion. Er beugt sich über den Aniene, den kleinen Nebenfluss des Tibers unweit der Piazza Sempione, und ihn ziert ein mittelalterlicher Brückenturm. Besonders im 18. und 19. Jahrhundert stellte die Brücke ein beliebtes Motiv für Künstler dar. Schon in der Antike war sie ein bedeutender Anlaufpunkt in der Landwirtschaft und wurde von Hirten mit ihren Herden überquert. Davon zeugt ein Rindskopf und eine Keule im Marmor, die möglicherweise auf den Hercules-Kult hinweist. Der in Griechenland so verehrte Held galt auch als Schutzpatron des Handels und des Gewinns. In der römischen Mythologie sind noch weitere Taten von Hercules bekannt. So soll er während seiner Rückkehr mit den Rindern des Geryoneus aus Spanien ein die Einwohner Latiums terrorisierendes Scheusal namens Cacus, das auf dem Aventin (oder Palatin) wohnte, vernichtet haben.

Zurück zur Brücke, das erste Mal im 5. Jh. n. Chr. wurde sie von dem Ostgoten Totila zertrümmert und wieder aufgebaut. Ebenso soll Papst Hadrian I. (772-95 n. Chr.) hier seine Festung errichtet haben. Heute treffen wir auf ein Sammelsurium aus Materialien: der große Bogen ist aus Travertin, die kleinen aus Marmor, Kiesel- und Tuffstein. Im Jahre 800 n. Chr. fand hier ein historisches Zusammentreffen von Papst Leo III. und Karl dem Großen statt, der auf einen Sprung nach Rom kam, um sich im Petersdom zum Kaiser krönen zu lassen. Die letzte burgartige Wiederherstellung verdanken wir Papst Nikolaus V. (1447-1455), wie man an seinem Wappen erkennt. Die Brücke wechselte durch die Jahrhunderte hindurch die Eigentümer, derzeit sind es das Kloster S. Pietro in Vincoli und S. Agnese fuori delle mura. Dieser Schmelztiegel der Geschichte unterschiedlicher Epochen lässt sich von der Hektik der Stadt nicht aus der Ruhe bringen. Fraglich, ob hier jemals ein Tourist gewesen ist, selbst die Römer kennen dieses Kleinod nicht.

Und wenn Sie schon soweit gekommen sind, dann nehmen Sie noch das Stadtviertel Città di Giardino mit. Es entstand in den 20er-Jahren nach englischem Modell, wie das bereits erwähnte Stadtviertel Garbatella im Süden, und zeichnet sich durch kleine Villen mit viel Grün davor aus, den beachtlichen Rahmen bieten Zypressen. Hier breitet sich das Anienetal, die *campagna romana*, weit aus. Gleich zwei Waldorfschulen haben hier ihren Sitz, um der römischen Natur nahe zu sein. Fragen Sie sich einfach durch, so lernen Sie Leute kennen.

Auf 400 Quadratmetern werden im **Museum Casal dei Pazzi** die Funde aus der Prähistorie wie etwa Reste eines antiken Elefanten gezeigt. www.museocasaldepazzi.it

Welcher großflächige Park im Norden Roms wird selten von Touristen aufgesucht?

Abseits der Touristenströme und doch so nahe am Zentrum liegt die ausgedehnte Villa Ada. Der einstige Besitz der Könige Viktor Emanuel II. und III. wirkt mit seiner waldähnlichen Bepflanzung zum Teil noch sehr ursprünglich. Im Sommer findet man viel Schatten und kann zu einem kleinen künstlichen See spazieren. Von Juni bis September treffen sich hier die Fans der World Music, einem kulturellen Ereignis mit kleinen Imbissständen und exotischen Köstlichkeiten für alle Sinne. Eingänge befinden sich in der Via Salaria und in der Via Panama. www.villaada.org

Das Hypogäum der Via Livenza

Wir befinden uns nun inmitten der Nekropole Salario. Als 1923 zwischen der Via Livenza und der Via Po ein luxuriöser Palast entstehen sollte, wurden bei Bauarbeiten die Reste des Hypogäums aus dem 4. Jh. entdeckt. Viele Teile wurden zerstört, und doch sind die übriggebliebenen Elemente einen Besuch wert. Eine Treppe führt hinter einer Garage in neun Meter Tiefe hinunter. Die Wände zieren farbträchtige Dekorationen und ein Becken fungierte an dieser Stelle als Wasserfall. Die Seitenwände sind mit Mosaiken aus Glassteinen geschmückt. Auf dem Fresko erkennt man Diana, die Göttin der Jagd, mit einem Lorbeerkranz. Die Funktion dieses Ortes bleibt allerdings ein Rätsel. Die basilikale Struktur und das Becken lassen einen christlichen Taufraum vermuten. Es könnte sich ebenso um einen Kultort handeln, der dem Wasser geweiht war, oder um ein Nymphäum.

Via Livenza * Tel. 060608 * www.060608.it

Villa Madama

Am Nordosthang des Monte Mario versteckt sich die Villa Madama. Die im 16. Jahrhundert von Raffael und Antonio da Sangallo geplante und errichtete Villa liegt oberhalb des Olympiastadions. Auftraggeber waren die Päpste Leo X. und Clemens VII. 1536 heiratete Alessandro de' Medici *»la Madama«*, die damals 12 jährige Margarete von Österreich. Damals wohnte sie in der Innenstadt im gleichnamigen Palazzo Madama. Nach dem Tod Margaretes ging die Villa in den Besitz der Adelsfamilie Farnese über. In den folgenden Jahrhunderten verkam das Anwesen nach und nach, um schließlich als Stall und Gerätehaus genutzt zu werden. 1925 kaufte eine adelige Familie das Anwesen. An diesem Prachtwerk arbeiteten weitere große Meister wie Giulio Romano oder Baldassarre Peruzzi. Erwähnenswert in dieser typischen *villa romana* sind der italienische Garten, die Loggia von Raffaello und die Groteskenmalereien. Seit 1937 residiert hier das italienische Außenministerium. Die Villa Madama wird für Empfänge ausländischer Staatsbesucher benutzt und steht selten dem Gemeinvolk zur Verfügung. Die Villa wurde nie gemäß der einstigen Pläne vollendet.

Via di Villa Madama * Besichtigung nur über Vereine oder Reisegruppen auf Anfrage bei der Kommunaldirektion der Schönen Künste

Ponte Milvio

Über diese historische Brücke stolzierten schon Martin Luther, Karl der Große und Friedrich der Zweite. Wie in jeder Großstadt mittlerweile üblich, hängen verliebte Paare die Vorhängeschlösser an die Lampenpfeiler und werfen deren Schlüssel symbolisch in den Tiber. Am Abend ein beliebter Treffpunkt für Jugendliche.

Tram 2, Bus 53

Quartiere Coppedè

Unweit der Piazza Buenos Aires präsentiert sich die kleine bezaubernde Wohngegend des Architekten Coppedè. Die exklusiven Jugendstilpaläste und schlossartigen Gebäude sind mit Fabeltieren, Feenfiguren, Löwenköpfen und Monstern verziert. Inmitten dieser kleinen und bezaubernden Märchenwelt macht ein dekorativer Froschbrunnen seine Aufwartung.

Piazza Mincio * Tram 3

DAS MODERNE ROM

Am 17. Juni 2013 wurde direkt an der Piazza Navona 49 das Homöopathie-Museum eingeweiht. Es hält viele Fotografien, Preise und Schriften von Samuel Hahnemann, dem Gründer der Alternativmedizin, bereit. Interessant sind Hunderte von Behältern und Gläschen, unter denen eines für die Zarin Alexandra bestimmt war.

Gibt ein Leben nach der Antike? In der Millionenstadt ist nicht nur die Vergangenheit allgegenwärtig; die heutigen Römer verweilen mitten im Leben des 21. Jahrhunderts. In zahlreichen Gebäuden der Innenstadt sind Großbanken und Behörden untergebracht, und junge Italiener und Ausländer studieren hier. Lernen Sie auf eine ganz pragmatische Art die zahlreichen Facetten Roms kennen und steigen Sie in die Straßenbahn Nr. 19 ein! Sie bummelt vom Nobel-Stadtteil Parioli bis hin ins Arbeiterviertel Pigneto. »*Dalle stelle alle stalle*«, heißt es in Italien, wörtlich übersetzt »von den Sternen in die Ställe«.

Im Centro storico an der Piazza San Lorenzo in Lucina stand man in den 50er-Jahren für Filme wie *Vacanze romane* (Ein Herz und eine Krone) oder *Roma città aperta* von Roberto Rossellini an. Genau dort hat sich ein Louis Vuitton Laden niedergelassen: La Maison Roma Etoile, nach dem ehemaligen Kino benannt. Lassen wir für einen Augenblick die sündhaft teuren Täschchen beiseite – der dreistöckige Edeltempel kann sich sehen lassen. Im ersten Stock befindet sich immer noch ein kleines Filmtheater, welches auch Nichtkäufer mit alten Schwarz Weiß-Filmen unterhält. Der *Palast* ist mit weiteren Kunstwerken ausgestellt.

Don't miss!
Die pittoreske Künstlergasse Via Margutta versteckt sich zwischen der Spanischen Treppe und der Piazza del Popolo. Hier wohnte u.a. der italienische Filmregisseur Fellini.

Auditorium

Einrichtungen zeitgenössischer Kunst in Rom lassen Sie sich noch an einer Hand abzählen. Vor einigen Jahren eröffnete im Wohnviertel Parioli das Auditorium: ein moderner Musik-Komplex, in dem täglich Konzerte von Klassik bis hin zur internationalen Musikszene stattfinden. Wo sonst neue Gebäude recht klassisch gehalten werden, fiel der Architekt Renzo Piano von einem Extrem ins andere. Die schuppenartig mit Bleitafeln bedeckten Dächer erinnern an die Form eines Skarabäuskäfers. Um jedoch nicht ganz auf die Antike zu verzichten, wurde ein Amphitheater in den Mittelpunkt gesetzt.

Viale Pietro de Coubertin 30 * www.musicaperroma.it

Welches sonderbare Gemälde befindet sich in der Künstlerkirche Santa Maria in Montesanto auf der Piazza del Popolo?

Das Abendmahl in Emmaus von Riccardo Rommasi Ferroni weist erst einmal einen klassischen Stil auf. Schauen Sie jedoch genauer hin, so werden Sie einen modern bekleideten Pilger mit Sportschuhen bemerken! Sonntags um 12 Uhr findet die Künstlermesse statt.

Ponte della musica

2011 wurde diese moderne Brücke eingeweiht. 190 Meter ist sie lang, 22 Meter breit und verbindet das Auditorium Parco della Musica mit dem Foro Italico und seinen Sportkomplexen auf der gegenüberliegenden Seite. Wieder einmal wurden die Klingen gekreuzt, denn der Bau kostete um die 10 Millionen Euro, nur um einige Hundert Meter weniger laufen zu müssen. Schön und elegant sieht die Brücke aus, im Hintergrund sieht man den Monte Mario. Vor einiger Zeit fand man die ersten Risse im Boden …

Lungotevere Flaminio - Piazza Gentile da Fabriano

Etwas abgelegen ist das originelle Museo della Mente. Ein Teil des ehemaliges Irrenhauses wurde in einPsychiatrie-Museum umgewandelt. Kopfkino für Jung und Alt und interessante Veranstaltungen.

Piazza S. Maria della Pietà 5 * www.museodellamente.it

MAXXI – Museo Nazionale delle Arti del XXI. Secolo

Nur einige Schritte weiter treffen wir im Wohnviertel Flaminio auf das MAXXI, das Nationalmuseum der Künste des 21. Jahrhunderts. Elf Jahre dauerte das Projekt an. Architektin war die englisch-irakische Zaha Hadid, die als erste Frau den Pritzker-Architektur-Preis erhalten hat. Es gab viel Gedöns und Meutereien, denn die Römer lassen sich ihre gute alte Architektur schließlich nicht gegen ein »Delta mehrerer Flüsse in einem weißen Kasten« eintauschen. Nun geht das Gerücht um, der ganze Komplex sei bereits wieder restaurationsbedürftig.

Via Guido Reni 4 * www.fondazionemaxxi.it

London Calling im Norden Roms! Auf nur 100 Metern reihen sich zweistöckige, in feine Pastellfarben eingehüllte *palazzi* aneinander. Die Straße ist bis ins kleinste Detail gepflegt. Angefangen von den Briefkästen bis hin zu den Lampen. Stufen führen zu einigen Hauseingängen, andere haben pittoreske Vorgärtchen - eine Seltenheit!

Via Bernardo Celentano * Metro Flaminio

Das Hendrik Anderson Museum

Und auch an dieser Stelle bewerkstelligt sich wieder der Spruch *»best things in life are free«*. Rom bietet Mannigfaches zum Nulltarif. Das 1999 eröffnete Museum des bekannten norwegischen Bildhauers befindet sich in der eleganten Villa Helene. Im Erdgeschoss wird sein damaliges Atelier mit vierzig gigantischen Skulpturen aus Gips und Bronze gezeigt. Im ersten Stock seiner damaligen Wohnräume bilden Zeichnungen und graphische Werke eine Sammlung. Das Museumscafe eignet sich, um auf der Terrasse eine Kulturpause einzulegen.

Via Pasquale Stanislao Mancini 20

1994 wurde nach jahrzehntelangen Auseinandersetzungen mit dem Vatikan eine **Moschee** in der Viale della Moschea 85 im Norden Roms errichtet. Hier handelt es sich um die größte Moschee Europas. Auf den *Muezzin*, der die Gläubigen zum Gebet ruft, mussten die Muslime jedoch verzichten. Das architektonische Meisterwerk, das römische Materialien und Elemente der islamischen Ikonografie verbindet, beherbergt auf seinem Gebäude auch ein islamisches Kulturzentrum.

Dio Padre Misericordioso

Der amerikanische Stararchitekt Richard Meier, der schon mit viel Ach und Krach die Außenfassade der Ara Pacis vollendete, hinterließ seine Handschrift noch einmal bei der »Kirche des dritten Jahrtausends«. Dio Padre Misericordioso liegt abseits von den üblichen touristischen Routen. Durch seine abstrakte, expressive Form, die an ein Schiff mit vollen Segeln erinnert, ist es eines der ungewöhnlichsten Gotteshäuser Roms.

Largo Terzo Millennio 8-9 * www.diopadremisericordioso.it

Die Farbe Weiß, die für die Außenhülle der Ara Pacis benutzt wurde, suchte Richard Meier, amerikanischer Architekt und Erbauer der Fassade, auf der ganzen Welt. Sie sollte das hellste und klarste Weiß hergeben. Wo fand er sie schließlich?
In Deutschland.

Pastificio Cerere

Ende der 70er-Jahre wurde an der Via Tiburtina eine ehemalige Nudelfabrik von Künstlern besetzt. Die heutigen Künstlerhallen können sich sehen lassen. Im Laufe der Jahre wurde das Gebäude renoviert und eine professionelle Künstlervereinigung gegründet, die mittlerweile ihre Lofts vermietet und Stipendien vergibt. Unter anderem führt hier Myriam Bottazzi, *in arte* Myriam B., ihr leuchtend weißes Schmuckatelier. Bei ihr entstehen schmucke Kunstwerke.

Auf einen schlichten Juwelierdraht werden beispielsweise Hunderte von roten Pailletten aufgezogen und zu matt schimmernden »Korallenfingern« verarbeitet, oder aus verschiedenen Materialien wie Gummi, alter Spitze oder Metall entstehen hippe und gleichzeitig elegante Ketten. Die Designerin selbst nennt ihre Schmuckstücke »Körperornamente«.

Fondazione Pastificio Cerere * Via degli Ausoni 7
www.pastificiocerere.it
Miriam B. * www.myriamb.it

Die **Villa Mercede** ist eine kleine Oase mitten im Studentenviertel San Lorenzo. Das Gebäude im Grünen gehört zur Stadtverwaltung und beherbergt eine der zahlreichen städtischen Bibliotheken, die Veranstaltungen und Leseabende organisieren.

Via Tiburtina 113

Metropoliz

Erst Nudel- dann... Salamifabrik, jetzt.... Kunststadt. Als der weltbekannte Wursthersteller Fiorucci vor einigen Jahren seine Werkshallen an der Via Prenestina schloss, entstand dort in Windeseile die Kunststadt Metropoliz. Der Rundgang ist ein Abenteuer, denn mittlerweile haben mehr als 200 Menschen aus aller Welt auf dem Gelände einen Schlafplatz gefunden.

Auswanderer aus Peru, Marokko, Rumänien – ein wahrer Multikulti-Ort.

Die Fabrik wurde erstmals von einer Vereinigung besetzt, die sich unter anderem dafür einsetzte, dass ihre Kinder die Schule besuchen durften. Nach und nach entstanden die Kunsthallen. Aufsteigende Künstler wie die Aktivistin Paola Romoli geben ihre Performance zum Besten. Die Wandmalereien können den modernen Museen in der Welt ohne Weiteres das Wasser reichen.

Via Prenestina 913 * www.spacemetropoliz.com

MACRO

Das MACRO ist in Rom gleich mit zwei zeitgenössischen Museen vertreten. Nummer Eins residiert in einer ehemaligen Brauerei im Norden der Stadt. Wir treffen auf eine avantgardistische in rot gehaltene Inneneinrichtung. Die Sammlung beinhaltet über 1.200 Kunstwerke mit einem Entstehungszeitraum von 1960 bis in die Gegenwart. Zu den Künstlern zählen u.a. Piero Dorazio und Mario Schifano. MACRO Future hingegen hat seine Zelte im Süden auf dem Gelände der ehemaligen Schlachthöfe aufgeschlagen. Das Museum liegt gleich beim Monte dei cocci, dem »Scherbenberg« (s.u. *Das grüne Rom*) und stellt einen idealen Ort für kulturelle Experimente dar. Einige der ehemaligen Schlachthallen wurden wieder schön herausgeputzt und dienen nunmehr als Ausstellungsräume.

MACRO Future * Piazza Orazio Giustiniani

MACRO – Museo d'Arte Contemporanea * Via Nizza 238
www.museomacro.org

Bei einem Spaziergang rund um den Scherbenhügel in Testaccio sollte man das angrenzende Gebäude der sogenannten Città dell'Altra Economia nicht auslassen. Am Wochenende verkaufen hier Floh- und Biomärkte ihre Waren, während die Bar köstlichen Bio-Espresso offeriert. Im Winter fahren die Kinder Schlittschuh auf dem Vorplatz und im Sommer spielen Musiker. Es herrscht eine alternative und lockere Stimmung.

www.cittadellaltraeconomia.org

Gleich beim Scherbenberg überrascht unter dem modernen und überdachten Markt in Testaccio wieder die Antike: ein Amphorendepot aus dem 1. Jahrhundert. Einzigartig!

www.mercatoditestaccio.it

Gasometro

Das 1937 gegründete Werk, das fleißig Gas in die römischen Haushalte lieferte, arbeitet schon seit Jahren nicht mehr. Wie das Pantheon gehört heute auch der Gasometer zur Geschichte der Stadt. Ein 92 Meter gerüstähnlicher Bau schaut fröhlich auf den Tiber hinab und stellt heute ein modernes gigantisches Kunstwerk dar.

Gasometro

Der türkische Filmregisseur Ferzan Ozpetek fühlt sich sehr stark mit dem hiesigen Stadtviertel Ostiense verbunden, in dem er seinen Film *Le Fate ignoranti* drehte. Ihm genügt ein Spaziergang entlang dieses herrlichen modernen Kolosseums, um sich zu entspannen. In den Sommermonaten, wenn sich Verkaufsstände und Nachtlokale rund um das ansehnliche Gerüst ansiedeln, wird hier monatelang gefeiert.

Via del Commercio/Via del Porto Fluviale

Centrale di Montemartini

Den Vogel schießt ein altes Kraftwerk aus dem Jahr 1912 ab. 400 Skulpturen aus den Beständen der kapitolinischen Skulpturensammlung sind hier ausgestellt. Erst war die Auslagerung aus dem Kapitol als Notlösung gedacht.

Der Kontrast zwischen den antiken Skulpturen und den öligen Maschinen entpuppte sich jedoch als so reizvoll, dass hier eine dauerhafte Ausstellung eingerichtet wurde. So posiert z.B. Muse Polyhymnia, Tochter des Zeus, vor den Heizmaschinen – das hat was!

Via Ostiense 106 * Metro: Garbatella * Tel. 060608

www.centralemontemartini.

Centrale Montemartini

Der Stadtteil EUR

Mussolini plante anlässlich der Weltausstellung Rom 1942, der *Esposizione Universale di Rom,* eine exorbitante postmoderne Trabantenstadt. Die Kurzform der damaligen Messe gab dem heutigen Stadtviertel seinen Namen: EUR – für uns Deutsche kaum aussprechbar! Dann kam der Krieg dazwischen, Mussolini konnte seine feudalen Bauten jedoch noch rechtzeitig in dem exklusiven Stadtteil verwirklichen.

Die breiten Straßen wurden mit eleganten Grünanlagen und einem künstlichen See bestückt, und an der Via Cristoforo Colombo erheben sich heute die süffisanten weißen Gebäude aus repräsentativen Materialien wie Marmor und Travertin.

Das bekannteste Bauwerk ist wohl der megalomane Palazzo della Civiltà Italiana, auch »*Colosseo quadrato*« oder »Emmentaler« genannt. Den Käsenamen hat er aufgrund seiner quadratischen Form und den 216 Rundbogenarkaden, die wie Löcher wirken. Schon Giorgio de Chirico, Vorreiter der Surrealisten-Malerei, verewigte den Palazzo in seinen Werken. Über den Arkaden steht geschrieben:

UN POPOLO DI POETI DI ARTISTI DI EROI DI SANTI DI PENSATORI DI SCIENZIATI DI NAVIGATORI DI TRASMIGRATORI

»Ein Volk der Dichter, der Künstler, der Helden, der Heiligen, der Denker, der Wissenschaftler, der Seeleute, der Wandernden«. Jahrelang war der Palast wegen Renovierungsarbeiten geschlossen.

Palazzo della Civiltà Italiana – das Fendihaus

2015 zog das Modehaus in den Palazzo della Civiltà Italiana ein. Auch wenn die Luxusmarke seit 1999 zum französischen Imperium LVMH gehört, so bleibt der Name Fendi mit der Tibermetropole eng verbunden. Der Flagship Store im Palazzo Boncompagni am Largo Goldoni gleich an der Via del Corso ist nicht nur von außen ein Hingucker. Wer sich die exklusiven Modeteile nicht leisten kann oder möchte, sollte trotzdem einen Streifzug durch dieses »Kunsthaus« unternehmen. Adele Casagrande und ihr Gatte Edoardo Fendi unterhielten 1918 ein Pelzgeschäft in Rom. Es folgten weitere Läden mit hochpreisiger Bekleidung, fünf Töchter kamen auf die Welt, und der internationale Erfolg stand auch bald vor der Tür. In den 80er Jahren, als der Pelz aus der Mode und ins Visier der Tierschützer geriet, entstanden neue Produkte wie Taschen, Accessoires, Lederwaren, Uhren, Parfüms und Einrichtungsgegenstände. Die fünf Fendi-Schwestern übernahmen nach dem Tod ihrer Eltern die Firma.

Das bekannte FF-Label erfand übrigens Karl Lagerfeld, der seit 1965, damals noch unbekannt, als Designer der Damenkollektion im Haus ist. Silvia Fendi ist Co-Designerin. Das Fendi-Design ist im Vergleich zu den ausgefallenen Marken wie Gucci oder Versace konservativer. Rom ist auch keine hippe Modestadt wie Mailand. Die Römer setzen eher auf edle Klassik als auf modischen Schnickschnack.

Das Modehaus unterstützte die Renovierung des Trevibrunnens mit einer Summe von 2,2 Millionen Euro und präsentierte 2016 die Damenkollektion auf dem Wasser des Brunnens, worüber ein durchsichtiger Laufsteg gelegt wurde. Auch die Zusammenarbeit zwischen Fendi und dem Filmgeschäft lief immer gut. Rom war seit jeher Filmstadt und die Familie Fendi mit den bekannten Regisseuren befreundet. So konnte man bereits ihre Kleider in den Filmen von Fellini und Visconti sehen. Fendi eröffnete 2015 im Palazzo della Civiltà Italiana nicht nur seinen Verwaltungssitz, sondern auch eine Museumsfläche auf der ersten Etage des Palazzos. Die wechselnden Ausstellungen stehen seitdem der Öffentlichkeit zur Verfügung. 2019 hat Alda Fendi in der Via dei Cerchi 21 beim Circus Maximus ein weiteres modernes Fendi Museum eröffnet: die Rhinoceros Gallery sollte man allein wegen der Terrasse im 5. Stock aufsuchen.

www.fondazionealdafendi-esperimenti.it

Das neue Fendi Geschäft an der Via del Corso

EUR hat noch so einiges zu bieten: Die Wolke, ***la nuvola*,** so wird der Kongresscenter aufgrund seiner Form in Inneren des Glasgebäudes genannt, hat 2012 in Londen den Preis *Best Building* vom Royal des Institute of British Architects erhalten. Der **Palazzo dello Sport** hingegen gilt wegen seiner klaren Geometrie als Meisterwerk der Sportarchitektur. Die Kuppel besitzt einen Durchmesser von 100 Metern. Der Palazzo wurde 1960 anlässlich der Olympischen Sommerspiele erbaut, und sein Name wurde später in *PalaLottomatica* geändert. Heute veranstaltet man hier bedeutende Konzerte und Events. Einen weiteren Besuch wert ist das **Museo della Civiltà Romana**. 1970 hat hier Italo Gismondi ein beeindruckendes 100 Quadratmeter großes Stadtmodell kreiert. Aufregend sind auch die Gipsabdrücke des Reliefbandes der Trajansäule.

Piazza Giovanni Agnelli 10 * Metro Fermi
www.museociviltàromana.it

Aus aller Ferne erkennt man ein eigentümliches Kirchenhaus. Hoch oben auf den Treppen thront die 1939 entstandene Basilika **St. Peter und Paul**. Sie erweckt von außen eher den Anschein einer Moschee und gehörte zu Mussolinis Vorzeigeprojekten.

www.santipietroepaoloroma.it * Metro Palasport
Piazzale di Santi Pietro e Paolo

Ob ein Tourist nach EUR kommen will, um im kleinen See zu rudern, sei dahingestellt. Aber wenn man einen Kontrast zur Antike sucht, dann ist man hier genau richtig, und das Meer ist auch nicht weit!

Spaziergang durch Garbatella

Das faszinierende Stadtviertel Garbatella ist über die gleichnamige U-Bahn-Station der Linie B erreichbar. Dieser jüngste unter den historischen Stadtteilen gelangte durch die Streifzüge von Nanni Moretti mit seiner Vespa in seinem Film *Caro Diario* zu Berühmtheit und wurde vom Arbeiter- zu einem Kultviertel.

1920 plante Vittorio Emanuele III. das entzückende Örtchen nach dem Vorbild der englischen Gartenstädte auf einem Weinberg. In Ostia sollten ein Großhafen und ein Kanal entstehen, parallel zum Tiber unterhalb der Piazza Benedetto Brin verlaufend. Genau an dieser Stelle wurde der erste Grundstein gelegt, aber das Projekt verlief im Sande. Der Plan einer zauberhaften Wohngegend lebte weiter. Sie bot fortan der damaligen Arbeiterklasse ein glückliches Heim, welche durch die rasant fortschreitende Industrialisierung in miserablen Wohnverhältnissen lebte.

Heute ist Garbatella ein idealer Platz für einen ausgiebigen Spaziergang inmitten der typischen kleinen Villen mit ihren Gärten und historisch interessanten Plätzen. Selbst die Post, die Schule und der malerische Markt sind es wert, hierher zu kommen. Weiter geht es durch zahlreiche Gassen, man kann sich einfach nicht sattsehen. Die Bögen, Brunnen und Gärten in den Innenhöfen sind eine wahre Augenweide. Kanten und sanfte Kurven zieren die im *barocchetto romano (*kleiner Barock) errichteten *palazzi.*

Von der Piazza Benedetto Brin aus führt uns ein Bogen durch das anliegende Bauwerk zum Herzen des Viertels. Über die Via Luigi Orlando gelangt man zur Piazza Bartolomeo Romano. Lassen Sie sich von hieraus weiter treiben – durch eine einzigartige Architektur, die herzlich wenig mit Rom zu tun hat.

Sie werden hier kein einziges Gitter oder verschlossenes Tor finden, und können getrost durch die Innenhöfe und Gärten spazieren. Die Einwohner sind Fremde gewohnt. Sie grüßen freundlich und setzen ihre Gespräche untereinander ungestört fort oder hängen weiter ihre Wäsche auf die Leine. Die Bevölkerung setzt sich mit viel Liebe und Energie für den Erhalt ihres Viertels ein, denn die Kassen der Gemeinde sind wie immer leer.

Das soziale Miteinander steht im Vordergrund. Die Bauten im »Coppedè für Arme«, nennen sich übrigens *lotti*. Bei einem *lotto* handelt es ich um ein großes Wohngebäude oder viele kleine Villen mit einem Innenhof, denen eine Nummer zugeordnet wurde. Mal sehen, wie gut Sie denn schon die Nummern kennen: das *lotto otto* ist besonders schön – nicht nur, weil es sich reimt.

An der Piazza Bartolomeo Romano hat das Palladium seinen Platz. Ein ehemaliges Kino, das heute als Theater und Veranstaltungsort Verwendung findet. Von hier führt Sie die Via Giovanni Ansaldo zu der Piazza Michele da Carbonara. In der Faschistenzeit wechselte bedauerlicherweise der Baustil. Grünflächen wurde nur noch wenig Platz zugedacht, mehrstöckige Gebäude entstanden. Erwähnenswert sind die »Vorstadthotels«, die sogenannten *alberghi rossi,* die Gandhi im Dezember 1931 besuchte. Sie werden sie schon erkennen. In vier Wohnbauten wurden damals Bedürftige untergebracht. Jede Familie besaß einen Schlaf- und Wohnraum. Die Möbel mussten einheitlich sein, während Waschräume, Küche und der Speisesaal im Kollektiv geteilt wurden. In den unteren Stockwerken wurden Schulen, Kindergärten und … Desinfektionsräume errichtet!

Über die Via Roberto Nobile erreicht man die Piazza Giovanni da Triora. Sie diente als Drehort der bekannten italienischen Fernsehserie *I Cesaroni*. Die Bar kommt allerdings nicht so adrett daher wie im Film. Dort treffen Sie auf all die Fans des Fußballclubs AS Rom.

Weiter geht es zu einem Brunnen, der Fontana di Carlotta auf der Piazza Ricoldo da Montecroce. An der bekannten Treppe, der *scala degli innamorati,* trafen sich unmittelbar nach dem zweiten Weltkrieg die verliebten Paare.

Die Via Giustino de Jacobis bringt Sie zur 1818 erbauten Chiesa dei Santi Isidoro e Eurosia an der Piazza Sant'Eurosia. Die Kirche wurde im Mittelalter von vielen Pilgern besucht, da sie sich an einem Wallfahrtsweg zwischen den sieben Pilgerkirchen befindet.

Zurück zur Via Cristoforo Borri gelangen Sie in die Via Daniele Comboni. Linker Hand sehen Sie ein schönes Gebäude, das drei imposante Steinadler bewachen. Man würde bei diesem schönen Bau annehmen, dass es sich um eine Kirche handelte. Unglaublich aber wahr, Sie stehen vor einer ganz normalen Schule.

Lassen Sie die Via Domenico Chiodo nicht aus – unfassbar ruhig, grün und idyllisch. Zurück zur Metro führt die Via Ignazio Persico.

www.rionegarbatella.it * Metro Garbatella
www.palladium.uniroma3.it * Piazza Bartolomeo Romano 8

Gleich in der Nähe von Garbatella thront das gigantische auf mehrere Etagen verteilte Feinschmeckerhaus Eataly.
Piazzale XII Ottobre 1492 * www.eataly.net

Nanni Moretti

Was wäre Manhatten ohne Woody Allen? Oder Berlin ohne Wim Wenders? Filmregisseure bemalen eine Stadt immer wieder aufs Neue und hinterlassen alternative Anlaufpunkte für Touristen und Einheimische. Während die älteren Jahrgänge beim Besichtigen des Trevibrunnens noch Marcello Mastroianni und Anita Eckberg aus Fellinis *La Dolce Vita* vor Augen haben, hat hingegen in den letzten Jahrzehnten Nanni Moretti den Nerv der Zeit getroffen.

Mit einem seiner letzten Filme *Habemus Papam* war er dieser sogar voraus: Der Papst verlässt sein Amt und irrt verloren in Rom umher. Moretti spielt immer selbst mit; hier einen Psychologen, der während der Suche nach dem verlorengegangenen Kirchenhaupt den Vatikan auf Trab hält. Er gründet u.a. eine Fußballmannschaft und schaut den Kardinälen zu, wie sie beim Kartenspielen mogeln.

Seine Filme werden oft zu Transportmitteln in der facettenreichen Stadt. Den wohl größten Erfolg erzielte er mit *Caro diario*. Er kurvt im August mit seiner Vespa durch die mutterseelenleeren Stadtviertel, philosophiert alleine vor sich hin oder spricht Fremde an. Immer wieder eröffnet er neue Perspektiven auf das zeitgenössische Rom. Nichts Theatralisches, sondern die kleinen Dinge macht er zum römischen Universum.

Was er an Roma so liebt? Das ganz besondere Tageslicht.

Ecce Bombo kam 1978 auf die Leinwand und wurde zum Kultfilm. In einer Szene sitzt Moretti mit seiner Dauerfreundin Silvia auf einer Bank vor der Fontana delle Cariatidi an der Piazza dei Quiriti. Ein ruhiger kleiner Platz mit Zypressen und Pinien und einem eleganten Brunnen in der Mitte. 1928 sollte dieser eingeweiht werden.

Die puritanischen Einwohner im schicken Stadtviertel Prati legten jedoch ihr Veto ein, denn die vier weiblichen Statuen über dem Brunnen waren nackt. Heute kräht kein Hahn mehr danach. Jedoch haben Morettis Worte, die damals für Silvia bestimmt waren, Geschichte gemacht. *»Sono fatto male, sono proprio fatto male«,* wortwörtlich übersetzt: »Ich bin schlecht gemacht, ich bin einfach schlecht gemacht«.

Im wunderschönen Wohnviertel Monteverde Vecchio lebt er. Der grüne Hügel mit seinen pittoresken Villen führt von Trastevere zum Gianicolo hinauf. Bis vor einigen Jahren führte Moretti noch seinen Sohn Pietro und Hund Tempesta im faszinierenden Park der Villa Sciarra aus, wo übrigens auch das Istituto Italiano di Studi Germanici seinen Sitz hat.

Behutsam sucht sich Nanni die Lokale in seiner Gegend aus. Nicht nur wegen des Essens, auf die familiäre Atmosphäre kommt es an. Dann kommt *caro* Nanni immer wieder. Eines seiner Lieblingscafés ist das Dolce Desideri in der Via Antonio Giulio Barilli. Morettis süße Leckereien sind allgegenwärtig und geben seinen intellektuellen Filmen das gewisse Etwas.

Wie in *Bianca*, wo er einen Psychopathen darstellt. Hier bringt er befreundete Paare um, die sich trennen wollen:

Michele: *Was für eine Geschmacksrichtung hat dieses Eis?*
Bianca: *Erdbeere, Limone, Krokant und Sahne.*
Michele: *Und für wen ist es?*

Bianca: *Für dich.*
Michele: *Die Geschmacksrichtungen passen aber nicht zusammen!*
Bianca: *Ich denke doch, hast du es denn schon probiert?*
Michele: *Nein.*
Bianca: *Wie kannst du es dann wissen?*
Michele: *Aber man muss die Dinge doch nicht probieren, um zu wissen ob sie schmecken oder nicht. Man kann es vorhersehen und so macht man keine Fehler!*

Aus *La messa è finità* stammen seine entsetzten Ausbrüche in der Rolle eines jungen Pastors in Krise: »Kirschen und Erdbeeren das ganze Jahr hindurch! Was für Erinnerungen werden nur die Kinder haben!«

In *Sogni d'oro* spielt er einen Regisseur, der gerade seinen dritten Film *Die Mutter von Freud* dreht und versucht, seine eigenen Zweifel und Ängste abzubauen.

In einer Szene zählt er in der Bar-Pasticceria Antonini in der Via Sabotino alle Torten auf und bemerkt: »Dies ist eine der wenigen Bäckereien, die Sachertorte herstellen«. Die österreichische Spezialität taucht immer wieder in seinen Filmen auf. *Sacher* hat er auch sein Kino am Largo Ascianghi in Trastevere genannt!

Viele seiner Sprüche werden heute noch zitiert. Noch einmal in *Bianca*: *»Continuamo cosi, facciamoci del male!»* Nur weiter so, tun wir uns nur weh« war seine Reaktion, weil niemand seiner Tischnachbarn die Sachertorte kannte. Wer Rom und seine intellektuelle Kultur näher kennen möchte, sollte sich seine Filme anschauen. Sie eignen sich bestens, um Italienisch zu lernen. Seine langsame, bedachte und etwas heisere Stimme beruhigt auch die lebhaften Italiener.

www.sacherfilm.eu

STREET ART

In Rom hat sich seit einigen Jahren die Street Art durchgesetzt. An einigen Stellen ist die Schwelle von Kunst und Vandalismus noch sehr dünn. Woanders jedoch vollbrachte man Meisterwerke wie schon zu Raffaels Zeiten. Die römischen und internationalen Straßenkünstler haben in den letzten Jahren vielen Stadtvierteln neue Gesichter verpasst und damit bewiesen, dass Rom nicht nur Antike und Archäologie darstellt. Der Ortsteil Ostiense zieht sich von der Pyramide bis zur Basilica di San Paolo fuori le mura hin. Hier liegen die ehemaligen Magazzini generali, die Großmärkte. Oder das Elektrizitäts- und das Gaswerk. Die nicht mehr funktionierenden Betriebe sind mittlerweile alle zu Kulturstätten geworden und ziehen mit ihren Veranstaltungen und Ausstellungen die Einwohner aus anderen Vierteln an. Ein zweites *Wynwood* ist hier auch entstanden und die Gegend kann mit dem berühmten Künstlerviertel in Miami ohne Weiteres mithalten. Gleich um die Ecke beim Schlachthof in der Via Galvani taucht an einem Wohngebäude das Wahrzeichen Roms in Übergröße auf. Nicht allen gefällt der Wolf. Einige meinen, er würde eher einer Ratte ähnlich sehen. Das belgische Genie mit dem Künstlernamen Roa hat mit der 30 Meter hohe Bestie eines der höchsten seiner Art geschaffen. Tiere sind Roas Markenzeichen, die er stets auf große Flächen wie beispielsweise in Berlin Kreuzberg an der Mauer der Skalitzers Gallery zaubert. An der benachbarten Via del Porto Fluviale und in der Via del Conce kommt bei den farbigen Häuserfassaden eine fröhliche Underground Stimmung auf. Zu verdanken ist es dem Italiener und wohl bekanntesten Straßenkünstler Blu, der als einer der höchst quotierten in der ganzen Welt herumreist. Ebenfalls von ihm ist die Fassade des Centro Sociale Alexis (Via Ostiense Nr. 122). Hier ketten sich gelbe Autos aneinander. Der Straßenkünstler kopierte von einem Griechen. Das Originalbild in Papierform stammt von Alexis Grigoropoulos, der mit 15 Jahren von einem Polizisten in Athen erschossen wurde.

MAUPAL

BERLIN
LONDON
DUBLIN
PARIS

PIGNETO

In dem Multikulti-Viertel Pigneto verewigte Pier Paolo Pasolini Ende der 50er-Jahre sein Buch *Ragazzi di vita* und den Film *Accattone.* Heute huldigen hier zahlreiche Straßenkünstler seiner Person. Die Via Fanfulla da Lodi beschrieb er:

»*Era di una granulosa grandiosità, nella sua estrema piccolezza; una povera, umile, sconosciuta stradetta, perduta sotto il sole, in una Roma che non era Roma*«. In etwa wäre die Übersetzung: »Sie war einfach grandios in ihrer extremen Kleinheit; eine arme, bescheidene und unbekannte Straße, die sich in der Sonne verirrt hatte, in einem Rom das nicht Rom war«.

Und genau hier thronen oben an den seitlichen Häusermauern zwei Werke, wo 1964 gedreht wurde. Der italienische Straßenkünstler Mr. Klevra hat sich an Pasolonis Film *Il Vangelo secondo Matteo* inspiriert und eine Vierzehnjährige gemalt, die die Jungfrau Maria interpretierte.

Maupal (Fotos links) hingegen vollbrachte sein Werk *Schwarzweißes Auge* an nur einem Tag und erinnert an Pasolinis Gedicht *The cry.* Recht logisch heißt es in den Zeilen: *L'occhio è l'unico che può accorgersi della bellezza*, »das Auge ist das einzige Mittel, welches im Stande ist, die Schönheit zu bemerken«. Der mittlerweile international bekannte Mauro Pallotta, so sein ausgeschriebener Name, pinselte schon die Queen beim Yoga in East London an die Wand.

Und Omino 71 setzte in der Straße dem verstorbenen Regisseur eine Super Hero Maske auf. Titel: *Io so i nomi.* Damit weist Männchen 71 auf Pasolinis berühmten Zeitungsartikel hin. 1974 schrieb der Filmemacher in der italienischen Tageszeitung Corriere della Sera, die Namen der Verantwortlichen zu kennen, die hinter zahlreichen politischen und kriminellen

Machenschaften stünden. 1975 wurde er unter mysteriösen Umständen umgebracht. In den 90er Jahren forderten weit mehr als 700 Persönlichkeiten, unter ihnen auch Andrea Camilleri, eine Wiederaufnahme des Verfahrens. Der Fall ist bis heute ungeklärt … und Pasolini in ganz Rom auf Mauern verewigt.

www.mauropallotta.com * www.omino71.tk * www.klevra.com

2014 hat ein Deutscher, der damals 28-jährige Clemens Behr aus Koblenz, an dem ATAC Gebäude in Garbatella auf 42 x 18 Metern gearbeitet. Titel seiner gigantischen Malerei: Behind and in front of the wall.

TOR MARANCIA

Kürzlich wurde das glanzvolle Projekt *BIG CITY LIFE* in Tor Marancia vollbracht. Das Viertel wird aufgrund seines Baustils auch das Shanghai von Rom genannt und grenzt an den gleichnamigen Naturschutzpark der Appia Antica an. Mittlerweile hat sich das Team der Artisten so richtig schön eingearbeitet und verpasste zahllosen Wohngebäuden ein cooles Outfit. *Grandiosi!*

www.bigcitylife.it

Sollten Sie sich aus irgendeinem Grunde unweit der Via Tiburtina in das mehr oder weniger verbrecherische Viertel San Basilio verirren, dann lassen Sie sich diese schönen Häusermauern nicht entgehen. 2014 brachte die zeitgenössische Künstlervereinigung *Walls* das Projekt *SanBa* auf die Beine. www.sanba2014.it

Progetto MetroArte: 45 Mosaikarbeiten an den Pfeilern machen die Metrostation Numido Quadrato zu einer wahren Art Galerie!

QUADRARO

Noch nicht genug? Gute Idee, denn so kommen Sie endlich einmal aus der Altstadt hinaus. Nehmen Sie die Metro A und steigen an der Haltestelle Porta Furba Quadraro aus. In diesem nicht besonders attraktiven Viertel entstand vor einigen Jahren das Projekt M.U.R.O. (Museo di Urban Art di Roma), und somit das erste offizielle Street Art-Freilichtmuseum.

Mittlerweile sind über 20 bemalte Wandfassaden rund um den Largo dei Quintili präsent, wenn auch etwas verstreut. Der Platz machte während des zweiten Weltkriegs Geschichte: Am 17. April 1944 durchsuchte die Gestapo gemeinsam mit der faschistischen Polizei das ganze Viertel nach Antifaschisten oder Partisanen. Mehr als 2000 Personen wurden beim von Kappler sogenannten *Unternehmen Walfisch* erst in ein Kino zusammengedrängt und dann in Arbeitslager deportiert. Gary Baseman, dessen jüdische Eltern in die USA auswanderten, hat sein Werk in Gedenken an diesen Tag vollbracht. Der Hirschbaum in der Mitte ist sein Vater, der gegen das Böse kämpft. Um ihn herum symbolisieren die Figuren jeweils Freiheit, Wahrheit und den Glauben. *Il Risucchio Attore* von Mr. Thomas hingegen kann man auf der Außenseite der Unterführung in der Via Decio bewundern, während der deutsche Jim Avignon in der Via dei Pisoni einen Modigliano verewigt hat. Im gesamten Viertel empfiehlt es sich, eine Führung mitzumachen.

info@muromuseum.com * www.muromuseum.blogspot.it
www.garybaseman.com

Wen die Street Art begeistert, der wird nach und nach seine Favoriten in ganz Rom wiederfinden. Wie schon Picasso, Klimt oder Klee – jeder von ihnen besitzt seinen eigenen, leicht wiedererkennbaren Stil.

MONTI

Verlassen wir die faszinierende Straßenkunst. Um das zeitgenössische Rom zu verstehen, sollte man die moderne Atmosphäre in den zum Teil volkstümlichen Stadtvierteln kennenlernen. Wie auch Trastevere gibt die trendige Gegend bei Monti den Ton an.

In diesem ältesten und überraschend eher ruhigeren Stadtteil trieb sich in der Antike das Gesindel herum. Monti war als *suburra* berüchtigt, als der Ort, in dem die Bordelle lagen und entwickelte sich im letzten Jahrhundert zum Hort der kleinen Händler. Heute haben sich coole Designer in kleinen Ateliers sowie Modeboutiquen dazugesellt.

Die engen und aufsteigenden Gässchen führen an schönen alten Häusern entlang zu alten Handwerksgeschäften und lebhaften Cafés. Hier und dort ein durchgestyltes Bio-Lokal oder der hippe Klamottenmarkt am Wochenende sind einer der Gründe, sich in Monti einzufinden. Bürgersteige gibt es hier nicht.

Am Abend erblühen die lebendigen Wein- und Nachtlokale zum Leben. Besonders die jungen Leute machen das Viertel in heißen Sommernächten zu einem zweiten Campo dei Fiori, wo es dann auch schonmal recht geräuschvoll zugeht. Im kleinsten Jazzlokal Roms, dem Charity Cafè, spielten schon bekannte Musiker.

Der größte Platz Roms ist nicht der Petersplatz … Die Piazza Vittorio inmitten des Ausländerviertels am Bahnhof überragt mit 316 Metern Länge und 147 Metern Breite sowohl die Piazza del Popolo (184 x 124 Meter) als auch die Piazza Navona (260 x 65 Meter).

SAN LORENZO

Unweit des Bahnhofs liegt San Lorenzo mit seiner bekannten Universität La Sapienza, einer der größten Europas. Nicht nur Studenten und Künstler, sondern auch die Kunst- und kulturbegeisterte Oberschicht haben sich hier niedergelassen. Diese Ecke wirkt wenig attraktiv und kommt nicht so elegant daher wie die edlen Boulevards im Norden der Stadt. San Lorenzo bietet spannende Kultureinrichtungen. Während es auch hier tagsüber in den Gassen sehr ruhig zugeht, mutiert der Stadtteil am Abend zu einem lebhaften Ausgehviertel.

Hier kann man gut und billig essen, denn Touristen verirren sich selten in dieses Viertel. Im Sommer treffen sich Jung und Alt an der Piazza dell'Immacolata. Das ganze Jahr über ist das Zoe Spazio Arte ein beliebter Szenetreff von Künstlern oder Medienleuten. Wo sich Roms Geschichtsymphonie allerseits mit alten Zeiten verbindet, spielt in San Lorenzo das moderne Rom die Geige. In der Via dei Sardi entstand rund um eine Schule eine »Klagemauer«. Hier soll Femizid-Opfern gedacht werden. Ein anonymer Aktivist malte jedes Mal eine weiße Frau auf die Wand, sobald wieder ein neues Opfer bekannt wurde. Als Erkennungszeichen trägt jede von ihnen eine schwarze Plakette auf der Brust, auf der Vorname und Todestag zu lesen sind.

Zoe Spazio Arte * Via dei Falisci 8

Arte povera

Der Grieche Jannis Kounellis studierte an der Accademia di Belle Arti und lebt seit 56 Jahren in Rom. Er provoziert gerne. So ließ er 1969 lebende Pferde in einer römischen Galerie ausstellen. Rechter Hand der Kirche Santa Croce in Gerusalemme arbeitete er bunte Glasstücke in das Eisentor vor dem Klostergarten ein – sehenswert. Seit jeher sammelt er zufällig gefundene Gegenstände und wandelt sie zu Kunstwerken um. Kartoffelsäcke und Schrott werden dabei nicht verschont. 1994 erhielt er in Deutschland den Oskar Kokoschka Preis.

PIGNETO

Drei Dinge beschreiben Pigneto: Kunst, Multikultur und immer wieder Pasolini! Der Filmregisseur liebte dieses ehemalige Eisenbahnerviertel. Zwischen den beiden Hauptstraßen, der Via Casilina und Via Prenestina, haben sich in den Mietskasernen und Gartenlauben Afrikaner, Asiaten oder Südamerikaner angesiedelt. Während die einen der hohe Ausländerteil abschreckt, erfreuen sich die anderen mit ergreifender Leichtigkeit an Multikulti. Und auch hier hat sich teilweise eine intellektuelle Szene entwickelt.

An der Via del Pigneto gibt es einige kleine Läden, Literaturkneipen und Weinstuben, die abends zum prallen Leben erwachen. Das kleine Nuovo Cinema Aquila gilt als ein angesagtes Kino in der alternativen Filmszene. Sogar Will Smith machte hier seine Aufwartung. Pasolini hingegen ließ sich in der Restaurant-Bar Necci dal 1924 zu seinem Film *Wer nie sein Brot mit Tränen aß* inspirieren. Wer nach Pigneto kommt, muss mindestens einmal im Necci gewesen sein, um sich die Inneneinrichtung anzuschauen. Fotos erinnern an vergangene Filmzeiten. Die stilvoll eingerichtete Frauen-Bar Tuba hingegen mit ihrem klitzekleinen Innenhof bietet Bio-Weine und Frauen-Bücher zum Verkauf an.

La borgata – der Vorort

Um einen besonderen Typus des heutigen waschechten Römers kennenzulernen, sollte man die *borgate*, die Vororte der Stadt aufsuchen. Während Trastevere die Poeten des römischen Dialekts, Trilussa oder Giuseppe Gioacchino Belli, ehrt, erklingen außerhalb der Stadt die römischen Akzente noch auf Hochtouren. Wenn Sie dort in den Bars oder Restaurants die wohlverdiente Pause einlegen, so werden Sie das Gefühl nicht los, von einer Großfamilie umringt zu sein.

Die gesamte Nachbarschaft trifft regelmäßig zusammen, um ziellos und unprätentiös eine römische gesellige Einheit zu bilden. Großes Kino! Man schaut sich gemeinsam Fußballspiele an oder diskutiert über aktuelle Ereignisse (wieder Fußball) und Politik. Manch einer wird sich fragen, ob sie auch wirklich am Weltgeschehen interessiert sind.

Man muss ja schließlich etwas zu erzählen haben. Und das den ganzen Tag über. Wo wir Germanen am Essenstisch schon einmal kein Wort mehr herausbringen, wird hier erst recht aufgedreht. Beim Essen wird geredet – Stunden!

Bekanntlich ist die Kommunikation das wichtigste Bindemittel der Menschheit. Und dass in diesem Fall der Erfolg einer guten Beziehung nur auf 20% des Inhaltes der Worte zurückgehen soll – 80% sind folglich Ton, Gestik oder Körpersprache –, hat man in Italien wohl schon lange mitbekommen. Der Inhalt ist *wurscht,* Hauptsache die Stimmbänder arbeiten. Es wird diskutiert bis zum

Umfallen, doppelt und dreifach, um es am Ende beim Alten zu belassen.

Ein italienisches Sprichwort besagt: *Tra il dire e il fare c'è di mezzo il mare.* Wörtlich übersetzt: »Zwischen dem, was man sagt und macht, liegt in der Mitte das Meer«. Hätten wir es erfunden, wäre vielleicht die sinngemäße Übersetzung: Wir haben genug geredet, also packen wir's an: *Damose da fa!*

Von wegen. Die Antwort ist hier ein gern genommener Ausspruch – nochmals auf hochrömisch: *Che devi fa?* »Was soll man denn machen?« Frei übersetzt: »Es lohnt sich nicht, es zu versuchen, denn es ändert sich ja doch nie etwas«. Oder noch kürzer: Besser arm dran als Arm ab!

Coatti oder *cafoni* schelten wir die Einwohner der *borgata*, rüpelhaft oder ungehobelt. Touristen werden erst einmal deren leidenschaftliche Ausrufer wie »*Aoh*«, »*Mah*« oder »*Boh*« nicht einordnen können.

Und sollte Sie beispielsweise ein Kellner dieser dritten Art fragen, ob es ihnen geschmeckt hat, dann vergessen Sie nicht, sich den Zeigefinger in die Wange zu bohren. Sie bestätigen ihm: *Buonissimo* – das Essen war wie immer köstlich! Und überhaupt – sollten Sie länger in Rom verweilen, halten Sie sich gut mit dem Hilfspersonal. Denn vielleicht schiebt Ihnen ausgerechnet der *barista* Ihres Lieblingscafés um die Ecke einen wertvollen Geheimtipp zu.

Sehenswürdigkeiten in den einfachen und volkstümlichen Stadtvierteln sind nicht nur alte Steine, sondern die Damen mittleren Alters in ihrer gemusterten *vestaglia*, dem unentbehrlichen Hauskleidchen, welches in deutschen Landen erst noch erfunden werden muss. Das männliche Pendant wartet mit dem Adidas Trainingsanzug und Goldkettchen auf. Immer gern genommen wird Frau mit Lockenwickler oder Bademantel beim Gemüsehändler.

Im Großen und Ganzen sind die Einwohner in diesen Gegenden anständige Leute, und niemand kocht so gut wie die Nachbarin Gina von nebenan, die ihr ganzes Leben lang für ihre *quattro bambini* hinter dem Herd stand. Und genau von diesen Damen haben wir deutschen Einwohner in Rom gelernt, wie man Linsen, Fisch und Spinat tatsächlich so zubereiten kann, dass daraus ein essbares und gut schmeckendes Mahl wird.

Das Geschmackvolle ist es doch, was Italien ausmacht, von den antiken Bauten angefangen bis hin zur heutigen Mode. Nur wird beim Stilgefühl in den populären Vierteln mit dem Zeitgeist etwas übertrieben. Was das Make-up und den Friseur betrifft, geben die jungen Römerinnen mehr Geld aus als in irgendeinem anderen europäischen Land. Und je enger die Kleider anliegen umso besser. Ab einer gewissen Altersgruppe kommt es jedoch zu Diskrepanzen, wenn zwei Speckrollen aus der Bluse herausschauen, weil am Stoff gespart wird.

Dies sieht manch einer aber anders, denn für Pasquale aus Primavalle ist das sexy. Je mehr desto besser. Und so gehen die Damen auch in die Kirche – ja sie gehen in die Kirche. Der Auftritt in Minirock und High Heels, welche die klassischen zehn Zentimeter bei Weitem überragen, gleicht eher dem Flanieren einer Profidame, die ihrer Arbeit bei Dunkelheit auf der Via Salaria oder Via Tiburtina nachkommt. Nun will man ja auch nicht prüde sein. In Deutschland wurde man beim Kaugummikauen vom Pfarrer aus der Kirche geworfen, in Italien ist die Barmherzigkeit immens.

»Ist das Kunst oder kann das weg?«

Von der Kirche zu den römischen eigenen vier Wänden in der *borgata*. Bei der Inneneinrichtung der Wohnungen ist hin und wieder Katastrophenalarm angesagt. In einem Wohnzimmer treffen karierte Sofadecken – Sofas und Sitzmöbel brauchen Überdecken bis ans Lebensende – auf geblümte Kissen. Das Ganze befindet sich auf gemusterten Terrakottaböden.

Wo ist der italienische Geschmack hin? Von wegen: der Nagellack sollte zur Tasche oder die blauen Streifen der Jacke zum Gürtel passen! Wo Italien von der ganzen Welt für seine Harmonien von Farben und Formen beneidet wird, lässt man sich im trauten Heim so richtig schön gehen.

Die Möbel werden umringt von unzähligen Bildern, Fotos, Kreuzen, Madonnen oder anderen Figuren – bemerkenswert sind noch weitere unzählige Silber- oder Keramikobjekte und last not least die sagenhaften *bomboniere*. Letztere gehören jedoch in die Haushalte aller Gesellschaftsschichten und werden traditionell bei Hochzeiten und Taufen von den Gefeierten an ihre Gäste verschenkt.

Hier handelt es sich um kleine Behälter oder Figürchen mit leckeren Mandelbonbons dazu. Nun muss ja an dem ganzen Krams vorbei auch geputzt werden. Wer also noch an irgendeiner Stelle ein kleines Eckchen in seinem Salon frei hat, stellt die kleinen Staubfänger in einer Vitrine aus.

Andiamo avanti: Wie bereits erwähnt, wird natürlich dem Fußball ein noch höherer Stellenwert zugeteilt. Folglich entdeckt man in dem erwähnten bunten Wohnungschaos auch noch Unmengen an Kissen, Decken, Postern oder wieder Figuren des heiß geliebten Klubs in hellbau-weißer (S.S. Lazio) oder rot-gelber (A.S. Roma) Farbzusammenstellung.

Nun stellen wir uns an dieser Stelle eine italienische Großfamilie vor, deren Mitglieder – unvorstellbar – Fans beider Klubs sind. Hier würden wir eine hellbau-weiß und rot-gelb farborientierte Wohnfläche vorfinden, inmitten von Karos, Blumen oder anderen Mustern. Das Ganze umringt von Gold und Silber!

Die *casalinga*, die italienische Hausfrau ist das Paradebeispiel in der *borgata*. Niemand putzt und spült so gut, und das bei laufendem Wasserhahn bis zum Umkippen. Und der Hausmann? Rührt keinen Finger, dafür bringt er seinen Sprössling stolz ins Fußballstadion. Von seinen 1200 Euro Monatsgehalt gehen dann mal eben 80 Euro für den Eintritt weg. *La Roma è sempre la Roma.* Der Ball ist rund!

Bekannte Römer, die in der borgata wohnten, sind übrigens der berühmte Sänger Eros Valter Luciano Ramazotti. Er wuchs in Lamaro unweit der Filmstadt Cinecittà auf.

Und ein für die Römer bedeutender *cantante*, Claudio Baglioni, kehrt heute noch gerne in sein quartiere popolare Centocelle zurück. Seine Wurzeln hat er nie vergessen und gibt hin und wieder von seinem damaligen Balkon ein Konzertchen für seine zahllosen Fans.

Ohne Begleitung sollten Sie lieber nicht in den Vierteln San Basilio oder Tor Bella Monaca spazieren gehen. Den Namen erfahren Sie immer mal wieder im Fernsehen: bei Schießereien, Drogen- oder Terroristenfahndungen!

DAS GRÜNE ROM

Hätten Sie nicht gedacht, dass Rom so grün ist! Anfliegende sind oft völlig erstaunt, wenn sie beim Landeanflug aus der Höhe die Fülle an Grünflächen in Kleinformat erblicken. Ja sind wir denn in Bayern? Es kommt noch besser: Rom ist die Hauptstadt mit den meisten Grünflächen in ganz Europa. Und die *grünste* Stadt in ganz Italien mit ihren heute 19 ausgedehnten Naturschutzgebieten!

Die Metropole ist chaotisch und schmutzig, machen wir uns nichts vor. Denkt man an Natur und Umwelt in Italien, rückt erst einmal die Müllbeseitigung in den Vordergrund. Rom kämpft bereits seit Jahren mit akuten Problemen bei der Abfallentsorgung, und die sogenannte *raccolta differenziata* hat mit deutschem Recycling noch recht wenig gemeinsam.

Wo die Deutschen das Sammelsystem wieder eingeschränkt haben, wird hierzulande mit Inbrunst der Müll getrennt. Die Gemeinden halten ihre Einwohner dazu an, eifrig Marmeladengläser auszuspülen. In Broschüren und kostenlosen Seminaren wird angepriesen, dass beispielsweise aus zwölf gesammelten Plastikflaschen ein modisches Kunstfaser-T-Shirt entsteht. Oder ein Aluminiumrennrad aus 200 Coladosen. Nun soll man alldem nur nicht allzu viel Glauben zu schenken, denn die mit Mühe in den Haushalten gesammelten Teile landen dann doch zumeist in einer einzigen großen Müllgrube.

Und wenn Sie heute erfolglos nach öffentlichen Aschenbechern oder Papierkörben Ausschau halten, so waren die Römer in der Antike schon um einiges umweltbewusster. Viele Schilder riefen zur Säuberung der Straßen auf und drohten mit Bußgeldern. In den Grotten des Monte Testaccio, dem ultimativen Ausgehviertel der Stadt, wird bis in die Puppen abgetanzt. Den 39 Meter hohen **Monte dei cocci** (Scherbenberg) sollte man sich unbedingt

einmal näher bei Tageslicht ansehen, denn hier stapeln sich jahrtausendalte Scherben! In den damaligen antiken Markthallen wurde die Ware, wie Wein und Öl, noch in Amphoren verkauft und im Laufe der Zeit häuften Händler mit ihren Scherben sorgfältig diesen einzigartigen Hügel an. *Una meraviglia!* Die wahrlich älteste Ökohalde in der Geschichte. Gleich nebenan befindet sich heute auf einem Teil des ehemaligen Schlachthofgeländes die bereits erwähnte Città dell'altra economia mit einem Sonntags-Gemüsemarkt, dessen Produkte von zertifizierten Bioerzeugern stammen.

Besichtigung des Scherbenbergs unter Voranmeldung: Tel. 060608 * www.deutsche-in-rom.com

Die Cloaca maxima, den ersten Abwasserkanal, erfand das römische Volk. Und überhaupt was wäre die Welt ohne die Wasserleitungen, die Aquädukte? Wenn wir schon beim Thema Wasser sind, sollten Sie sich auf das klare Wasser im naheliegenden Meer freuen, dann können Sie lange suchen. Wie auch in anderen Ländern, schafft u.a. die Allgegenwart des Plastiks Probleme. Kleinst geriebene Teilchen werden von Muscheln, Fischen und Krebsen aufgenommen und somit von Fischliebhabern verzehrt. Und wenn Ihnen an dieser Stelle immer noch nicht der Appetit vergangen ist. Selbst in anderen Lebensmitteln fahnden Forscher inzwischen nach Mikroplastik. Im Trinkwasser wird ebenfalls bald gesucht. Das italienische Mittelmeer ist stark von diesem Phänomen betroffen.

Ein kleiner Trost – zu den Wirkungen auf Menschen weiß man bislang nichts. Und Roms Trinkwasser, heißt es, kann sich noch sehen (trinken) lassen, hier und dort Probleme im Umland aber im Großen und Ganzen ist es *noch* bekömmlich. Um Ihnen aber den Badeurlaub gänzlich zu versauen: in der Region Latium fließen teilweise die Gewässer des verunreinigten Tibers und der Kanalisation direkt ins Meer. Nun werden Sie nicht gleich sterben, man sollte möglichst die Badestrände bei Ostia und

Fregene vermeiden. Wir Deutschen schwimmen ja auch recht gern, während den Italienern eine Sonnenliege zum Ausruhen genügt. Fährt man nur eine halbe Stunde weiter nördlich in Richtung Capalbio oder südlich nach Sabaudia, eröffnet sich obendrein eine paradisische Dünenlandschaft. Unweit des Meeres sorgen beeindruckende Pinienwälder für angenehmen Schatten. Sollte es doch näher an der Stadt sein, so bietet sich der Strandabschnitt Mediterraneo in Capocotta an. Mit der Metro und Bussen sind die Dünen bei Ostia gut zu erreichen. In Passoscuro bei Fregene hingegen gibt es *noch* Parkplätze und einen langen freien Strandabschnitt. 2011 erfand man an der Universität Campus Bio-Medico übrigens die Fisch-Roboter. Nicht, um die Kleinen zu unterhalten – die schwimmenden Tiere wurden erst einmal in einem Becken des Aquariums im Stadtteil EUR trainiert und entwickelt, um dann in die Gewässer losgelassen zu werden. Diese Fiche wären also in der Lage gewesen, zu erkennen, ob beispielsweise das Wasser verschmutzt ist. Seit der feierlichen Ankündigung erfährt man jedoch herzlich wenig von dem Projekt. Vielleicht liegt es daran, dass wir auch ohne erhebliche Kosten und mit weniger hochtechnischen Mitteln selbst darauf kommen, dass das Wasser verseucht ist. Wohlmöglich wurde die ganze Planung zu teuer.

Touristen suchen seltener den prunkvollen und ausgedehnten Park der **Villa Pamphilj** auf, denn er liegt außerhalb der Stadt. Wer aber im schönen Viertel Monte Verde vecchio nächtigt, hat es zu einem der Eingänge nicht weit. Erwähnenswert unter den schönen Häusern ist die Casina del bel respiro. Machen Sie einen Waldlauf oder Spaziergang durch diese barocke Naturlandschaft – vorbei an Gärten und Wasserspielen.

Eingänge: Via di San Pancrazio * Via Aurelia Antica * Via Leone XII * Largo M. Luther King * Via Vitellia, Via della Nocetta

Soweit so gut, genießen Sie die grünen Lungen der Stadt. Besuchen Sie die herrlichen Friedhöfe und zahlreichen Parks, die an jeder Ecke lauern. Und probieren Sie ruhig die ***frutta urbana***, das Obst, das in der Stadt zum Pflücken verlockt. Das Landwirtschaftsministerium teilt mit, dass Staub und Schmutz weniger ausmachen als die Pestizide. Biokost aus der Stadt also: köstliche Clementinen, Feigen, Aprikosen, Pflaumen, Granatäpfel sind oft gratis im Angebot. Seit einiger Zeit besteht eine Vereinigung, die sich darum kümmert, dass das gute Obst nicht auf der Straße verfault, und gibt es an Bedürftige weiter. *Non solo,* die freiwilligen Helfer pflanzen neue Stadtbäume auf öffentlichen Grundstücken an. Und wenn Sie auf die Webseite von *frutta urbana* klicken, dann werden Ihnen sogar die Standorte angezeigt, wo auch Sie sich bereichern dürfen. Tolle Sache.

www.fruttaurbana.org

Antonio Cederna

An der Via del Tempio della Pace schiebt sich eine moderne Treppe ins Blickfeld, die *Scalinata del Belvedere Antonio Cederna.* Sie schaut ehrwürdig auf die Via dei Fori Imperiali. Man betritt die Steinsprossen aus der Faschisten-Epoche auch über den Clivo di Acilio vom trendigen Stadtviertel Monti aus. Möwen lassen sich gerne auf den Travertin-Kugeln der Treppenmauern nieder und halten somit als perfektes Fotomotiv her. Auf dem Platz oberhalb der Treppe, eröffnet sich abermals ein schöner Ausblick auf den Palatin, das Kolosseum und das Forum Romanum. Das Fleckchen selbst zeigt sich jedoch nicht von seiner besten Seite. Kaum zu glauben aber wahr – nur einige Meter entfernt von den exklusivsten Sehenswürdigkeiten der Stadt, den Kaiserforen, nächtigen hier die Bettelbrüder inmitten von Plastiktüten. Es stinkt stark nach Urin und die Straßenreinigung schenkt dem Gelände nur wenig Beachtung.

Paradoxerweise benannte man diesen kleinen Aussichtsplatz, wo Dreck und Schmutz liegenbleiben, nach einem bedeutenden

Umweltschützer: Antonio Cederna. Der Archäologe und *ambientalista* wurde 1921 in Mailand geboren und arbeitete als Publizist für die bekannten italienischen Medien wie *La Repubblica*, *L'Espresso* und *Il Mondo* oder *Corriere della Sera*. Sein besonderes Engagement galt seit jeher dem Denkmal- und Umweltschutz. Zusammen mit anderen Kollegen gründete er *Italia nostra*. Die Vereinigung setzte sich unerbittert dafür ein, antike Einrichtungen zu erhalten, die in den 50er-Jahren dem Wirtschaftswachstum und seinen Neubau-Konstruktionen zum Opfer fielen. Cedernas Mutter Ersilia Gabba war übrigens eine der ersten Frauen, die einen Universitätsabschluss in Italien erhielt: in Germanistik.

Anfänglich engagierte sich Cederna im städtischen Bereich. Er protestierte gegen die verkehrsträchtige Via dei Fori Imperiali, die Mussolini 1933 bauen ließ. Da die Paradestraße heute direkt durch die Kaiserforen führt, liegt ein großer Teil dieses archäologisch unschätzbaren Gebietes unter Asphalt begraben. Dreck und Staub schädigten auch die naheliegenden Monumente immer mehr. Die Reiterstatue des Mark Aurel auf dem Kapitolshügel musste durch eine Kopie ersetzt werden, um sie vor dem völligen Verfall zu schützen.

Darüber hinaus galt Cedernas ökologisches Interesse der Via Appia Antica. Über die Jahrzehnte hindurch trat er dafür ein, dass keine Zementbauten entstanden und die angrenzenden Grünflächen wieder aufgewertet wurden. 1988 ernannte schließlich die Region Latium den gesamten Parco Regionale dell' Appia Antica zu einem Naturschutzgebiet. Im Jahre 2002 integrierte man auch das Landgut Tor Marancia, welches heute zum WWF gehört.

Antonio Cederna brachte zahlreiche bedeutende Bücher zum Thema Denkmal- und Umweltschutz heraus wie *I Vandali in casa*, *La distruzione della natura in Italia* oder *Mussolini urbanista*. Letzteres befasste sich kritisch mit den städtischen

Bauplanungen im Faschismus. Am 27. August 1996 starb Antonio Cederna in Rom. Noch heute setzen die einzelnen Verbände des gesamten Regionalparks sein geistiges Testament fort.

Die Mitglieder bemühen sich um die Erhaltung ihrer antiken und grünen Reichtümer und organisieren zahlreiche Aktivitäten in den Parks wie Fahrradtouren, Führungen, Kräuterwanderungen und Umweltkurse. Das Archivio Cederna befindet sich auf dem Grundstück der Villa Capo di Bove (s. unter Via Appia Antica) und ist jeden Mittwoch von 10–14 Uhr unter Voranmeldung zu besichtigen. Es enthält zahlreiche Dokumentationen von Korrespondenzen und Landkarten bis hin zu einer Fülle von Zeitungsausschnitten. Eine Bibliothek von etwa 4000 Büchern umfasst Themen der Archäologie und des Umweltschutzes.

MONTE MARIO

Don't miss!
Suchen Sie im Internet die »grünen« Fahrradwege Roms, *piste ciclabili*. Einer von ihnen führt zur Piazza Santa Maria della Pietà, nahe einem idyllischen Park inmitten von Bürogebäuden, in dem sich das ehemalige Irrenhaus befand. Nicht weit entfernt ist ein Biobauer (www.cobragor.org) und die … Via Francigena!

In Rom kann man wandern. Auf dem höchsten Hügel der Stadt, dem Monte Mario, bieten sich viele kleine Routen zu einem ausgiebigen und schattigen Spaziergang an. An mehreren Stellen überraschen Aussichtspunkte auf die Metropole und das Olympiastadion in unmittelbarer Nähe. Der gesamte Park breitet sich auf dem Monte Mario aus und besteht aus zahllosen Pflanzenarten: Stein- und Korkeichen, Buchen, Nussbäume, Linden oder Pappeln. Ihn bewohnen Haselmäuse, Reiher,

Habichte und Turmfalken. Im 205 Hektar großen Naturschutzgebiet verbergen sich bedeutende Häuser. Die Villa Madama gehört zum italienischen Außenministerium (s. unter *Das Ewige Rom, Norden*), während ganz oben in Panoramalage das Osservatorio Astronomico mit einem Sonnenturm und dem Kopernikus Museum aufwartet. Die Villa Mellini hingegen zählt zu den wenigen Häusern aus dem 15. Jahrhundert. In der eklektizistischen Villa Mazzanti hat das Parkamt *Roma Natura* seinen Sitz. Ein schöner Garten mit Pinien und exotischen Pflanzen bietet eine weitere sagenhafte Aussicht.

Pause beim **Lo Zodiaco**, dem schönen Aussichtspunkt! Und wenn Sie schon einmal hier oben sind, dann besuchen Sie die Chiesa di S. Maria del Rosario. Dort verbirgt sich die *Advocata*, eine der ältesten Ikonen der Welt (Largo Aldo Zucchi).

Villa Mazzanti: Via Gomenizza 81 * www.romanatura.roma.it
Osservatorio Astronomico und Villa Mellini: Via del Parco Mellini * www.oa-roma.inaf.it

Eingänge zum Naturschutzgebiet: Viale dei Casali Mellini * Viale del Parco della Vittoria * Via della Camilluccia * Via E. De Amicis * Via dei Casali di S. Spirito * Via dei Colli della Farnesina * Via Gomenizza

Die **Pineta Sacchetti** beansprucht – wenn überhaupt – wenig Platz in den Reiseführern. Hunderte von himmelhohen Pinienbäumen reihen sich eng aneinander und bilden an der Via Pineta Sacchetti einen langen grünen Streifen. 650 Pflanzen und 70 Vogelarten haben sich in diesem Park angesiedelt.

Das Caffarellatal – ein großes Erbe von naturalistischer Relevanz

Unweit der Touristenmassen auf der Via Appia Antica weitet sich ein angeschwemmtes Tal auf dem 132 Hektar großen Caffarellapark aus. Ein Vulkanausbruch hatte in der Vergangenheit die ursprüngliche Landschaft beeinflusst. Witterungseinflüsse spielten eine wichtige Rolle, Erdböden wurden abgetragen und das Gelände wellig geformt. In einigen Gebieten bildete sich ein Netz aus Furchen, welche durch die Erosion geformt und von schmalen Streifen ebenen Landes voneinander getrennt wurden. Dieser einstige Schauplatz von Mythen wird vom »heiligen« Fluss Almone durchzogen und stellt heute einen wichtigen biologischen Korridor dar.

Das Tal ist reich an Quellen und der Blick an einigen Stellen unbeschreiblich. Spontan auftauchende Erhöhungen wechseln sich mit kleinen Bächen und Ruinen aus verschiedenen Epochen ab. Ein Schäfer treibt seine Schafsherde in die verbliebenen Reste eines kleinen alten Turms, und die Welt scheint eine andere zu sein. Besuchen Sie den Tempel des Gottes Rediculus mit dem Grab der Annia Regilla. Oder das Nymphäum von Egeria, wo Numa Pompilius der Legende nach seine Gemahlin, die Nymphe Egeria traf.

Zu den hier vorhandenen 78 (!) Vogelarten zählen Reiher, Wasserrallen, Eisvögel, gelbe und weiße Bergstelzen. Schwanzlurche, Ringelnattern und Smaragdeidechsen reihen sich nebst Insekten, die in anderen Gebieten schon ausgestorben sind, in die antike Natur ein. Im Frühling und im Herbst organisiert der Park in Zusammenarbeit mit den Umweltverbänden eine Reihe kostenloser Sonntagsführungen.

www.parcoappiaantica.org * www.caffarella.it

Eingänge zum Park:

Largo Tacchi Venturi
Am Wochenende und bei schönem Wetter stehen ein Infopoint und ein Fahrradverleih zur Verfügung.
Fonte Egeria, Via dell'Almone 105/107
Eine Wasserquelle mit Mineralwasser bietet hier die Möglichkeit zum Abzapfen.
Parkplatz vorhanden, Infopoint am Wochenende und bei schönem Wetter Fahrradverleih.
Via della Caffarella/Via Appia Antica 75
Von diesem Eingang führt der Weg zuerst durch einen Wald hindurch.
Landgut Tor Marancia/Piazza Lante
Am Sonntagmorgen bei schönem Wetter steht ein Infopoint zur Verfügung.

Aquasanta – das heilige Wasser: Nach antikem Brauch wurde in Rom der Fluss Almone verehrt. Anlässlich einer alljährlichen Prozession am 27. März reinigte man kultische Geräte zu Ehren der Göttin Kybele in seinem Wasser. Wie auch der Mithraskult verbreitete sich der Kybele- und Attiskult im gesamten Römischen Reich bis in die Spätantike hinein.

Sehenswürdigkeiten im Park:

Casale della Vaccareccia

Antiker Bauernhof aus dem Jahre 1547 mit einem mittelalterlichen Turm aus dem 13.-14. Jahrhundert. Hier wird noch Schafskäse verkauft, deren Muttertiere im gesamten Naturschutzgebiet beheimatet sind. Das Gebäude wurde erstmals

1695 von der Familie Caffarelli an die ebenfalls gut betuchten Pallavicini verkauft. 1816 ging es in die Hände der Torlonia über.

Tempio del Dio Redicolo

Beim Tempel des Gottes Rediculus handelt es sich in Wirklichkeit um ein sehr gut erhaltenes Kolumbarium. Hier wurde Annia Regilla, Ehegattin des Herodes Attikus bestattet.

Ninfeo di Egeria

Auch Grotte di Egeria genannt. Ein rechteckiger Bau mit drei kleinen Nischen, aus denen das Wasser floss. Eine männliche Statue ist erhalten geblieben, bei er es sich möglicherweise um den Gott Almone handelt.

Chiesa di Sant'Urbano (Tempio di Cerere e Faustina) siehe unter *Via Appia Antica*

Casale dell'Ex Mulino

Die ehemalige Mühle grenzt an den Tempio del Dio Redicolo an und ist Verwaltungssitz der didaktischen und kulturellen Aktivitäten des Parks. Treffpunkt für Führungen. Sonntags geöffnet.

Valle della Caffarella 23

1988 wurde der regionale Park der Appia Antica zum Naturschutzgebiet ernannt. Er umschließt die Via Appia Antica, den Caffarellapark, die Katakomben in der antiken Via Latina, den Park der Aquädukte und Tor Fiscale, die Landgüter Tor Marancia und Farnesiana.

Die gesamte ländliche Hinterlassenschaft der Appia Antica zeugt von großem biologischen Interesse. Den Wald des Landguts Farnesiana zieren Flaum- und Korkeichen. Zwischen den Denkmälern der Maxentiusvilla herrscht eine typische Ruinenvegetation mit Oliven- und Mandelbäumen, Weißdorn, Pfaffenhütchen und blutrotem Hartriegel.

Um den kleinen Pioppeto-See herum und auf den Feuchtwiesen des Caffarellatals gedeiht der Schild-Hahnenfuß. Das Gebiet von Tor Marancia am Bewässerungsgraben Fosso di Tor Carbone entlang schmücken die hängende Segge, der Eukalyptus und die Schwarzpappe.

Wenn Sie Ihren Blick von der Kirche Sant'Urbano in Richtung Castelli Romani schweifen lassen, entdecken Sie drei große Steineichen. Die Überreste des heiligen Waldes errichtete Herodes Attikus. Wie schon Flüsse und Quellen, galt auch der Baum als sakrales Element der Natur. Heute will es die Tradition, dass für jedes Neugeborene eine neue Jungpflanze gezüchtet wird.

Roms Aquädukte und ... das Wasser!

»Chi vorrà considerare con attenzione la quantità delle acque di uso pubblico per le terme, le piscine, le fontane, le case, i giardini suburbani, le ville, la distanza da cui l'acqua viene, i condotti che sono stati costruiti, i monti che sono stati perforati, le valli che sono state superate, dovrà riconoscere che nulla in tutto il mondo è mai esistito di più meraviglioso?« Gaius Plinius Secundus, *Naturalis historia,* 77-79 n. Chr.

Das Zitat von Plinius dem Älteren ist natürlich in Latein, aber Sie sollten schließlich Italienisch lernen. 1988 wurde der Park der Aquädukte an den Parco Regionale dell'Appia Antica angegliedert. Auf dieser 15 Hektar großen und prächtigen Grünanlage im Südosten Roms befinden sich die Überreste von gleich sieben antiken Wasserleitungen: Anio Vetus (unterirdisch), Marcia, Tepula, Iulia, Felice, Claudio und Annio Novus. Der imposante Park stellt die ländlichen Gebiete dar, die einst die Colli Albani, die Albaner Berge, mit den Toren der Stadt verbanden. Seit der Erbauung der ersten Wasserleitung bis zur Unterbrechung durch die Invasion der Goten 537 n. Chr. wurde Rom mit einem fortschrittlich entwickelten Wassersystem versorgt.

Betreiber der Wasserquellen in Rom bieten die Möglichkeit, sich das leicht sprudelnde Mineralwasser direkt vom Wasserhahn abzuzapfen. Um die 10 Cent kostet der Liter.
Fonte Capannelle * Via del Casale della Sergetta 44
Parco Egeria * Via dell Almone 105

Die Aquädukte stellen eines der Paradebeispiele der Römer dar, das der ganzen Welt als Vorbild galt. Zu Anfang wurde das Trinkwasser erst einmal nur unterirdisch in die Stadt geleitet – aus

Sorge, dass Belagerer der Stadt die Wasserzufuhr unterbrachen. Später errichtete man die imposanten Brückenbau-Werke. Das Quellwasser aus den Bergen gelangte weit über Täler, Schluchten und Abgründe oder durch Höhlen. Diese geniale Planung aus dem ersten Jahrhundert v. Chr. verdanken wir unter anderem dem Architekten und Ingenieur Vitruv. Schon ab circa 27 v. Chr. verfasste er mit seinem antiken Handbuch *Zehn Bücher über Architektur* eine der Grundlagen für das heutige Ingenieurwesen. Vitruv gelang zu großer Bekanntheit durch seine Darstellung des berühmten *Vitruvianischen Menschen*, den schon Michelangelo zeichnete.

»Der Mensch lebt nicht vom Brot allein« und nebst Luft und Liebe ist dem Römer sein Wasser heilig. *A tavola*, beim Essen, darf Wasser niemals fehlen, während die deutsche Saftkultur in Italien auf wenig Verständnis trifft. Sie werden gewiss bemerkt haben, dass das italienische Mineralwasser weniger Kohlensäure enthält. *Leggermente frizzante* heißt hier das Zauberwort, wenn Sie vom Kellner gefragt werden, wie Sie denn gerne Ihr Tröpfchen hätten: *Liscia o gassata?* Zu den Lieblingen des Südländers gehören hier die Marke Ferrarelle und für die *bambini* San Benedetto. *Alla Salute!*

Um das Jahr 400 n. Chr. zählte man in Rom elf Aquädukte, elf Thermen, 856 Privatbäder und 1352 Brunnen! Die Aqua Appia wurde 312 v. Chr. als erste römische Trinkwasserleitung von den Zensoren Appius Claudius Caecus und Gaius Plautius Venox errichtet.

Im selben Jahr ließ Appius die Via Appia Antica erbauen. Heute sind in Rom noch drei Aquädukte in Betrieb. Die Aqua Virgo, heute Acqua Vergine, versorgt die Fontana di Trevi und weitere ca. 70 Brunnen. Die Aqua Alexandrina, heute Acqua Felice, speist den majestätischen Moses-Brunnen am Largo Susanna, während Aqua Traiana, heute Acqua Paola, die imposante Fontana dell'Acqua Paola auf dem Gianicolo-Hügel beliefert.

Woher stammte das sogenannte acqua tofana?

Das farb- und geschmacklose, aber hochgiftige Tröpfchen aus dem 17. Jh. wurde nach der Sizilianerin Teofania D'Adamo benannt, dessen Tochter es nach Rom brachte. Die beiden Frauen hatten die schlechte Angewohnheit, Ehemänner, die ihre Frauen unglücklich machten, zu vergiften. Erst 20 Jahre später wurden ihre Taten aufgedeckt: die Summe der bösen Gatten belief sich auf über 600 Opfer. Prost meine Herren!

Park der Aquädukte

Über den Oscar-Preisträger-Film *Die große Schönheit* von Paolo Sorrentino könnte man eingehend diskutieren. Was jedoch die traumhaften Kulissen und Szenen angeht, verdiente sich der skurrile Filmregisseur zweifelsohne die beliebte Auszeichnung aus Hollywood. Eine der Filmszenen besticht mit den prachtvollen Arkaden der Aquädukte. Rom bleibt einer der beliebtesten Drehorte in der Welt. Die *Cinecittà*, die »Kinostadt«, in der zahlreiche Filme vor detailgetreu nachgebauten Bühnenbildern realisiert wurden, liegt nicht weit vom Park der Aquädukte entfernt.

Die naheliegenden antiken Wasserleitungen verlaufen parallel zur langen Einkaufsstraße, der Via Tuscolana, und erstrecken sich vom Stadtviertel Quadraro bis hin zur Via delle Capannelle nahe der bekannten Reitrennbahn. An einigen Stellen grenzt die Grünfläche an das Caffarella-Tal und die Via Appia Antica. Es herrscht eine typische mediterrane Pflanzenwelt: Kapernsträucher an den Mauern der Aquädukte, Pinien, Orchideen, Wermut, Ginster, Holunderblüten, Olivenhaine und Obstbäume färben den imposanten Park ein. Und immer wieder die nicht enden wollenden Aquädukte, die dieser zeitlosen Natur ein unbeschreibliches Bild geben.

Die Informationsbüros verteilen Broschüren, bieten Führungen an und verleihen Fahrräder. Letztere sollten Sie auf alle Fälle mieten, um das gesamte, traumhafte Revier zu erforschen. Für den Fall, dass Sie den Park nach eigenem Gutdünken erkunden, laden Sie sich vorher auf der Webseite einen Plan des Parks herunter. Die ausgedehnte Ruinenwelt hat verschiedene Eingänge. Von der Metro Subaugusta oder Giulio Agricola sind es circa 700 Meter zu Fuß zum offiziellen Haupteingang in der Via Lemonia.

Ein weiterer Zutritt ist über den etwas versteckteren Parco Tor fiscale mit einem weiteren Infopoint und Fahrradverleih an der Metro Porta Furba möglich. Der Weg führt entlang des Aquädukts Acqua Felice direkt in den Parco degli acquedotti. Hochmütig thront der »Zollturm«, der Tor Fiscale. Und der historische Campo Barbarico erinnert an die Barbarenschlacht um das Jahr 537 n. Chr. – in Germanien jedoch harmloser beschrieben: die Völkerwanderung und Belagerung der Ostgoten.

Haupteingang, Infopoint und Fahrradverleih am Wochenende:
Via Lemonia * Metro Giulio Agricola und Subaugusta

Eingang am Parco del Tor Fiscale, Infopoint und Fahrradverleih am Wochenende:
Via dell'Acquedotto Felice * Metro Porta Furba

Weitere Eingänge:
Metro Cinecittà, Lucio Sestio, Numidio Quadraro

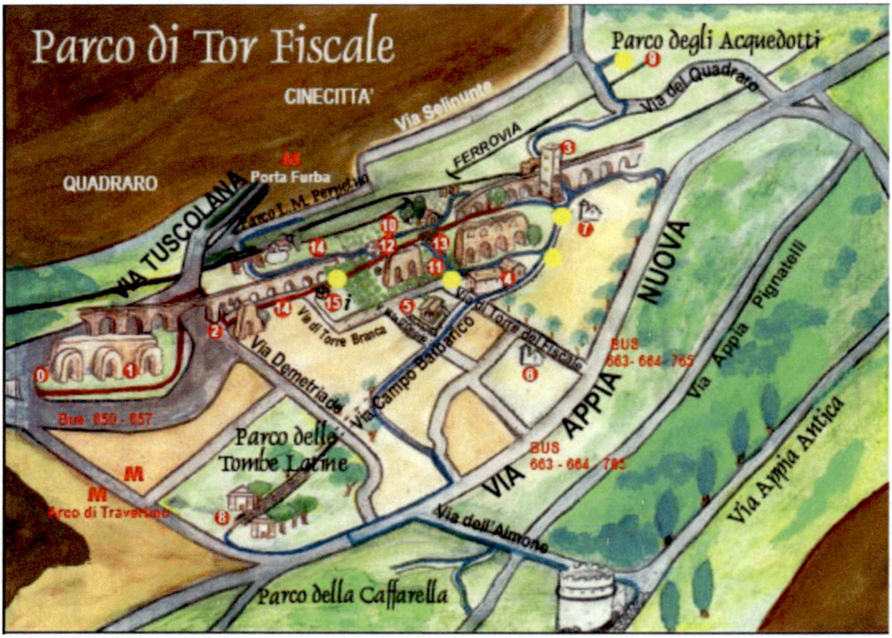
Parco di Tor Fiscale
Parco degli Acquedotti
CINECITTA'
Via Selinunte
Via del Quadraro
FERROVIA
QUADRARO
Porta Furba
VIA TUSCOLANA
Via di Torre Branca
Via Demetriade
Via Campo Barbarico
Via di Torre del Fiscale
BUS
663 - 664 - 765
VIA APPIA NUOVA
Via Appia Pignatelli
Via Appia Antica
Parco delle Tombe Latine
Arco di Travertino
Via dell'Almone
Parco della Caffarella

Sehenswertes:

Mausoleum (5)

Ein zweistöckiges Grabmal aus dem 2. Jahrhundert aus Ziegel- und Tuffstein. Es gleicht einem alten Häuschen. Die vordere Front wurde erneuert, wohingegen die Seiten noch das Original zeigen. Die Grabkammer lag im ersten Stock, wo auch die Zeremonien abgehalten wurden. Doch fand sie, wie auch andere Stätten in der Gegend, ein anderes Ende und wurde später als Scheune benutzt.

Via del Campo Barbarico/Via Monte d'Onorio

Casale Rampa

In den Mauern dieses alten Bauernhofs sind noch die Reste einer alten Zisterne zu erkennen. Im Sommer finden auf dem Gelände Veranstaltungen, Führungen oder Sommercamps für Jung und Alt statt.

Via del Campo Barbarico/Via di Tor Fiscale

Torre detta del Fiscale (3)

Der Turm aus dem 17. Jahhundert trägt seinen Namen von einem päpstlichen Schatzmeister in der Gegend (*fiscale* bedeutet u.a. steuerlich). Dieser 30 Meter hohe Koloss wurde aus viereckigen Tuffsteinen errichtet, mit kleinen rechteckigen Fenstern aus Marmor.

Er wurde genau dort angelegt, wo sich die beiden Aquädukte Aqua Claudia und Aqua Marcia kreuzten. Die oberen Arkaden gehören zum Aquädukt Aqua Claudia. An dieser Stelle verlaufen zahlreiche unterirdische Wasserleitungen. Man vermutet, dass es sich hier um einen Wachturm handelte. Die Eigentümer, die

Familie Annibaldi, waren ebenso stolze Besitzer eines Schlosses in der Gegend der Via Latina.

Via del Campo Barbarico

Campo Barbarico

Die Umgebung um den Campo Barbarico, das *Barbarenlager*, wird von den Aquädukten Aqua Claudia und Aqua Marcia eingeschlossen. 539 n. Chr. während der Belagerung von Rom besetzte Ostgoten-König Witichis das Gebiet. Die Arkaden wurden mit Steinen gefüllt und die Aquädukte somit zu einer Festung umgewandelt. Gleichzeitig wurde der Wasservorrat eingestellt.

Via del Campo Barbarico

Aquädukt Aqua Claudia und Anio Novus

Das Aquädukt Aqua Claudia, dessen 154 prachtvolle Bögen die Landschaft prägen, wurde im Jahr 38 n. Chr. von Caligula erbaut und im Jahre 52 von Kaiser Claudius eingeweiht. In Richtung Zentrum gewinnen die Arkaden an Höhe und erreichen beeindruckende 28 Meter in der Nähe der Via del Quadraro. Für die Erbauung wurden u.a. Tuffstein und Travertin benutzt. Letztendlich setzten die Römer Aqua Anio Novus aus Ziegelstein auf.

Marrana dell'Acqua Mariana

Der Mühlkanal Marrana wurde im Jahr 1122 von Papst Callisto II. errichtet.

> Aqua Marcia bedeutet in der italienischen Sprache eigentlich »faules Wasser«. In Wahrheit zählt es zu den reinsten in Rom und stammt aus einer der Quellen des Flusses Aniene. Den Namen gab ihm Konsul Quintus Marcius Rex (179 v. Chr.). Noch heute kann man an einem Brunnen in der Via Nomentana 160 das bekömmliche Tröpfchen abfüllen.

Villa delle Vignacce

Die Ruinen der Mitte des 2. Jahrhunderts erschaffenen »Villa der Weinberge« deuten auf eines der ausgedehntesten Anwesen im Südosten Roms hin. Als ihren Erbauer vermutet man Quintus Servilius, einen reichen Hersteller von Ziegelsteinen. Die Ausgrabungen bringen immer wieder neue Funde ans Licht.

Cisterna della Villa delle Vignacce

Zweistöckige trapezförmige Zisterne nicht weit von der Villa entfernt und nahe beim Aquädukt Aqua Marcia.

Acquedotto Felice

Das zwischen 1585 und 1590 erbaute Aquädukt Felice erhielt seinen Namen von seinem Erbauer Papst Sixtus V. mit Familiennamen Felice Peretti.

Tomba dei Cento Scalini

Auf der Höhe des VI. Miglio zwischen dem Aquädukt Aqua Claudia und der Bahnstrecke versteckt sich hinter einer Falltür das unterirdische »Grab der hundert Stufen«. Seinen Namen erhielt es aufgrund der langen Treppe, die zu einem Hypogäum führt. Tatsächlich sind es 67 Stufen, drücken wir einmal ein Auge zu.

Die aus dem 2. Jahrhundert stammende Grabkammer zeigt Särge aus nicht poliertem Marmor, verschiedene unterirdische Gänge, Knochen und ein mysteriöses Labyrinth, das zu einem angeblichen Schatz führen soll. Wie auch schon bei den Nummern der Stufen gepfuscht wurde, narrt hier eine Legende, die besagt, dass sich in den 80er-Jahren eine Gruppe Jugendlicher ins Labyrinth aufmachte und nie wieder an die Erdoberfläche zurückkehrte. In den 90er-Jahren wurde die Tomba »aufgrund mysteriöser Umstände« geschlossen…

Casale di Roma Vecchia

Der Name Roma Vecchia des zwischen dem VI. und V. Miglio liegenden »Haus des alten Roms« stammt von den alten Ruinen der Villa Sette Bassi, die aufgrund Ihrer Größe schon fast einem Dorf ähnelte. Der Gutshof mit einem Innenhof aus dem 13. Jahrhundert ruht inmitten der Aquädukte Aqua Claudia und Aqua Marcia. Das Gebäude beherbergt eine Sammlung von Gegenständen, die bei Ausgrabungen im 7. Jahrhundert gefunden wurden.

Acquedotto Marcio

Unweit des Casale di Roma Vecchia lassen sich die noch gut erhaltenen Arkaden des Aquädukts Aqua Marcia erkennen, die 1585 von der Zerstörung durch Papst Sixtus V. verschont wurden. Bis hierher verlief die Wasserleitung unter der Erde, weiter ging es dann für neun weitere Kilometer zur Porta Maggiore mit Aqua Julia und Aqua Tepula auf den Schultern.

> Der römische Architekt und Ingenieur Vitruv beschreibt im 1. Jh. v. Chr. in seinem Buch *De architectura*, wie man Wasserquellen suchen sollte: *»Man lege sich vor Sonnenaufgang auf die Erde. Man stütze das Kinn auf die Hände und beschaue die Umgebung. Erblickt man sich kräuselnde und in die Luft aufsteigende feuchte Dünste, sollte man dort graben«.*

Casa cantoniera *»Del Sellaretto«*

Wo der Weg von der Casa di Roma Vecchia in Richtung Via Tuscolana führt, steht heute noch das alte Bahnwärterhaus aus dem Jahre 1862: die Bahnstrecke Roma-Ceprano.

Villa di Settebassi

Unweit der mächtigen Villa der Quintilier auf der Appia Antica erhebt sich auf einem Hügel die Villa di Settebassi. Stolzer Besitzer dieses zweitgrößten Anwesens war angeblich ein Konsul oder Präfekt mit dem Namen Settimio Basso.

Acquedotto Anio Vetus

Das Aquädukt Anio Vetus hingegen verläuft nur unterirdisch. Es wurde zwischen 272-269 v. Chr. erbaut und stellt die älteste Wasserleitung in dieser Gegend dar. Jenseits des Röhrichts verstecken sich einige Tunnel. Noch heute sammeln Parkbesucher in dieser Gegend Pilze.

Vom Parco Tor Fiscale ist es nicht mehr weit zu den Katakomben in der Via Latina Antica, der kleinen aber ebenbürtigen Schwester der Via Appia Antica (8).

Bei Sonnenuntergang sind all diese Ruinen ein wahrer Augenschmaus und lassen die längst vergangene Pracht – in Gedanken – neu entstehen. Eine schier unfassbare Fülle an konkurrenzloser antiker Naturschönheit!

www.parcoappiaantica.it * www.torredelfiscale.it

Il gabbiano reale – die Möwe Jonathan?

Die gigantische Möwe verewigen Touristen mindestens einmal auf ihrem Urlaubsfoto … Nun ist Rom ja schließlich keine Küstenstadt, wie gelangt also das pittoreske Federvieh nach Rom? Hierzu die Geschichte, die vor einigen Jahren Fulco Pratesi, Umweltfreund und Gründer von WWF Italia veröffentlichte:

»Im August 1971 brachte mir ein Freund in einer Schuhschachtel ein verletztes und stark geschwächtes Möwenweibchen aus der Toskana. Da ich nicht so recht wusste, wohin mit ihm, bat ich Roms Zoodirektor um Erlaubnis, es im Becken der Seelöwen unterzubringen. Hier wurde es erst einmal fleißig mit Sardinen gefüttert.

Als es Frühling wurde, zog die Vogeldame eine männliche Möwe an, die gerade in der Gegend unterwegs war. Das glückliche Paar ließ sich nieder und gründete eine Familie. Sie bauten sich auf dem Zementgestein ein Nest mit Papiertaschentüchern, schmutziger Watte und anderen Abfällen – ganz in der Nähe der

Nestlinge von Enten, die in dem anliegenden See zur Welt kamen. Sie fütterten ihre weiteren Nachkommen, und mit der Zeit bildeten sich deren Möwenkinder fort. Bald wurden sie zu illegalen Einwohnern im Stadtzentrum. Heute schätzen Experten die Anzahl auf circa 300 Möwenpärchen. Sie bewohnen die einzelnen Stadtviertel, wo sie sich von Abfällen ernähren und die Müllcontainer respektvoll mit den Katzen teilen.«

Was 1971 so romantisch begann, ist mittlerweile zu einer Hitchcock-Kopie geworden: Wenn der Papst nach dem Angelus-Gebet auf dem Petersplatz in Rom die weiße Taube fliegen lässt – als symbolische Geste für den Frieden – dann interessiert dieser Segen die Meeresvögel herzlich wenig. Sie greifen das arme gefiederte Friedenssymbol aus den Lüften an. Kürzlich schaltete sich der Tierschutzverein ein und bat die Kirche um Abschaffung des Wurfs der armen Taube. Mittlerweile wird die Anzahl auf 50.000 Möwen geschätzt!

Und wenn ein Deutscher wohlmöglich von seinem Fenster frohgemut den braunen Eichhörnchen nachschaut, dann erfreuen sich die Römer an den grünen Papageienscharen in den Lüften. Diese haben sich mittlerweile sehr gut in Bella Italia eingelebt. In den 90er-Jahren wurden einige Exemplare aus Asien und Südamerika importiert als es als modern galt, sie im Hause zu halten.

Die erste Einbürgerung der Entflogenen fand wohl im Caffarella-Park statt. Später siedelten sie dann in die Villa Borghese, Villa Pamphili und Villa Torlonia über. Ebenso Johannes Paul II. wurde mit mehreren Buntvögeln bestückt. Doch selbst *ihm* entwischten sie, um sich in den Vatikanischen Gärten niederzulassen und weiterzuvermehren. Den Schnee vor einigen Jahren haben sie übrigens alle überlebt.

Fragen Sie nun bitte nicht nach Roms Tauben …

DAS DEUTSCHE ROM

Lassen wir einen Augenblick unseren Goethe beiseite. Schließlich sind wir Rom-Fortgeschrittene und Johann Wolfgang von Goethe gehört mittlerweile zum deutsch-italienischen Kulturverständnis wie die Pasta in die deutschen Haushalte. Mindestens einmal wird er in einem Italien-Reiseführer erwähnt. An den wohl berühmtesten deutschen Italienliebhaber aller Zeiten erinnern eine nach ihm ernannte Straße mit seiner Statue (in der Villa Borghese), mehrere Erinnerungstafeln, Tausende von Zitaten und ein eigenes Museum.

Nach welcher deutschen Berühmtheit wird nun auch ein Platz ernannt?

Ein halbes Jahrtausend nach Beginn der Reformation hat nun die römische Stadtverwaltung entschieden: Die Welthauptstadt des Katholizismus wird auch einen Platz zu Ehren Luthers bekommen. Die Piazza Martin Lutero liegt unweit des Kolosseums im Park Colle Oppio.

2011 hingegen widmete man dem Vater der Psychoanalyse einen Garten, den Giardino Sigmund Freud in der Via Lisbona unweit der Società Psicoanalitica Italiana. Einen Tag vor der Einweihung jedoch fiel ein riesiger Baum auf die Straße. Wegen mangelnder Instandsetzung des Gärtchens.

Ein Omen? Der Autor der *Traumdeutung* kam in der Zeit von 1901 bis 1923 immerhin sechs Mal nach Rom. Als er bei seiner ersten Ankunft aus dem Zug aussteigt, ist es Liebe auf den ersten Blick, *amore a prima vista!* Das letzte Mal bringt er seine Tochter Anna mit und schreibt in einem Brief an seine Frau Martha: »*Die Römerinnen sind seltsamerweise schön, auch wenn sie hässlich sind*«. Ach!

Er nächtigt im Hotel Milano, heute Colonna Palace an der Piazza Montecitorio. Dann im *Eden* in der Via Ludovisi. Er speist im Restaurant La Rosetta und legt seine Hand in die Bocca della verità. Täglich besucht er die Moses-Statue von Michelangelo in der Kirche San Pietro in Vincoli und versucht, dieses prachtvolle Meisterwerk zu durchleuchten.

Insomma, er ist unermüdlich. Neugierig erkundet er immer wieder die Stadt, die so anders ist als seine Heimat. Am 4. September 1902 beschreibt er ein nächtliches Gewitter: *»Heute Nacht gab es ein Unwetter, so gewalttätig und maßlos wie Michelangelo. Lärm, als würden wir absinken, Schreie auf der Straße, Feuerwehr, Glockenschläge. Die Blitze waren so schön, dass mir einige Hieroglyphen des Obelisken vor unserem Fenster im Sinn geblieben sind«.*

Im stadtbekannten Caffè Greco an der Spanischen Treppe verweilten schon Arthur Schopenhauer, König Ludwig I. und Richard Wagner. Im Jahre 1900 kaufte eine Bayerin, Eva von Stauting, das Lokal auf.

Oder Johann Winckelmann, Begründer der wissenschaftlichen Archäologie und der Kunstgeschichte. In seinem gleichnamigen Buch schildert Klaus-Werner Haupt dessen unbändige Sehnsucht nach Rom:

»Am 18. November 1755 war es so weit: Dank eines kurfürstlichen Stipendiums trat Winckelmann durch die Porta del Popolo in die Ewige Stadt. Über der Spanischen Treppe in der Via Sistina wohnte der sächsische Hofmaler Anton Raphael Mengs, der den Ankömmling im benachbarten Palazzo Zuccari in der Via Gregoriana 28 unterbrachte. Von dort war es nicht weit zum Quirinale, auch Monte Cavallo genannt, wo Winckelmann zunächst im Palazzo della Consulta (heute Sitz des

Verfassungsgerichtes) als Bibliothekar tätig wurde. Die freien Wochenenden nutzte er, um in den zahlreichen Kunstsammlungen Roms archäologische Studien zu betreiben. Attraktion der Villa Ludovisi war ein Kolossalkopf, der damals als die schöne und gebieterische Juno angesehen wurde.

Dreißig Jahre später stellte sich Goethe einen Gipsabguss in die Casa Moscatelli, der heutigen Casa di Goethe, und bezeichnete die Schöne als seine erste Liebe in Rom. In den nachfolgenden Jahren wurden die Sammlungen aufgelöst. Die Juno – tatsächlich Antonia Augusta, Mutter des Kaisers Claudius – befindet sich heute neben vielen anderen Kunstwerken nördlich der Piazza Navona im Palazzo Altemps an der Piazza di Sant'Apollinare 46. Für Liebhaber antiker Skulpturen ein Traum!«

> Jägerlatein?
>
> »*I tedeschi amano gli italiani, ma non li stimano. Gli italiani invece stimano i tedeschi, ma non li amano.*« Die Deutschen lieben die Italiener, aber sie schätzen sie nicht. Die Italiener hingegen schätzen die Deutschen, aber sie lieben sie nicht.

Seit Hunderten von Jahren lassen sich Deutsche in Rom nieder. Anfangs sind es vor allem Geistliche, Handwerker und Kaufleute, dann Gesandte deutscher Fürsten oder Angestellte des päpstlichen Hofes. Seit Mitte des 18. Jahrhunderts zieht es in erster Linie immer mehr Künstler und Gelehrte in die Ewige Stadt.

So schreibt beispielsweise 1782 der Göttinger Historiker A. Schlözer nach Hause: »*Hier ist alles voll von Deutschen*«. Ende des 19. Jahrhunderts war der 1845 gegründete deutsche Künstlerverein mit seinen Ausstellungen und Veranstaltungen lange Zeit beliebter Treffpunkt der Romdeutschen.

Wo werden die Fotografien von Franz Liszt und Prinzessin Carolyne zu Sayn-Wittgenstein, die 1861 eine Liebesbeziehung führten, aufbewahrt?

Die beiden kamen nach Rom, um Carolynes erste Ehe zu annullieren. Als der Papst sich weigerte, entschloss sich Liszt, die niederen Weihen zu empfangen. Und Carolyne verbrachte den Rest ihres Lebens in Erinnerungen schwelgend in ihrem Domizil in der Via del Babuino. Die Fotografien befinden sich im Museo di Roma an der Piazza Navona.

Seit einigen Jahren gibt es wieder einen Verein der *Deutschen in Rom.* Es werden Besichtigungen zu den unbekannteren Sehenswürdigkeiten der Stadt, Ausflüge und Wanderungen organisiert oder man trifft sich in der Stadt zu einer »glücklichen Stunde«. Mittlerweile hat er auch viele Mitglieder aus Deutschland, die einen Anlaufpunkt und Kontakte in Italien suchen.

www.deutsche-in-rom.com

Die heutigen deutschsprachigen Römer kommen aus allen Branchen und wie damals nicht nur aus Deutschland. Viele von ihnen arbeiten für den deutschen Staat, während Studenten, Künstler, Journalisten oder Au-pair-Hilfen oft nur für eine kurze Zeit kommen. Andere sind ihren *fidanzati* nach Rom gefolgt, um den Rest ihres Lebens – es gibt Schlimmeres – in der Ewigen Stadt zu verbringen.

Manche gründen eine Familie, und wenn die Kinder zur Welt kommen, diskutieren sie mit ihren italienischen Schwiegermüttern über den Zuckergehalt in Lebensmitteln, den verschwenderischen Gebrauch von Antibiotika und die bis ans Lebensende andauernden Verdauungsbeschwerden der Südländer.

Es stellt sich seit jeher die strittige Frage, ob im Sommer die Kleinen (und Großen) nach dem Essen drei Stunden warten müssen, bis sie dann endlich ins Wasser dürfen. Nur die Knallharten oder unheimlich Weisen und Geduldigen überleben. Nach einer gewissen Übergangszeit schafft man es mehr oder weniger, sich aus beiden Kulturen das Beste herauszusuchen.

In welcher Straße verfasste Thomas Mann eines seiner ersten Werke: La volontà di essere felici?

Der Autor von Tod in Venedig wohnte in der Via del Pantheon.

Die Deutschen haben seit jeher einen wesentlichen Teil zur italienischen Kultur und Geschichte beigetragen. In keiner Stadt gibt es so viele deutsche Institutionen wie in Rom. Einige von ihnen bieten regelmäßig öffentliche Veranstaltungen oder Führungen an:

In den Räumen, in denen Johann Wolfgang von Goethe während seiner Italienreise von 1786 bis 1788 zusammen mit dem Maler Johann Heinrich Wilhelm Tischbein und anderen deutschen Künstlern wohnte, befindet sich heute das 1997 gegründete und einzige Museum Deutschlands im Ausland, die **Casa di Goethe.**

Die Wechselausstellungen sind meist deutsch-italienischen Themen und der Tradition der Italienreise bis in die Gegenwart gewidmet. Ausstellungsbegleitende Veranstaltungen in deutscher und italienischer Sprache sowie Vorträge, Lesungen, und Kolloquien machen die Casa di Goethe zu einem Ort der künstlerischen, wissenschaftlichen und kulturellen Begegnung.

Via del Corso 18 * www.casadigoethe.it

Der deutsche Journalist und Kulturhistoriker Friedrich Noack legte von 1891 bis 1915 während seines Romaufenthaltes ein Notizenarchiv an, wo er auf über 18.000 Zetteln über 11.000 Einträge zu in Rom tätigen Künstlern und deren Auftraggebern niederschrieb.

Die deutsche **Bibliotheca Hertziana** befasst sich mit der Erforschung der Kunst und Kultur ab der Renaissance mit besonderer Beziehung auf Rom als Ausgangspunkt der europäischen Kultur. Die von Henriette Hertz (1846–1913) gegründete Stiftung residiert oberhalb der Spanischen Treppe hinter einem märchenhaften Maskenportal, auch Höllenmaul oder *mascherone* genannt, im Palazzo Zuccari. Das Renaissancegebäude wurde gegen Ende des 16. Jahrhunderts vom berühmten Maler Federico Zuccari auf den Überresten eines Nymphäums errichtet, welches zu den antiken Gartenanlagen des Feldherren Lucullus (117-56 v. Chr.) gehörte. Zwischen den denkmalgeschützten Mauern erheben sich die modernen Räume der Bibliothek. Das Institut steht nur Fachwissenschaftlern als Gästen zur Verfügung und veranstaltet regelmäßig Konferenzen. Vereinzelt werden auch Führungen angeboten.

Hertziana Bibliothek * Via Gregoriana 28 * www.biblhertz.it

Der Name der an einem Konvent entlangführenden Straße, der Via degli Artisti, erinnert an den Aufenthalt der bedeutenden Künstlerkolonie der *Nazarener*. 1810 bezogen deren Mitglieder Franz Pforr, Friedrich Overbeck, Ludwig Vogel und Johann Konrad Hottinger Quartier im Franziskanerkloster Sant'Isidoro auf dem Pincio. Hier führten sie ein künstlerisches Außenseiterleben. Besuchen Sie die Kirche.

Das **Deutsche Archäologische Institut** wurde 1829 auf dem Kapitol gegründet und zählt zu den bedeutendsten Einrichtungen der wissenschaftlichen Archäologie. Vormals war es ein internationales Institut, aus dem später das DAI wurde.

Wenn Sie sich näher mit Roms archäologischen Funden befassen, werden Sie stets auf den ein oder anderen Mitarbeiter des DAI stoßen. Eine Bibliothek mit spezialisierten Fotosammlungen und ausgedehnten Archiven der Publikationen der wissenschaftlichen Arbeit steht Forschern zur Verfügung. Das Institut bietet archäologische Führungen und Veranstaltungen an.

Deutsch Archäologisches Institut Rom
www.dainst.org

Das 1888 gegründete **Deutsche Historische Institut** hingegen dient der Erforschung der italienischen und deutschen Geschichte in europäischen Zusammenhängen, vom frühen Mittelalter bis zur jüngsten Vergangenheit. Das DHI hat eine musikgeschichtliche Abteilung, deren Arbeitsgebiet die Beziehungen zwischen der deutschen und italienischen Musik, ihre historischen Voraussetzungen und ihre Auswirkungen auf Europa sind.

Im Institut finden regelmäßig interessante Tagungen oder gar Kinoaufführungen statt. Die Historische Bibliothek von gegenwärtig ca. 171.000 Bänden und 667 laufenden Zeitschriften sowie die Bibliothek der Musikgeschichtlichen Abteilung von ca. 60.000 Bänden und 440 Zeitschriften stehen nach Anmeldung allen Benutzern zur Verfügung.

Deutsch Historisches Institut * Via Aurelia Antica 391
www.dhi-roma.it

In welcher Kirche wurde der berühmte Maler Johann Friedrich Overbeck bestattet?

Am Largo Susanna in der Kirche S. Bernardo alle Terme mit ihrer Pantheon-ähnlichen Kuppel. Overbecks wunderschönes Gemälde *Italia und Germania* ist in der Neuen Pinakothek in München untergebracht.

Ein weiterer wichtiger Zeitzeuge des deutschen Roms ist der **Campo Santo Teutonico**, der Friedhof der Deutschen. Er liegt zwar innerhalb der Vatikanstadt, aber auf italienischem Boden und ist nur über vatikanisches Staatsgebiet an der Südostecke des Petersdoms zugänglich. Bitten Sie den freundlich salutierenden Schweizergardisten um Durchlass – deutschsprachige Besucher haben Zutritt zu dieser kleinen grünen Oase. Schon nach gut 100 Metern steht man vor dem durch eine hohe Mauer abgeschotteten Friedhof inmitten der Vatikanstadt.

Seit dem Mittelalter fanden hier Pilger und in Rom lebende Deutsche ihre letzte Ruhe, darunter Archäologen, Kardinäle und Schriftsteller. Genießen Sie die ungewohnte Stille. Der Friedhof geht auf die Zeit Karls des Großen zurück, der bei seinem Rombesuch 799 von den Landsmannschaften der Franken, Sachsen, Friesen und Langobarden begrüßt wurde. 1454 bildete sich hier eine Bruderschaft, später Erzbruderschaft von Deutschen und Flamen, der das Grundstück übereignet wurde. Für Touristen ist der Friedhof von 9–12 Uhr geöffnet.

Via della Sagrestia 17 * Metro Ottaviano
www.vatican.va

Campo Santo Teutonico

In welcher Straße war der Wohnsitz des deutschen Historikers und Schriftstellers Ferdinand Gregorovius?

In der Via di Pietra 89A im Albergo Cesàri. Auf einer Gedenktafel neben der Tür des Hotels steht geschrieben: *Civis romanus che immortalò in opere grandi il suo amore per la città.* Später zog er in die Via Gregoriana 12-14 um.

Die aus einer im 14. Jh. Hospiz-Gründung hervorgegangen Kirche der deutschsprachigen Katholiken in Rom, **Santa Maria dell'Anima**, liegt gleich hinter der Piazza Navona. Schon um 1500 wird der gotische Bau zur Renaissance-Kirche umgebaut und fällt in den darauf folgenden Jahrhunderten Plünderungen und Besetzungen zum Opfer. Einmal sind es die Franzosen, die aus der Sakristei einen Pferdestall machen, später betrachten die Spanischen Niederlanden die Kirche als ihr eigen, während das allzu stark gewordene italienische Element den ursprünglichen stiftungsgemäßen Charakter zu verwischen droht. In letzteren Fällen greift das Haus Österreich aufgrund seines Protektorates korrigierend ein.

Das heutige Päpstliche Institut S. Maria dell'Anima nimmt drei Aufgabenbereiche wahr: die Pfarr- und Pilgerseelsorge sowie die Führung des Priesterkollegs. Zu den herausragenden Kunstschätzen der Kirche zählen u.a. das Altarbild von Giulio Romano, das Grabdenkmal Papst Hadrians VI. sowie die Malereien von Francesco Salviati und Carlo Saraceni.

Ein besonderes Symbol, welches man auch im Innenraum der Kirche findet, ist der doppelköpfige Reichsadler. Er dokumentiert den bereits Ende des 15. Jahrhunderts geglückten Versuch, die *Anima* unter den Schutz des Römischen Reiches deutscher Nation zu stellen. Im 18. Jahrhundert geht das kaiserliche Protektorat dann auf das Haus Habsburg persönlich über.

In jüngster Zeit hat sich der deutsche Historiker Dr. Eberhard J. Nikitsch intensiv mit den Inschriften der alten Pilgerkirche beschäftigt und ein schönes, reich bebildertes Buch herausgebracht: *Das Heilige Römische Reich an der Piazza Navona – S. Maria dell'Anima in Rom im Spiegel ihrer Inschriften aus Spätmittelalter und Früher Neuzeit*.

Erstaunlicherweise fanden in dieser Kirche nicht nur hochrangige deutsche Kleriker ihre letzte Ruhestätte, sondern auch spanische Dichter, Juristen aus Bologna. Und mit dem deutschen Landsknechtführer Melchior von Frundsberg sogar einer der Verantwortlichen für den schon erwähnten *Sacco di Roma,* der schrecklichen Plünderung der Stadt und des Kirchenstaates.

Via di Santa Maria dell'Anima 64 * www.pisma.it

Die **Evangelisch-Lutherische Gemeinde** in Rom blickt auf eine fast 200-jährige Geschichte zurück. Ausgangspunkt war im Jahr 1817 ein Reformationsjubiläum in der Wohnung des Sekretärs der preußischen Gesandtschaft beim Heiligen Stuhl, Christian Karl Josias Bunsen. Hier wurde das erste Mal die Sehnsucht nach einem eigenen Gottesdienst in deutscher Sprache laut. 1819 schickte der preußische König Friedrich Wilhelm III. den ersten evangelischen Pfarrer Heinrich Eduard Schmieder nach Rom.

Im Erdgeschoss des Hauses von Bunsen, dem Palazzo Caffarelli auf dem Kapitol, wurde erstmals ein Raum als Kapelle eingerichtet. So konnte im Schutz der preußischen Gesandtschaft die nächsten 100 Jahre in Rom evangelischer Gottesdienst gefeiert und später die erste Kirche auf dem Gelände der Villa Ludovisi errichtet werden.

Die Kirche liegt nur einige Gehminuten von der Via Veneto entfernt und war die erste, der 1982 ein Papst nach der Reformation von Luther seine Aufwartung machte. Eine Tafel in der Kirche erinnert an den ersten Besuch von Papst Johannes Paul

II. Die Pfarrgemeinde organisiert Frauen-, Kinder- und Jugendgruppen, unzählige Ausflüge und eines der Highlights ist der Weihnachtsmarkt am letzten Donnerstag im November. Die Gemeindemitglieder backen eine Fülle an deutschen Kuchen. Es gibt Kartoffelsalat und Erbsensuppe – für die Deutschrömer zu einer Seltenheit geworden – und einen Riesenbasar im Keller. Die Stimmung ist trotz der Menschenmassen immer freundlich und entspannt.

Via Sicilia 70 * www.chiesaluterana.it

HÖREN, SEHEN und … SCHMECKEN

Wenn die Füße nicht mehr tragen wollen, Trevi-Brunnen und Gianicolo abgehakt sind, dann sucht der Reisende eine Insel der Verköstigung. Viele neue Restaurants – elegant ja – modern ist jedoch eine andere Bezeichnung. Fusion-Restaurants kennen die Mailänder, ab Bologna weiter südlich stehen überwiegend Pasta oder Pizza auf dem Speiseplan. Rom lebt gern in alten Gewohnheiten, auch gastronomisch.

> Artischocken alla Romana mit Petersilie, Minze und Knoblauch oder *alla Giudia*, frittiert. Diese sollte man unbedingt im jüdischen Viertel genießen! Puntarelle sind eine grüne Chicorée-Art, die in kleine Ringel geschnitten und dann mit Zitronen, Knoblauch und Sardellen als Salat angemacht werden. Cicoria hingegen sieht aus wie Spinat, schmeckt aber bitterer und darf mit *aglio, olio e peperoncino* oder mit Zitrone verköstigt werden.

Einige ethnische Restaurants haben sich besonders am Bahnhof angesiedelt. Asiaten sind in Rom allgegenwärtig, aber wegen eines Chinesen sind Sie ja schließlich nicht nach Rom gekommen. *Pizza a taglio* essen, auf der Hand also, lässt sich überall dort verköstigen, wo es richtig gut riecht. Den Kebab Imbiss sollte man hierfür ignorieren. Frische *tramezzini,* die belegten Weißbrote, gehen immer her und am Ende bleibt das heiß geliebte italienische Eis. Ein würdiger Ersatz einer Mahlzeit, nicht nur im Sommer.

> Hat jemand ein besonders gutes Herz, dann ist er *Bono come er pane*: »gut wie Brot«.

Der römische Küchenkalender:
Montag: Bohnen mit Speck, Dienstag: Schmorbraten oder Sardinen, Mittwoch: Coda alla vaccinara (römischer Ochsenschwanz), Donnerstag: Gnocchi, Freitag – Fischsuppe oder baccalà, Samstag: Trippa, Kutteln. Noch heute gilt die Regel: Am Dienstag und Freitag Fisch. Einige Lokale bieten donnerstags noch ihre frischen Gnocchi an. Der Sonntag? Das feierliche Mittagessen der gesamten Sippschaft ist ein Muss. Es wird ein Riesenmahl aufgetischt. Ob es nun die Pasta all'Uovo ist, oder der Ofen für Fleisch, Rosmarinkartoffeln sowie die wohlschmeckende Parmigiana (Auberginenauflauf) angeschaltet wird, man will ja keine *brutta figura* abgeben. *Abbondante* – viel muss es sein.

DAS KÄFFCHEN – IL CAFFETTINO

Der Kaffee kam zwischen 1592 und 1605 aus den arabischen Ländern nach Europa, wo es den im Islam verbotenen Wein ersetzen sollte. Der Klerus forderte, das »Getränk des Teufels« zu verbieten. Als Papst Clemens VIII. jedoch einmal kostete, war seiner Auffassung nach »jenes Tröpfchen einfach zu köstlich, um es nur den Ungläubigen zu lassen«.

Für das berühmte St. Eustachio, das Mekka aller Kaffeepilger, nehmen Einheimische und Touristen ellenlange Schlangen in Kauf. Hoch oben auf den Dächern thront der Hirsch, das Symbol von Sant'Eustachio, suchen Sie mal! Er erinnert an die Erscheinung und die Bekehrung des Heiden Eustachius zum Christentum. Spannend wird es im teuren Künstlercafé Greco, schon Stammlokal von Schopenhauer und Goethe. Neuerdings werden sogar Reisegruppen durch die sehenswerten Räume des Lokals geschleust! Ein ebenbürtiger Ersatz ist am Pantheon die *Tazza d'Oro*. Cafés heißen in Italien bekanntlich Bar, gibt es doch Hunderte von Anbietern des braunen Goldes. Das Kaffeetrinken bleibt eine anspruchsvolle Tätigkeit, und jeder Römer erkürt sich seine Bar *di fiducia*, des Vertrauens. Der Euro in den *caffettino* will gut angelegt sein. Finden auch Sie *Ihre* Bar und nebenbei hilfreiche Freunde. So manch einer hatte schon sein Postfach dort!

Don't miss!
Wenn Sie im Restaurantcafé Canova Tadolini in der Via del Babuino zur Kaffeepause an der Bar stehen, unternehmen Sie dort einfach einmal einen Rundgang. In dem ehemaligen Atelier des Bildhauers Antonio Canova (1757-1822) erwartet Sie eine noch nie dagewesene Inneneinrichtung mit zahlreichen fantastischen Skulpturen.

SHOPPING

Urtisti wurden die Verkaufsstände genannt, die kleine Gipsfiguren der römischen Monumente verkaufen. Der Name leitet sich von dem Verb *urtare* (anstoßen, streifen) ab, denn in der Vergangenheit drückten die Verkäufer vorbeilaufende Touristen ganz leicht und zufällig an ihre Verkaufsstände. Sir Charles Edouard Jeanneret war der wahre Name des berühmten Architekten Le Corbusier, der oft nach Rom kam. Er schrieb während seines Aufenthaltes: »*Rom ist ein einziger Basar, wo auch wirklich alles verkauft wird. Es gibt Mannigfaches für den täglichen Gebrauch: Spielzeug, Waffen, Altar-Paramente, das Bidet der Borgia und Rauchfahnen der Abenteurer*«. Goldrichtig lag er. Auch die Mode ist ein wichtiges Thema, aber die Römer kleiden sich eher schick und klassisch, als modisch zu schockieren. Wer hippe Mode sucht, hat im Szeneviertel Monti Glück. Unter den *mercatini* ist der Markt in der Via Sannio einen Weg wert. Was sollte man sonst noch aus Rom mitbringen? Wenige Antiquitätengeschäfte befinden sich in der vor vielen Jahren noch tonangebenden Via dei Coronari. Leckere Mitbringsel hingegen warten in den hohen Regalen in der Feinkostladenkette Castroni in ganz Rom auf Ihre Käufer.

AUSGEHEN

Rom ist keine moderne Ausgehstadt. Einen Loft im New Yorker Style wird man selten finden. Das höchste der Gefühle sind wohl einige Tanzlokale, aber wer will bei so tollen Kulissen schon in die Disko? Die Jungen treffen sich zu einer Happy Hour, die noch Jüngeren stehen an dem Ponte Milvio herum, um später von dort aus zu den Nachtlokalen weiter zu fahren. Nicht selten kommt es vor, dass es an Wochenenden noch um ein Uhr nachts zu Stau kommt. Paare mittleren Alters hingegen essen gemeinsam zu Abend und ziehen später durch die Gassen weiter. Die Beleuchtung macht einen Streifzug durch die Gemäuer noch romantischer. In der Altstadt gibt es nette Weinlokale und Cafés rund um den Campo de‘ Fiori, und einen Absacker trinkt man im Szeneviertel Monti.

Auch Pubs erfreuten sich in den letzten zehn Jahren zunehmender Beliebtheit. Im Sommer hingegen schließen viele Lokale und ziehen auf die Straße: zum Tiber-Ufer, rund um die Engelsburg oder den Gasometro. Die Liste ist endlos lang, denn jedes Stadtviertel hat sein eigenes Programm. Eine Fülle an Lokalen und Verkaufsständen macht sich im Freien breit. Zu den Highlights gehören die Veranstaltungen und Konzerte in den Parks. Am Meer – hierzu eignet sich auch das verschmutzte Fregene – auf ausgebreiteten Decken bei einer reichhaltigen Happy Hour und Pavarottis *O sole mio* einen Sonnengang zu erleben, ist die Krönung. Das Trinken von Alkohol ist eher von nachrangiger Bedeutung. Um gut informiert zu sein, findet man im wöchentlich erscheinenden *Roma C'è* (www.romace.it) oder der Ausgabe *Time Out Rome* genaue Auskünfte zu den zahlreichen Veranstaltungen.

Alla fine ... Wer dieser Stadt müde ist, ist des Lebens müde! Wenn sich Ihre Urlaubsfreuden wieder einmal dem Ende zuneigen, so wollen auch wir ein Zitat unseres alten Freundes Johann Wolfgang hinterlassen: «*Solo a Roma ci si può preparare a comprendere Roma«*. Laufen Sie nicht noch einmal zum Trevibrunnen, um die berühmte Münze hineinzuwerfen. Es sei denn, Sie haben die prachtvolle Bühneninszenierung des Meeresgottes aufgrund der Menschenmassen noch gar nicht wahrgenommen: Okeanos mit Salubritas und Abundantia, die Heilkraft und den Überfluss verkörpernd.

Besuchen Sie lieber den Signor Sandro in der Künstlergasse, der Via Margutta 53. Er graviert originelle Sprüche auf Marmortäfelchen – ein echtes römisches Mitbringsel. *Alla fine*, wie viel Geld landet wohl jährlich im Trevi-Brunnen? Der Boom geht auf 2012 zurück. Die freiwilligen Helfer der Caritas sammelten in jenem Jahr Münzen im Wert von 540.000 Euro ein. Und ob es immer in die richtigen Hände gerät, wie auch viele andere »Münzen« in Italien, bleibt in diesem letzten Satz einfach mal so dahingestellt …

Arrivederci Roma!